www.ingramcontent.com/pod-product-compliance
Lightning Source LLC
Chambersburg PA
CBHW022057160426
43198CB00008B/264
9780979661389

بسم الله الرحمن الرحيم

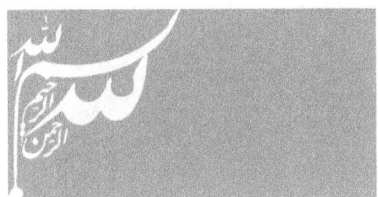

چهارگاه وجود

بیژن کریمی

چهارگاه وجود

نویسنده: بیژن کریمی

ناشر: Erfan.Net Publishing

صفحه‌آرا: یاسر صالحی

طرح روی جلد: آرش بدرطالعی

نوبت چاپ: اول/۱۳۹۶

شمارگان:

شابک: ۹-۸-۹۷۹۶۶۱۳-۰-۹۷۸

فهرست

فصل نخست: مقام یکتای یونگ ۲۳

مبانی و بنیادها ۲۷

الگوی یونگ ۳۱

چهار خویشکاری ۳۱

کهن الگوها ۳۲

ناخودآگاه جمعی ۳۵

همزمانی ۳۶

نظریهٔ همزمانی یونگ ۳۹

فصل دوم: تفاوت شرق و غرب ۴۳

ماندالا ۴۸

چهارگاه: ماندالای مجازی قرآن ۵۲

همزاد، من‌زاد و شرکاء ۶۶

گرایش به ناخودآگاهی ۷۰

ناخودآگاه و اعداد ۷۲

خودآگاهی، ناخودآگاهی ، مابین آن دو و پشت سر ۷۶

بینش ایرانی در این گستره ۸۰

هلال ماه و صلیب ۸۷

شیطان شناسی ۹۴

خود	۹۷
تحلیل یونگ از سورهٔ کهف	۱۱۲
تعبیری دیگر از کهف	۱۱۸

فصل سوم: گامی بسوی علمی سازی — ۱۲۳

مفهوم شناسی	۱۲۶
مبنای رویکرد جدید به مفاهیم	۱۲۹
کم و کیفِ "بُعد" در فضای ذهنی	۱۲۹
قائدهٔ پخش	۱۳۳
نقش The	۱۳۳
نقش And	۱۳۵
نقش I، منیت	۱۳۷
نقش Or	۱۳۸
ضمایر شخصی	۱۳۹
نقش With	۱۳۹
مفاهیم سه بُعدی	۱۴۰
مفاهیم چهار بُعدی	۱۴۲

فصل چهارم: بافتِ اونوس موندوس — ۱۴۳

دربارهٔ عدد ۱۹	۱۴۹
بازتاب‌های پراکندهٔ عدد ۱۹ در قرآن	۱۴۹
یک نقش سادهٔ ۱۹	۱۵۱
نقش شگفت انگیز ۱۹	۱۵۸
نقش دوم	۱۶۲
یک طرح ابتدایی برای عالم غیب	۱۶۷

فصل پنجم: انواع متفاوت شعور — ۱۷۱

تفاوت‌های شعور	۱۷۳

حالت‌های شعور	۱۷۴
اصرار طبیعت برای کوکی دیگر	۱۷۵
زمان و چیزهای مُحال	۱۷۶
در تفاوت رؤیا و بیداری	۱۷۹
آموزه‌ای از روانشناسی	۱۸۱
شعور دوم	۱۸۳
گفتار پایانی	۱۸۴

ضمیمه   ۱۸۷

کورپورا	۱۸۷
اصطلاح بین یدیه در قرآن	۲۰۵
آیات در رابطه با شرکاء	۲۱۰
جدول اعداد اول تا عدد ۱۰۰۰۰	۲۱۷

مآخذ   ۲۳۹

آیا بهشت تغییر کرده؟ یا همه چیز همانجوری است که من ترکش کردم؟

پیشگفتار

این روزها که فرقه‌های متنوع افراطی، همچون مرده‌های از گور گریخته به جان انسان افتاده‌اند، عاقلانه نیست که هیچ نویسنده یا اندیشمندی، قرآن را سوژهٔ کتابش کند. عاقلانه نیست ولی می‌خواهم یخِ سکوت را بشکنم و دربارهٔ چیزی گفتگو کنم که روشنفکران و فرزانگان، در توافقی نانوشته، گفتگو پیرامون آن را به فراموشی و سکوت سپرده‌اند.

خوشبختانه تاریخ تکرار نمی‌شود. دورهٔ آل‌احمد، شریعتی و فرانتس فانون گذشته است. آنها در افق تاریخی خودشان بطور طبیعی در تکاپوی راهی برای مشکلات اجتماعی بودند. اسلام سیاسی در افق همان تاریخ می‌گنجید. روی طاقچه بود. توی جوی خشک کنار خیابان بود. در کویر جاری بود. هر جا که بود، زرق و برق‌اش چشم آدم را می‌گرفت. ولی زمان جادوی عجیبی دارد. وقتی زمان می‌گذرد، افق‌ها نیز دیگرگون می‌شوند. اکنون اسلام سیاسی افق خودش را باخته است. داعش، بوکوحرام، طالبان و ... فاتحهٔ این جریان را خواندند و همهٔ جذابیت‌هایش را نابود کردند.

ولی چرا گفتم خوشبختانه؟ چون به اعتقاد من، حالا می‌تواند جریان فکری تازه‌ای گشوده شود که به بطن دین مرتبط است و فاصلهٔ بسیار روشنی با اسلام سیاسی، بعنوان گذشتهٔ چاره‌ناپذیر خود دارد. این چه بطنی، چه دینی یا چه اسلامی است؟ این همان دینی است که بزرگانی بی‌مثال همچون سعدی، مولانا و حافظ را به میراث گذاشته است. پستانی است که ابن‌سینا، سهروردی و ملاصدرا بدان چنگ انداختند تا از شیرش بنوشند و سرمست شوند. باورش سخت است. نیست؟ تصویر این بزرگان، که حقیقتاً شخصیت‌های فراتاریخی هستند، چه سنخیتی با این اراذل دارد؟ روشن است که جواب من چیست. جواب هر انسانی که از ذره‌ای عقل برخوردار است همین خواهد بود. انسان بطور چاره ناپذیر از خود می‌پرسد، این جریان فکری اسلامی، این رود روان، کجا خشکید و در کدام زمین فرو رفت؟ نگوئید که این

سرنوشـت بـر دیگران نیز رفتـه. مگر با رفتن مایسـتر اکهارت، جریان فکـری او در چارچوب فرهنگ آلمانی از بین رفته اسـت؟ آیا یونگ نماینده و سـخنگوی همان جریان فکری نیسـت؟ یک فرهنگ می‌تواند برخی چیزها را در فرآیند تاریخ بر زمین بیاندازد و آن‌ها را فراموش کند. ولی اینجور چیزها معمـولا بخش‌هـای بی‌اهمیت یـک فرهنگ هسـتند، نه ویژگی‌هـای بنیادین‌اش. اگـر بودند که دیگـر ایـن فرهنـگ همـان فرهنگ نمی‌بـود! من آن جریـان فکری اسـلامی را که در بالا نـام بردم، شاخص فرهنگ ایرانی تلقی می‌کنم. این شاخص نمی‌تواند نابود شده باشد به گواه چیزی که ما الان هسـتیم و آنطـور که ناخودآگاه جمعی‌مان به مـا می‌گوید، به دلایل متعددی از دیگر ملت‌ها، برحسب نوع نگرش‌مان به جهان، متفاوت هستیم.

من در دیگر نوشته‌هایم، به کرّات به این نکته اشاره کرده‌ام که انسان یک موجود چهار بُعدی اسـت. هم ذهنش چهار بُعدی اسـت و هم جهان بیرونی. انسـان، هر انسانی، روی چهارمین بُعد نشسته است. حیات از جنس این بُعد چهارم است. اسمش را می‌گذارید "جان". یا "روح" یا "روان" یـا "نفـس". بیولوژیسـت محبوب مـن، هانس دریـش[1]، آن را انتلیـکا[2] نامید. اینهـا همگی از جنس بُعد چهارم هسـتند. شـعور ما از جنس این بُعد اسـت. بقول انگلیسی‌ها "نظرگاه"[3] ما در آنجا نطفه می‌بنـدد. مـا از نقطـه‌ای واقـع برآن بُعد بـه جهان خیره می‌نگریـم. این بُعد چهارم، بُعدیسـت که مـا بطـور معمـول آن را بُعـد زمـان می‌نامیم. آن سـه بُعد دیگر مربوط بـه جهان بیرونی هسـتند. یا حداقل اینجور تعبیرش می‌کنیم. حالا روی این بُعد چهارم، بسته به اینکه کانون توجه ما سه بُعد بیرونی است یا همین بُعدی که رویش قرار داریم، دو حالت یا دو جنس متفاوت از بینش خواهیم داشـت: (الف) بینشـی که بیشـترین تمرکزش بر فضای سـه بُعدی عالم بیرونی است و (ب) بینشی که بیشـترین تمرکزش بر همان تک بُعد چهارم اسـت که ما آن را در مرحلهٔ نخست، بصورت درونی تجربـه می‌کنیـم. بـر این اسـاس فرهنگ‌ها نیز از دو جنس هسـتند. یکی آنکـه نگاهش معطوف به "فضاسـت" و یکی هم آنکه نگاهش معطوف به "نور" و "زمان" اسـت.[4] فرهنگ غربی از نظر من یک فرهنـگ "فضا محور" اسـت درحالیکـه فرهنگ ایرانی یـک فرهنـگ "زمان محور" اسـت. من دلایل (عمدتا زبانشناختی) خود را برای این تعبیر ارایه داده‌ام.

فرهنگ فارسـی خیلی خاص اسـت. و در غالب اوقات ما در حد یک فرهنگ متوسـط کارکرد و آبرو داشـته‌ایم ولی فقط در یک موضوع خبره هسـتیم که در عصر حاضر خریدار چندانی نداشـته. این فرهنگ، خاص بودن خود را در بزنگاه‌های تاریخ بروز داده اسـت. مثلا هضم "صفرِ هندی" و

---

1 Hans Driesch

2 entelechy

3 point of view

۴ من نور و زمان را همجنس می‌شمارم. در کتاب الفبای پیام یا "فیزیک فرامونی" به تفصیل در این باره نوشته‌ام.

ترکیب آن با هندسه یونانی، به ارایۀ "جبر و مقابله" رسیده که در نظر من مثل یک نقطه عطف در تاریخ است. هندسه مقوله‌ای "فضایی" است در حالیکه جبر را اصولا مقوله‌ای "زمانی" می‌دانند. این فرهنگ خاص، بخاطر خاص بودنش، سعدی و مولانا و سینا و سهروردی را ببار آورده. جای خالی آن جریان فکری اسلامی، امروز شدیدا احساس می‌شود چون همۀ ظرفیت‌هایش موجود هستند. نگران اوباش هم نباید بود! هیچ چیزی در تاریخ نتوانسته جلوی این جریان فکری بایستد و با آن در افتد. اگر آن جریان از حقیقتی برخوردار نبود، امکان نداشت که تبدیل به شاخص فرهنگی ما شود. تنها نکتۀ قابل تامل، این است که این جریان فکری باید از اسلام سیاسی پرهیز کند. به معنی واقعی کلمه پرهیز کند. یعنی نه فقط در ذهنیت خود به آن راه ندهد. بلکه اصلا دربارۀ آن حرف هم نزند. چون با این کار نیروی خودش را به هدر می‌دهد. پس این آخرین باری است که من سخنی از اسلام سیاسی به میان می‌آورم. سیاست برای سیاستمداران و فرهنگ برای فرهیختگان. نکتۀ بعدی که نبایستی از قلم انداخت تفکراتی است که ذهن انسان طی هزاره‌ها با آن مأنوس گشته است. بدبختانه، این عادات ذهنی بزرگ ترین مانع ما در فهم دین هستند. در برخی موارد، ترجمه‌ها یا تعابیر نادرست از معانی بسیار کلیدی در قرآن، نقش بسیار منفی داشته‌اند. بگذارید مثال‌هایی بزنم:

۱- موضوع دوگانگی در قرآن یک موضوع کلیدی است. این دوگانگی در خیلی از آیه‌ها بطور مستقیم مطرح گشته و در بسیاری از آیه‌ها نیز بطور غیرمستقیم منظور شده است. قرآن روی این تاکید دارد که دوگانگی در همه موجودات مستتر است. به گفتۀ قرآن، خداوند پس از آفرینش انسان، جفت او را از خود او می‌سازد. واژه‌های گوناگونی چون "زوج"، "قرین" و "شریک" برای رساندن معنای این دوگانگی به کار گرفته می‌شود. برخی آیه‌ها حتی تصریح دارند که در آن عالم پسین، این جفت‌ها از همدیگر جدا می‌شوند و با همدیگر مجادله می‌کنند. اینگونه آیه‌ها بخودی خود به این معنی هستند که این دو واحد در این جهانِ خاکی در اتحاد بسر می‌برند و فقط در عاقبتی بسیار دور از این عالمِ خاکی، از همدیگر جدا می‌شوند. این موضوع برای من این معنی را می‌دهد که این دوگانگی را نباید به معنای دوگانگی جنسی گرفت. در داستان هاروت و ماروت، وقتی خداوند می‌خواهد فرشته‌ای در هیئت انسان بفرستد، کار به نزول دو فرشتۀ هاروت ماروت می‌انجامد. یعنی دوگانگی، نخستین شرط حیات در این عالم خاکی است. تعبیر بسیار طبیعی از این مفاهیم این است که بگوئیم انسان مقوله‌ایست که دوگانگی در او مستتر است (مثل باقی جانداران). این موضوع روشنگر خیلی چیزهاست. مگر روانشناسی دوگانۀ خودآگاهی و ناخودآگاه را به رسمیت نشناخته است؟ مگر هزاره‌ای پیش از روانشناسی، فریاد

این دوگانگی در دفتر عرفان ثبت نگشته است؟ پس چرا باید اصرار بر تعبیر دوگانگی جنسی (زن و مرد) داشته باشیم؟ من در کتاب "همزاد شوخ است"[1] این دوگانگی را بر اساس دوگانگی در نظام عصبی انسان، و چیزی که آن را برتری جانبی[2] میان دو نیمکرهٔ مغز می‌نامند نهادم. "منی" که می‌نامد، نمی‌تواند با "منی" که نامیده می‌شود یکی باشد. قراین فیزیولوژیکِ این دوگانگی را نشان داده‌ام و حتی آن را تا مرز دوگانهٔ هسته و میتوکوندری تعقیب کرده‌ام. در رجوع به این دو "شریکِ وجودی"، اصطلاح "همزاد" و "من‌زاد" را وضع کردم. این دریافت‌ها و تعابیر، کشف محیرالعقولی نیستند و لازم نیست انسان اعجوبه باشد که الف را به "ب" بچسباند. وقتی می‌بینی که پیوند میان دو نیمکره، رشته‌ای که آن را "جسم پینه‌ای"[3] می‌نامند، به گواه علم، در فرآیند تاریخ باریک‌تر شده است، آیا شرم‌آور نیست که هنوز بگوئیم هاروت ماروت آمدند علمی به بشر بیاموزند که میان زن و مرد جدایی می‌اندازد؟ در حالیکه می‌توان وظیفهٔ هاروت ماروت را در آموزشِ علمی تلقی کرد که تمرینِ آن، بطور چاره ناپذیری به فرآیند تخصیص نیمکره‌ها، به وظایفی متفاوت می‌انجامد! که به نوبهٔ خود می‌تواند به کاهش ضخامت جسم پینه‌ای بیانجامد (زیرا مغز خاصیت پلاستیکی دارد و قادر است خودش را وفق بدهد). اصلا چه اصراری هست که این نگرش جنسی را به قرآن تحمیل کنیم؟ دیدگاه عرفی در قرآن چه دیده است که عموم فرزانگان قادر به دیدن آن نبوده‌اند؟ در سراسر قرآن نامی از "حوا"، همسر انسان برده نشده. دیدگاه سنتی، این نام را از مسیحیت و کتابی که آن را، تحریف شده قلمداد می‌کند، وام گرفته است. طبعا وقتی آفرینش "زن" مترتب بر آفرینش "مرد" می‌شود، بطور چاره ناپذیری یک ارزشگذاری جنسی تحمیل می‌شود. قرآن ولی اصراری بر تعبیر جنسی از "جفت" ندارد. بلکه به نظر شایسته‌تر می‌رسد که جفت به تعبیر "شریک وجودی" گرفته شود و نه همسر. قرآن اشاره‌های متعددی به این دو شریک وجودی دارد. شاید مستقیم ترین اشاره‌ها آیه ۱۷ @ق باشد که اشاره به همراهانی در قسمت راست و چپ دارد. مترجمان و مفسران قرآن این اشاره را نیز به تعبیر دو فرشتهٔ همراه گرفته‌اند! سبحان الله! انسان از خودش می‌پرسد قرآن چه باید می‌گفت، که نگفت، تا موضوع دوگانگی را در ذهن انسان جا بیاندازد؟ آیهٔ ٤٦ @صبا توصیه دارد «بگو من فقط به شما يك اندرز می‌دهم که دوتایی یا به تنهایی برای خدا به پا خیزید." این آیه هم (فقط)

---

1 همزاد شوخ است، بیژن کریمی، نشر پنجره

2 Lateralization

3 corpus callosum

با تعبیر دوگانگی همخوان است وگرنه نمی‌دانم در فقدان این تعبیر، این آیه را به چه معنای شایسته‌ای می‌توان گرفت؟ مقصودم معنایی است که ارزش اشاره در یک کتاب آسمانی را داشته باشد! در حالیکه همساز با تعبیر دوگانگی می‌توان گفت این آیه توصیه به این دارد که من‌زاد (خودآگاهی) به تنهایی، یا همراه با همزاد (ناخودآگاه) برای خدا به پا برخیزد.

۲- شرک و شرکاء نیز مفاهیم دستمالی شده هستند. در بالا از یک تجلی مفهوم "شریک" و "جفت" گفتم. تجلی دیگر آن به سبک و سیاقی است که یونگ از آن گفتگو می‌کند. اصولا این پرسش برانگیز است که قرآن چه اصراری به دعوت به وحدت و پرهیز از شرک دارد؟ یک تعبیر عامیانه به ما می‌گوید که مفاهیم شرک و شریک، صرفا رجوع به خداوند دارند در حالیکه تعبیر "شریک وجودی" به نظر سازگارتر می‌رسد. متوجه باشید که در روانشناسی، بویژه در مکتبی که یونگ ابداع کرده است، بسیاری از کهن الگوها که در ناخودآگاهی جمعی ما موجود هستند، توانایی رسوخ در وجود، اعمال نفوذ و شراکت در هستی ما را دارند. مولفه هایی همچون "سایه"، "آنیما" و "آنیموس"، نمونه‌های رایجی هستند که یونگ از آنها نام می‌برد. این مفاهیم همه قابل انطباق با مفهوم شرکاء در قرآن هستند. اصرار قرآن به دوری از شرک نیز به این معنی قابل فهم است که بهتر است یک فرد انسان به وجود خودش وفادار باشد و شریک نگیرد. البته شراکت وجودی که در بالا از آن تحت عنوان دوگانگی همزاد و من‌زاد نام بردم، حداقلی از شراکت است که از آن دست نمی‌توان شست. متوجه این نکته نیز باشید که این شخصیت‌های موجود در ناخودآگاه جمعی، همان چیزی که قرآن از آن تحت عنوان "شرکاء" نام می‌برد، واقعیت دارند و حاصل خیال‌پردازی نیستند. هم یونگ روی واقعیت فاعلی آنها تاکید دارد و هم قرآن. یعنی به عبارت دیگر جهانِ "جان" به مراتب وسیع‌تر از جهانی است که با حواس پنجگانه آن را ثبت می‌کنیم. این همان جهانی است که قرآن از آن بعنوان عالم غیب نام می‌برد و یونگ آن را اونوس موندوس می‌نامد.

۳- مفاهیم "ربک" و "ربی" در قرآن مفاهیم دیگری هستند که معمولا بسادگی در ترجمه‌ها فراموش گشته و مترجمان از آن‌ها صرف نظر کرده‌اند. وقتی یک مترجم متنی را از انگلیسی به فارسی برمی‌گرداند باید همهٔ هوش و حواس خودش را بکار بگیرد که یک "واو" جا نیافتد ولی در ترجمهٔ قرآن، که تصادفا سنگین ترین و پیچیده‌ترین متون تاریخ است، مترجمان قرآن هیچ وسواسی در حذف کلمات یا گزینش دورترین معانی محتمل بر یک آیه نداشته‌اند. در نوشته‌ای پیش از این اشاره داشتم که استفاده از

"ربک" و "ربی"، به شخصی بودن مفهوم خداوند رجوع دارد. تصادفا این کاربرد قرآنی یکی از پر معانی‌ترین کاربردهایی است که می‌توان سراغ گرفت. همانطور که در عالم فیزیک، هر آدم تحصیلکرده‌ای تصور خاص خودش را از "فضا"، "زمان"، "نیرو"، "سرعت" و "شتاب" و دیگر مفاهیم فیزیکی ندارد بلکه همه کس این مفاهیم را از فیزیکدانی وام می‌گیرد که آموزه‌هایش همه‌گیر شده‌اند، به همان سان نیز در رابطه با مفهوم خداوند باید گفت که انسان‌ها در سیطره برداشت یک پیامبر از مفهوم خداوند زندگی می‌کنند. علم، خصوصی ترین چیزهاست زیرا با درونی ترین مناسبات در وجود آدم سر و کار دارد. من نمی‌دانم "حسن آقا" چه برداشتی از مفهوم "فضا" دارد ولی با مفهوم "فضای نیوتونی" آشنا هستم چون کتاب‌های بسیاری در این زمینه خوانده‌ام. پس اینگونه مفاهیم عموما خاستگاه خصوصی دارند. مفهوم خداوند، مجرّد ترین مفهومی است که ذهن پذیرای آن است و چون چنین است، بیش از هر مفهوم دیگری باید خصوصی تلقی شود! مفهوم خداوند بنیادین ترین مفهوم است. پیچیده ترین مفاهیم است. نخستین گام علم در تاریخ بشری، تکوین مفهوم خداوند است. اگر در تاریخ بشر دقت کنید می‌بینید همه تاریخ را می‌توان در این فرآیند خلاصه کرد: علمی که خصوصی است می‌کوشد با رسوخ در اذهان، عمومیت پیدا کند. در قرآن آیه‌های بسیاری موجود است که از واژه "ربی" به معنی "خداوند من" استفاده شده، بویژه این اصطلاح در جملاتی استفاده شده که عموما با "قل" (بگو) آغاز می‌شوند. یعنی در این آیه‌ها خداوند مستقیما از پیامبرش می‌خواهد که خطاب به دیگران در رجوع به خداوند از "خدای من" استفاده کند. مثل آیه ۳۳ @اعراف. در بسیاری ترجمه‌ها این گزینش خاص و دقیق قرآنی حذف شده. چیزی که باز هم موید گزینش عمدی و آگاهانه قرآن از اصطلاح «خدای من" است این نکته است: اگر شناخت خداوند در یک پیامبر، مقوله‌ای شخصی است، طبعا این شناخت باید در روند زندگی این جهانی روی دهد وگرنه در عالم پیشین همه کس عالم به خداوند بوده و تصوری خاص خودش از او داشته. با چنین سودایی در سر، وقتی سوره یوسف را می‌خوانید بخوبی می‌بینید که اصطلاح «خدای من» در کودکی و نوجوانی یوسف غایب است. مثل آیه ۶ @یوسف. حتی تا آیه ۲۳ @یوسف ما هنوز می‌بینیم که یوسف در رجوع به خداوند «ربی» نمی‌گوید و از اصطلاح «خدای من» استفاده نمی‌کند. غیبت این شناخت خصوصی هنوز در آیه ۳۳ مشهود است. و در آیه بعدی (یعنی ۳۴ @یوسف) خداوند به خودش تحت عنوان «خدای او» رجوع می‌کند. ظاهرا این شناخت (یا علم به) خداوند برای یوسف در زندان روی می‌دهد. یوسف در آیه ۳۷ این سوره خطاب به همبندانش در زندان از خداوند تحت عنوان "خدای من"

نام می‌برد. از وقتی که این شناخت نقش می‌بندد، می‌بینید که یوسف از این پس در رجوع به خداوند از "خدای من" استفاده می‌کند. مثلا در ۵۰@یوسف. به همین سان در ۵۳@یوسف این نکته تایید می‌گردد. این نکات مهم هستند. اگر اهمیت نداشتند، خداوند اصراری در چنین کاربرد ویژه از واژه‌ها بخرج نمی‌داد. خداوند مفهومی بسیار شخصی است. وقتی این مفهوم در ذهن من نطفه ببندد، خداوند تبدیل به "خدای من" می‌شود. مادامیکه چنین واقعه‌ای روی نداده، من باید با "خدای یک پیامبر" بسازم. این سهل انگاری در ترجمهٔ کتاب آسمانی را چگونه می‌توان توجیه کرد؟

نکاتی که در بالا آوردم فقط نمونه‌هایی برای بیان عدم دقت رویکرد رایج به قرآن است. من در طریقی که برای فهم قرآن پیمودم، از پیشینیانم هیچ سودی نبردم. به همین دلیل به رهروان توصیه دارم که برای فهم قرآن باید از همهٔ تصورات و تعابیر رایج فاصله بگیرند. اگر ما معتقد هستیم که با کتابی آسمانی روبرو هستیم، باید این را نیز بپذیریم که فهم این کتاب رویکرد ویژه‌ای می‌طلبد. من این ویژگی را در اشراف و تسلط مطلق به همهٔ علوم حاضر خلاصه می‌کنم. تاکید می‌کنم، تسلط بر همهٔ علوم شرط لازم برای رویارویی با قرآن است. با گذشت زمان، هر اندازه که علم گسترش می‌یابد، به همان سان نیز خوانش نوین از قرآن ضروری می‌گردد زیرا این کتاب، به مرور زمان، در مناسبات نوین ذهن انسان، وجوه نوینی از خودش را بروز می‌دهد. باید از این تصور دست شست که این کتاب آسمانی به ابزار درهم شکسته و فرتوت قدیمی رکاب می‌دهد. رویکردهایی که در رویارویی با علوم یا در رویارویی با قرآن هیچ چیزی، سوای ستیز کورکورانه، برای گفتن ندارند، اساسا بهتر است سراغ قرآن نروند. قرآن، باید رشتهٔ بسیار خاصی از علم قلمداد شود. این رشتهٔ پژوهشی نوینی است که من سعی در معرفی و گشایش آن دارم.

آن جریان فکری که من در بالا به آن اشاره کردم، چیز خاص یا عجیب و غریبی نیست. ما نمونه‌های اولیهٔ آن را دیده‌ایم. مقصودم فروغ است و سپهری، حتی هدایت[1]. ولی این‌ها نطفه‌ها و جوانه‌های اولیه برای این دوران معاصر بودند. جوانه‌هایی که هیچگاه تبدیل به یک جریان فکری نشدند. وقتی به فضای فرهنگ ایرانی با تجربهٔ چهل پنجاه سال گذشته نگاه می‌کنم، ذهن ایرانی را در فضایی مثل درون ماشین رختشویی با دورتُند می‌بینم. گاه به سرعتی خیره کننده مطلب می‌خواند، دستاوردهای هنگفت مغرب زمین را به فارسی برمی‌گرداند، گاه در پیچ و خم شعر غرق می‌شود، ولی بیش از هر چیزی، "سرگشتگی" تعریف‌اش می‌کند. امیدوارم کسی کلید خاموش این ماشین را بزند! مدتی است که ما رخت شسته‌ایم و حالا نوبت آن است که بر آفتاب بیافکنیم.

---

۱ من هدایت را مستقل از آنچه که خودآگاهی او بیان می‌کند، درون این جریان فکری می‌بینم.

باری، در این نوشته می‌خواهم راهگشا شوم. کسانی که با من آشنا می‌شوند، وقتی با علایق دینی و پیوند یا علاقهٔ عمیق‌ام به قرآن روبرو می‌شوند جا می‌خورند. چون فرض همه بر این است که دوران این حرف‌ها گذشته است. و به من نمی‌آید که اینقدر پرت باشم که چنگ در گذشته بیاندازم. پس، حداقل می‌توانم روی صداقت خودم حساب باز کنم و اعتبار بگیرم. دیگران ساده می‌گیرند و خیلی ساده از کنار این مسئله عبور می‌کنند. نمی‌دانم این جادو چطور صورت گرفته و انسان چطور گمان می‌کند که با یک جملهٔ "دین افیون توده‌هاست"، می‌تواند از فراز یک موضوع پر مناقشهٔ تاریخ بجهد؟ شاید حقیقتی در این جمله باشد ولی بی تردید یک دستکاری لازم دارد. زیرا همین "دین" که قرار است "افیون توده‌ها" باشد، سرچشمهٔ شاخص‌ترین ویژگی ما ایرانیان است. همان ویژگی که در پرتویش، یا توی هزارتوی دهلیزهای ذهنش، در ناخودآگاه جمعی ما، در شعر مولانا پژواک می‌یابد

وه چه بی‌رنگ و بی‌نشان که منم! کی ببینم مرا چنان که منم؟!

اگر خوب افکارتان را متمرکز کنید این صدا را خواهید شنید. این صدا، پاک ترین و رسا ترین چیزیست که ناخودآگاه جمعی ما روی آن توافق کرده و عهد و پیمان بسته. کافی است که قافیه را در آهنگ تُند زمان نبازید، خودتان را پیدا کنید، صدای خودتان قطعا برای شما آشناست. بگذارید شیخ با چراغ، شما را دور شهر خیال گذر دهد. مثل یک سگ ولگرد نباشید. بلکه در بوف کور درون‌تان سیر و سفر کنید. آن چهار لالهٔ آبی را ببوئید. و ایمان بیاورید به کسی که مثل هیچکس نیست. مثل ارسطو نیست، مثل کانت نیست، همان کسی که گاه احساس خویشاوندی با ویتگنشتاین دارد، با هایدگر هم سیگار کشیده است و حاضر است دست در گردن، با یونگ عکس بگیرد. این همان کسی است که یونگ حضور او را در کندوکاو یک رویا، در پیوند صلیب (مسیحیت) و هلال ماه (اسلام) انفجار نور تلقی کرد.

ساختار کتاب

یونگ و افکارش، در این نوشته، نقش محوری دارند. هر چه می‌گویم پیرامون رشته‌هایی است که او برتافته. برای چنین کاری انگیزه‌های متعددی داشتم. مهم ترین آن‌ها را می‌توانم در این بیان خلاصه کنم: یونگ بنای باشکوهی از روانشناسی برساخته و زمینه را برای پرداخت نوین من از قرآن فراهم کرده است. من این پرداخت نوین در پرتوی فضای یونگی را پیوند دو جنس دیدگاه یا دو جنس شعور قلمداد می‌کنم. پس با این اوصاف ضرورت دارد که در این کتاب به یونگ بپردازم و رئوس افکار او را، حداقل بخشی را که مرتبط با افکار خود می‌دانم شرح دهم. فصل نخست از این کتاب را به این کار تخصیص داده‌ام.

در سال‌های گذشته الگویی برای چگونگی فیزیکی عالم بیرونی ساخته و پرداخته‌ام که در خیلی مسائل جوابگو بوده است. به اعتقاد من، به موازات عالم خاکی بیرونی، عالمی "ذهنی" داریم که هستی هوشمند ما سراسر در آن روی می‌دهد. این اعتقاد بخودی خود تازگی ندارد، ولی این نکته تازه و گفتنی است که به باور من این دو عالم شباهت‌های بنیادین با همدیگر دارند. مثلا اگر عالم بیرونی، یک فضای چهار بُعدی است، فضای عالم "ذهنی" هم چهار بُعدی است. این شاید کلیدی ترین نکته در کتابی باشد که اکنون در دست دارید. درواقع این باور من، سنگ بنای تعبیر خودم از مفهوم هایدیگری "دازاین" است. این تعبیر از مناسبت بین این دو جهان، موجب پیوند کلی میان تعابیر هایدگر، یونگ و شاخص‌های عرفان ایرانی است. فراتر از این، من بر این باورم که قرآن هم چنین نگرشی دارد. می‌کوشم در این نوشته، تا حد ممکن این باورهای‌ام را مستدل سازم[1]. نمی‌دانم تا چه اندازه توفیق خواهم داشت چون می‌دانم الگویی که

---

۱ هایدگر را استثناء بگیرید. بگمانم هایدگر دفتر جداگانه‌ای می‌طلبد.

ارایه می‌دهم، علیرغم سادگی‌اش، متاسفانه با باورهای نادرستی در می‌افتد که طی هزاره‌ها در ذهن ما جایی خوش ساخته‌اند. و همین، کار ما را دشوار می‌سازد.

پس ما دو عالم مادی و ذهنی داریم و این دو با همدیگر شباهت‌های بنیادین دارند. اگر نداشتند قادر به درک جهان نمی‌بودیم. مثلا اگر جهان ذهنی ما دو بُعدی بود، چگونه می‌خواستیم عالم چهار بُعدی بیرونی را بمثابه یک سازوارۀ چهار بُعدی درک یا دریافت کنیم؟ مگر در یک جهان دو بُعدی می‌توان گفتگو یا تصوری از ارتفاع داشت؟ از فصل دوم به بعد، ما گذارهایی به این خط فکری خواهیم داشت. البته وجه پرداختِ این خط فکری در فیزیک، مطلب بسیار مفصلی است که محال است در این نوشته بتوانم به آن بپردازم. خواننده اگر مشتاق بحثی تفصیلی باشد، بهتر است به کتاب دیگری که تحت عنوان "فیزیک فرامونی" نوشته‌ام رجوع کند. در این کتاب که در دست دارید من بطور جسته گریخته و بسیار خلاصه در بخشی با عنوان "چهارگاه: ماندالای مجازی قرآن" پرداخته‌ام. فصل دوم بیشتر شرح تعابیرم از قرآن و سنخیت آن‌ها با افکار یونگ است.

ارایۀ اندیشه‌های نو و تازه را به فصل سوم و چهارم اختصاص داده‌ام. این دو فصل، درواقع مهم‌ترین بخش‌های این کتاب هستند. در فصل سوم می‌کوشم تا ساختار جهان یگانه‌ای را که دربرگیرندۀ هر دو عالم مادی و ذهنی است، تبیین کنم. چهار بُعدی بودن عالم خاکی بیرونی موضوعی روشن است ولی علم فیزیک تصوری تیره و تاریک از مفهوم "بُعد" دارد. من با اتکاء بر تعریف روشنی که از مفهوم بُعد (در کتاب "فیزیک فرامونی") ارایه داده بودم، به سرشت واقعی این ابعاد چهارگانه رسیده‌ام، بقسمیکه بجای گفتگو از طول و عرض و ارتفاع و زمان، از چهار کیفیت متفاوت فیزیکی در ارتباط با چهار نیروی بنیادی "گرانشی"، "قوی"، "ضعیف" و الکترومغناطیسی گفتگو می‌کنم. بعبارت دیگر، این شناخت مرا قادر به این ساخته است که نه فقط جهان را بصورت سازه‌ای چهار بُعدی ببینم بلکه فراتر از آن، علت و توصیفی برای بُعدیتِ[1] جهان پیدا کنم. اگر این نکته در رابطه با عالم خاکی بیرونی روشن فرض شود، در قدم بعدی می‌کوشم نشان دهم که عالم ذهنی نیز سازه‌ای چهار بُعدی است و تصادفا تشابه عمیقی میان سرشت این ابعاد با ابعاد عالم فیزیکی وجود دارد. برای اثبات این موضوع به عالم "مفاهیم" روی می‌آورم. ما در عالم مفاهیم زندگی می‌کنیم ولی عادت داریم که مفاهیم را داده شده و روشن فرض کنیم. به ندرت پیش آمده که یک مفهوم را موضوع تامل قرار دهیم، بویژه هیچگاه به مفاهیم از زاویۀ بُعدیت نگاه نکرده‌ایم. این پرسش که "آیا مفاهیم نیز بُعدیت دارند" هیچوقت مطرح نگشته. و این پرسشی است که فصل سوم را به خود مشغول داشته. در آن بخش به بُعدیتِ مفاهیم، و

---

۱ بُعدیت را به معنی dimensionality بکار می‌برم.

واژه‌ها که نمایندهٔ مفاهیم هستند، می‌پردازم و نشان می‌دهم که چهار بُعدی بودن عالم ذهن، فرضی پذیرفتنی است. بویژه می‌بینیم که این ابعاد در عالم ذهنی سرشتی مشابه با ابعاد در عالم بیرونی دارند. خواننده هشیار باشد که با چنین تعبیری، تصویری از فضای ذهنی به دست می‌آوریم که مثل فضای عالم بیرونی، می‌توان آن را به کندوکاو گرفت. مفاهیم تبدیل به ابژه‌های ملموسی می‌شوند که مثل ذراتِ عالم بیرونی دارای ویژگی (بخوانید مختصات نسبت به ابعاد) هستند. با در دست داشتن چنین تعبیری، حالا می‌توان ادعای یگانگی دو عالم خاکیِ بیرونی و ذهنیِ درونی را جدی‌تر گرفت. این خطوط کلی، تبیین کنندهٔ فضای جهان یگانه‌ای هستند که هر دو عالم مادی و ذهنی را دربر می‌گیرد. این همان عالمی است که یونگ از آن تحت عنوان "اونوس موندوس" گفتگو کرده است.

من در همهٔ این نوشته کوشیده‌ام به موازات قرآن پیش بروم. درواقع می‌توانم بگویم که همهٔ این افکار، حول درک قرآن بوده است. در سراسر راهی که من برای فهم خودم، برای فهم انسان پیموده‌ام، باور به آسمانی بودن قرآن مرا همراهی کرده است. و به همین دلیل همواره کوشیده‌ام رویکردی در شأن یک کتاب آسمانی بدان داشته باشم. این چه رویکردیست؟ شاید بهترین توصیف این رویکرد چنین باشد: آستانهٔ چشمداشت از این کتاب را باید بالا برد و در عین حال باید آماده بود که در همهٔ دریافت‌ها و باورها (بویژه آنچه از پیشینیان به ارث مانده) تردید کرد. حال و هوای فکری ما باید بیش از هر کتاب دیگری با یک کتاب آسمانی، بیگانه باشد زیرا همهٔ ما انسان‌ها، کم و بیش افکار مشابهی داریم ولی نویسندهٔ کتاب آسمانی مثل ما فکر نمی‌کند. رفتار، افکار و پندار او، علیرغم اشتراک‌هایی که داریم، از افکار و پندار ما متفاوت است. او چیزی دیگر است. هیچ چیزی شبیه‌اش نیست.

مقصود از آستانهٔ بالای چشمداشت چیست؟ امروز میان من و مولانا، اندیشمندانی بزرگ همچون گودل، ویتگنشتاین و هایدگر ایستاده‌اند که بطور چاره‌ناپذیری فاصله‌ای میان من و مولانا می‌اندازند. تازه، من خیل عظیمِ دانشمندانی چون نیوتون، پاسکال، گاوس، فارادی، اینشتین و ... را نادیده گرفتم. پس من و مولانا در رویارویی با قرآن، افق‌های فکری متفاوتی داشته و (شاید) خواهیم داشت. افق فکری آدم‌ها یکسان نمی‌ماند. با تغییر افق‌ها، همه چیز عوض می‌شود. من کتاب "بوف کور" یا "مجموعهٔ آثار افلاطون" را در پانزده سالگی خوانده بودم. در آن زمان گمان می‌کردم آن‌ها را "فهمیده‌ام". در سی سالگی، زمانی که کتابی پیش خوانده را از نو مرور می‌کردم، به نظرم آمد که این کتاب برایم سراسر تازگی دارد، گویی آن را هیچگاه نخوانده بودم. با تغییر افق‌ها، کتاب مهمی چون قرآن نیز باید از نو خوانده شود. چشمداشت من از قرآن بالاست به این معنی که لازم می‌دانم قرآن جوابگوی همهٔ پرسش‌ها بویژه پرسش‌هایی باشد که در پرتوی دستاوردهای هنگفت مغرب زمین فراهم آمده‌اند، حتی پرسش‌های بی‌جواب

علـوم طبیعـی. مـن نمی‌توانم مانند معاصـران غربی، علوم را به این بها بپذیرم کـه بی اعتنا از کنار پرسـش‌های بی‌جـواب بگـذرم. از سـوی دیگر، ایـن را نیز نتوانم کـه در رویارویی با قـرآن، همچون مولانا، علوم طبیعی را نادیده یا ناچیز بینانگارم. لاجرم مقصود من از "آسـتانهٔ بالا" روشـن می‌شود. مـن از قـرآن می‌خواهـم جوابگو و شـارح عالم ذهنی و عالم مادی باشـد. در سایهٔ چنین عطشی، من جواب خود را گرفته‌ام و اینجا می‌خواهم بخشی از حقیقت را با دیگران در میان بگذارم. رو به سوی یک پرسش معمولی می‌کنم که بشر تاکنون برایش جوابی نداشته است: الگوی پخش اعداد اول چیست؟ آیا اصولا از الگویی پیروی دارد؟

در فصل چهارم، یادآور نقش عدد ۱۹ در قرآن می‌شوم. سپس در پرتوی چنین اشارهٔ قرآنی، رو به اعداد می‌آورم و الگوی پخش اعداد اول را در پرتوی عدد ۱۹ نشـان می‌دهم. فکر می‌کنم، این را باید گامی مهم در تعریف و تبیین اونوس موندوس قلمداد کرد. این سنگ زیربنای علمی خواهد بود که در آینده، فرش فضای اونوس موندوس را برای ما با دقایقی تمام ترسیم خواهد کرد.

پـس از توصیـف نقـش عـدد ۱۹ در ریاضـی، می‌کوشـم تا بـه پرسـش‌های عمیـق متافیزیک، در پرتـوی همیـن تعبیـر از عدد ۱۹ بپـردازم. بخش پایانـی فصل چهارم دربـر گیرندهٔ تعبیر مـن از مادّه و آن عنصر غیبی است که مادّه، و بدینسـان عالم خاکی را مدیریت می‌کنـد. من این بخش را مغز ایـن کتـاب قلمـداد می‌کنم. کالبد نامحسـوس برای یونگ همـان اندازه اهمیت داشـت که کالبد محسوس برای همگان دارد. من نیز در سازگاری با یونگ، به پیشواز رویکرد علمی در رابطه با عالم اونـوس موندوس می‌روم. می‌کوشـم جـدول تناوبی (جدول مندلیف) را بـه جدولی ارتقاء دهم که عناصر نامحسوس اونوس موندوس را نیز دربر بگیرد.

در فصل پنجم بحث نوینی پیرامون "شـعور" می‌گشـایم تا این تعبیر از خود را به بحثی همگانی بگـذارم: شـعور تابعـی از زمـان اسـت. ایـن تعبیر بر ایـن فرض اتـکاء دارد کـه سـازوارهٔ فیزیولوژیکی ما، که آکنده از دوگانگی اسـت، دربرگیرندهٔ سـاعتِ بیولوژیکی دوگانه‌ای اسـت که سـهم هر یک از مولفه‌هـای خودآگاهی و ناخودآگاهـی را در کنتـرل و مدیریت بدن تعیین می‌کند. این دو، سـهم یکسـانی از زمان ندارند. ناخودآگاهی سـهم بیشـتری از زمان می‌برد تا خودآگاهی. تناسـب میان این "گذر متفاوت از زمان" تبیین کنندهٔ ویژگی‌های بنیادین شعور است. وقتی این تناسب در رویا بر هم می‌خورد ما با جنس دیگری از شعور روبرو می‌شویم.

همهٔ تلاش من این است که اتحاد دو عالم ذهنی و مادی را با اسباب و ابزاری که پیش‌نهاده‌ام ممکن سازم. این صرفا یک گام ابتدایی است. تغییری که من در جستجویش هستم، بمراتب فراتر از چیزیسـت که در نگاه نخست به نظر می‌رسـد. طلیعهٔ آن را دیده‌ام. برای همین انسان را دعوت به ترک نگاهی می‌کنم که به آن مأنوس اسـت. می‌خواهم گامی در راسـتای این بردارم که اندیشـهٔ

یونگ که برای پدیده‌های ناخودآگاهی فاعلیت قائل می‌گردد، واقعاً شکل روشن ساختاری و علمی پیدا کند. نمی‌خواهم که این عالم ذهنی، کماکان همان طنین شاعرانه و غیرعلمی را داشته باشد که تا کنون داشته است. می‌خواهم با این عالم ذهنی همان رویکردی را داشته باشم که غرب با عالم مادی بیرونی داشته است. در صدد هستم چهارچوبی برای آیندگان فراهم کنم که در آن، یک مقولۀ ذهنی بتواند وزن شود، اندازه‌گیری شود و سنجیده گردد.

◻ فصل نخست

مقام یکتای یونگ

در ایـن جـا می‌خواهـم به یونـگ، و بلکه در گسـتره‌ای وسـیع‌تر، به موضـوع روانشناسـی بپردازم. روانشناسـی دانشـی تخصصـی اسـت و قطعـا در نظـر نـدارم کـه در دقایق دانشـی که بـرآن احاطه نـدارم نظـر دهـم ولی می‌خواهـم پیرامون مبانی روانشناسـی، که مربوط به فلسـفهٔ علم می‌شـوند بنویسـم. در نظـر دارم همخوانی‌هـای آن را بـا آموزه‌ها و شـاخص‌های فرهنـگ خودمان بسـنجم و ناهمخوانی‌هایش را نیز به بحث بگیرم.

مـن از دسـت‌آوردهای دانش روانشناسـی بسـیار بهره برده‌ام و سـرم را به ادای احتـرام در برابر اندیشـمندان بـزرگ خـم می‌کنـم. به اعتقاد من یونگ جزو نادر اندیشـمندان اسـت کـه توفیق فرا رفتـن از مـرز و حـدودی را دارنـد که معمـولا فرهنگی که ازآن برخاسـته‌اند برآنهـا تحمیل می‌کند. قدرت خارق العادهٔ او در فهم بیگانگان و جسارت او در باز گذاشتن دروازهٔ فکر، به او قدرتی داد که همتایـانِ یونگ، علیرغم بزرگی‌شـان نداشـتند. یونگ در پرورش دسـتگاه فکری‌اش نه تنها از مرز و حـدود فرهنـگ خـودش فراتـر رفت، بلکـه اصلا محدودیت‌های تاریخی را نیز پس زد و پشـت سـر گذاشت. نگاه من اخیرا بویژه معطوف به این محدودیت‌های تاریخی بوده است.

بـر ایـن باور هسـتم که ما انسـان‌ها وجودی دوگانه داریـم. برای این دوگانگی هـم قراین روانی موجود هسـت و هم شـواهد فیزیولوژیکی. در کتاب "همزاد شوخ است" به تفصیل به این موضوع پرداخته‌ام. دوگانگی در همهٔ سـازوارهٔ اعصاب ما بازتاب یافته اسـت. این نکته حائز اهمیت اسـت که یادآوری کنم ما دارای دو حافظهٔ مسـتقل هسـتیم. یکی حافظهٔ اخباری است و دیگری حافظهٔ ضمنی (نام‌های متفاوتی برای آن دو هسـت، شـاید بهتر باشـد به دو اسـم لاتین آنها اشـاره شـود: explicit memory و implicit memory). ایـن را گوشـزد کـردم زیـرا هیـچ چیز به انـدازهٔ "حافظه" به مفهـوم "خویـش" نزدیـک نیسـت. در مغز انسـان نیز ما بـا دو نیمکرهٔ راسـت و چپ روبرو هسـتیم.

این دو نیمکره توسط رشته پیوندهای عصبی به همدیگر مرتبط شده‌اند که آن را جسم پینه‌ای[1] می‌نامند.

از نقطهٔ نظر روانی نیز از دیرباز، بشر متوجه وجوه دوگانگی در شخصیت و روان خودش گشته و این شناخت در اکثر فرهنگ‌ها گزارش شده. در عرفان ایرانی نیز به روشنی از این موضوع گفتگو شده. در بستر فرهنگ معاصر غرب، این دوگانگی، حداقل در مقولهٔ "خودآگاه" و "ناخودآگاه" به رسمیت شناخته شده است. من برای احتراز از باری که روانشناسی بر این اصطلاح‌ها نهاده، ترجیح می‌دهم از این دوگانه تحت عنوان‌های "همزاد" و "من‌زاد" گفتگو کنم. به این ترتیب ما دو سازهٔ روانی همزاد و من‌زاد را داریم که هریک حافظهٔ خاص خودش را دارد و به همین سان در نظام عصبی انسان نیز می‌توان سازه‌هایی همچون دو نیمکرهٔ راست و چپ را به همزاد و من‌زاد نسبت داد.

پیداست که نظام فیزیولوژیکی بشر همواره به این شکل نبوده است. شواهد گویای این هستند که جسم پینه‌ای، رابط میان همزاد و من‌زاد، به مرور تغییر اندازه داده و باریک تر شده! بله، برخلاف انتظار باریک تر شده. این نکته باید عوارض گوناگونی بر شعور آدمیزاد داشته باشد. اگر ما دوگانگی را جدی بگیریم، خواه ناخواه هر دگردیسی در رابطهٔ میان این دو واحد از روان انسان، تاثیر مستقیمی بر شعور و کارکرد ذهن خواهد داشت. این موضوع نخستین انگیزهٔ من برای قایل گشتن به یک دگردیسی عمده در نظام ذهن انسان است.

دومین انگیزهٔ من، تصویری است که قرآن از عهد قدیم ارایه می‌دهد. انسان در خوانش آیه‌های قرآن که در رابطه با عهد پیش از سلیمان هستند، تصویری به دست می‌آورد که بعضا با نظام ذهن امروزی ما همخوان نیستند. بی‌دلیل نیست که برخی از علاقمندان قرآن برای حل این مشکل به سنخیت (این) آیه‌ها با زبان و سرشت رؤیا روی آورده‌اند و تا جایی پیش رفته‌اند که اصلا قرآن را رؤیاهای نبوی تلقی کنند. البته از نظر من چنین تلقی درست نیست. من هم این سرشت رؤیاگونه را در این آیه‌ها می‌بینم ولی این را حمل بر رؤیا بودن قرآن نمی‌کنم. کافیست که ما کماکان قرآن را کتاب آسمانی تلقی کنیم، و در عوض در "نظام امروزی ذهن انسان" بمثابه تنها نظام ممکنِ شعور شک کنیم. در اینصورت این آیه‌ها گزارشگر مقطعی از تاریخ انسان هستند که شعور انسان وضع خاص و متفاوتی داشته است. موضوع گفتگو با پرندگان شگفت انگیز است ولی آنقدر شگفت نیست که دعوی "آوردن تخت بلقیس در یک چشم به هم زدن" شگفت انگیز است. بویژه وقتی که به تصریح قرآن، کسی این دعوی را می‌کند که "نزد او دانشی از کتاب بود". پیش از اینهم در جمع مشاوران سلیمان خوانده بودیم که گفته بودند "ما دارای قدرت و مالک

---

[1] corpus callosum

وسایل رزمی سختی هستیم"، لاجرم حالا باید با نگاه نوینی قدرت و وسایل رزمی آنها را جدی بگیریم.

اشارهٔ دیگر قرآن به قویتر بودن گذشتگان است. یعنی برخی از آیه ها با تصور خطی از تاریخ همخوان نیستند. مثلا در ۷۸@قصص می خوانیم:

[قارون] گفت من اینها را در نتیجه دانش خود یافته ام آیا وی ندانست که خدا نسل هایی را پیش از او نابود کرد که از او نیرومندتر و مال اندوزتر بودند و مجرمان را [نیازی] به پرسیده شدن از گناهانشان نیست (۷۸)

۹@روم و ۸۲@غافر و ۲۱@غافر و ۶۹@توبه و ۱۳@محمد نیز همین معنی را ارایه می دهند.

اگر تاریخ انسان، یک حکایت خطی (linear) نباشد در اینصورت باید

۱- ما در تصور خود از گذشته بازنگری کنیم

۲- در فرآیندهای غیر خطی، همواره حداقل یک نقطه عطف هست که فرآیند را از حالت خطی بیرون می آورد. باید در جستجوی این نقطه در تاریخ برآئیم

در نوشته ای تحت عنوان "عهد رؤیا، عهد بیداری" به ماجرای "هاروت و ماروت" در قرآن اشاره داشتم و گفتم که من این ماجرا را بیانگر همان نقطهٔ عطف در تاریخ انسان می دانم. زیرا بنابر آیهٔ ۱۰۲@بقره، هاروت و ماروت فرستادگان الهی بودند که به مردم چیزی می آموختند که

(۱) بین مرد و زنش جدایی می افکند (که البته مرد و زن را من تعبیر به همزاد و من زاد کردم)

(۲) البته به کسی زیان رسان نبودند مگر به اذن الهی، و چیزی می آموختند که به ایشان زیان می رساند و سودی برایشان نداشت

تغییر مورد نظر ما بویژه در این نکته برجسته می شود که پیروی آموزشِ هاروت و ماروت، میان همزاد و من زاد فاصله می افتد. تعبیر این افزایش فاصله را می توان در باریک شدن جسم پینه ای دید. متوجه باشید که جسم پینه ای دو نیمکرهٔ راست (همزاد) و چپ (من زاد) را با یکدیگر مرتبط می سازد لاجرم کاهش سایز جسم پینه ای تعبیری جز افزایش فاصلهٔ میان همزاد و من زاد نخواهد داشت. این را نیز متوجه باشید برای چنین تغییری، نیاز به جراحی و دیگرگونی ژنتیکی نیست. مغز انعطاف دارد و می تواند به مرور زمان، طی نسل ها، دیگرگونی مورد نظر را تحقق ببخشد. به عبارت دیگر کافیست که هاروت و ماروت جرقهٔ این دیگرگونی را با آموزش تکنیکی که یک نیمکره را در پرورش آن تکنیک، خبره می سازد، زده باشند، تا به مرور زمان، نطفهٔ این فرآیند تخصص و ویژه گری رشد کند و هر نیمکره را در شاخهٔ خاصی از علم یا هنر پرورش دهد. به

عبارت دیگر، تا پیش از هاروت و ماروت، انسان در بطن جهانی زندگی می‌کند که فاصلهٔ چندانی با جهانِ واقعی یگانه، چیزی که یونگ آن را اونوس موندوس می‌نامد ندارد. پس از هاروت و ماروت است که انسان پا در عهد جدیدی از تاریخ می‌گذارد. ظاهرا تا پیش از هاروت و ماروت، پیامبران رابطهٔ بی‌واسطه با خداوند داشتند، ولی پس از آن، به گواه قرآن، رابطهٔ پیامبران با خداوند فقط بواسطهٔ روح القدس صورت می‌پذیرد.

من برای چنین تلقی متوسل به قرآن گشتم ولی یونگ از زاویهٔ دیگری به همین موضوع پرداخته است و این نبوغ یونگ را می‌رساند. برخلاف من که به گذشته و تاریخ دور متوسل شدم، یونگ به اقوام بدوی و ناخودآگاه و نمادهایش روی می‌آورد. این دقیقا همان زنجیری است که همهٔ تاریخ بشر را به هم بافته است. یونگ به ما نشان می‌دهد که ما هنوز این ارتباط را در عالم هنر و رؤیا تجربه می‌کنیم. به ما می‌آموزد که اقوام بدوی امروز، گیرم با جسم پینه‌ای باریک شده، کم و بیش در همان حال و هوای اونوس موندوس بسر می‌برند. یونگ به ما نشان می‌دهد که ما گنجینهٔ اسراری را در درون خود به ارث برده‌ایم که کماکان برای ما در ظلماتِ این عهد بیداری، چراغ راه هستند. یونگ و شاگردانش به ما می‌آموزند که رؤیاهای ما می‌توانند راهگشای ما به عالم درون شوند.

ماری لوئیس فرانتس می‌نویسد:[1]

"اگر ما به جای درنگ در دنیای سرد و عاری از مفهوم و اتفاق، به خواب‌های خودمان توجه کنیم، نرم نرمک وارد دنیای سرشار از رویدادهای مهم و نظم پنهان می‌شویم. با اینهمه خواب‌های ما در درجه‌ی اول مربوط به سازگاری ما با دنیای بیرونی نمی‌شوند و در دنیای متمدنمان بیشتر بوسیله‌ی «من» به انکشاف رفتار درونیِ «درست» نسبت به «خود» قرار دارند، زیرا ارتباط‌های امروزی ما به سبب رفتار و شیوه‌های اندیشه‌مان به مراتب بیش از انسان‌های بدوی دچار اختلاف می‌شوند. انسان‌های بدوی معمولا بگونه‌یی مستقیم با مرکز درونی خود ارتباط دارند، در حالیکه ما با خودآگاه بی‌هویت خود چنان گرفتار مشکلات بیرونی و بیگانه با طبیعت خودمان شده‌ایم که «خود» با دشواری بسیار می‌تواند پیام‌هایش را به گوشمان برساند."

---

۱ رجوع کنید به [J۳] صفحهٔ ۳۱۱

مبانی و بنیادها

یونـگ می‌گویـد کـه در دوران باسـتان، ذهن یک عضو از مجموعهٔ پیوسـته‌ای بود کـه آن را جهان می‌نامیـم. در آن دوران، مـا میـان رؤیـا و واقعیت تمایـز چندانی قائل نمی‌شـدیم. وحدت ذهن با جهـان زمانـی از دسـت رفت که فلسـفهٔ غرب توانسـت ذهـن را بمثابـه مقوله‌ای منفـک، از جهان جدا سـازد. اکنون انسـان از دیدگاه روانشناسـی غربی، از مجموعهٔ واحد جهان جدا گشـته است[۱]. پیشـرفت فلسـفه در غرب در دو سـدهٔ گذشـته به این موفقیت دسـت یافته که "ذهن" را از دایرهٔ خـودش جـدا کند و از پرداختن به احسـاس یگانگی با جهان بازدارد. انسـان دیگر از تصویر خیالی عالـم صغیـر بازمانـده و آنیمـای او دیگـر آن جوهر همجنـس با جرقهٔ آنیمـا مونـدی[۲] (جهـان ارواح) نیست.

به گفتهٔ یونگ، شرق هیچگاه چیزی همچون روانشناسی توسعه نداد بلکه معانی یا کارکردهای مشـابه آن را در فلسـفه و متافیزیک فراهم آورد. کلمهٔ "ذهن" در فرهنگ شـرق همواره دلالت‌های ضمنـی متافیزیکـی دارد؛ در حالیکـه در غـرب ایـن دلالت‌ها در قرون وسـطی از میـان رفتند. امروز کلمـهٔ "ذهـن" معنـای یک "کارکـرد روانـی[۳]" را دارد. علیرغم اینکه مـا هنوز "روان" را نمی‌شناسـیم و حتـی تظاهر به شـناخت آن هم نمی‌کنیم، بـا این وجود، می‌توانیم کلمهٔ "ذهـن" را به کار بگیریم. حین کاربست این مفهوم، ما برای آن هیچ معنای متافیزیکی قایل نمی‌شویم.

وی همچنین بر این نکته اشـاره دارد که اخترشناسـی را می‌توان نوع اولیهٔ روانشناسی قلمداد کرد. یونگ می‌نویسد:[۴]

"مـن بـا حرف زدن از زمان و انرژی خود را سـرگرم حدس و گمانهـای بیهوده نکرده‌ام. این یک مسألهٔ متافیزیکی نیست بلکه روان شناختی و حتی مرتبط با اختربینی است چرا که اختربینی نخستین شکل روانشناسی بود، که علم بسیار جدیدی است و در اواخر قرن ۱۹ آغاز شد. البته حدوداً زمان زوال مسیحیت و عصر روشنگری فرانسه آغاز فن روان شناسی بود. ولتر، لار شـفوکو و فنلون را میتوان از نخسـتین روان شناسـان در نظر گرفت. اما در آن زمان روان شناسی هنوز علم محسـوب نمی شـد. بلکه بیشـتر کلمات قصار روشـنفکرانه بود. البته این فقط یک نقد اسـت. شـاید کسـی معتقد باشـد که نیچه نیز رویکردی روان شـناختی به آثار خود داشـت. اما از آنجا که روان انسـان همواره وجود داشـته، همیشه در

---

۱ مجموعه آثار، رجوع کنید به [J1]

2 Anima Mundi

3 Psychic function

۴ رجوع کنید به [J2]

همه‌ی ادوار قطعاً چیزهایی هم تراز روانشناسی بوده است. فلسفه می تواند یکی از علوم هم تراز آن باشد، اما فلسفه فقط یک فرافکنی متافیزیکی یا عقلانی است. مذهب نیز می تواند هم تراز آن باشد، به نظر برخی مذهب نیز عینیت بخشیدن متافیزیکی است. اختربینی نیز تا قرن ۱۷ قانونی و موجه محسوب می شد و پزشکان در دانشگاه از آن، به همراه رؤیاها، برای تشخیص بیماریهای افراد بهره میبردند. به علاوه از کفبینی هم استفاده می شد. من یک کتابچه ی پزشکی دارم به قلم پروفسور معروف شهر وورتزبورگ که در اواخر قرن ۱۶ نوشته شده است. نویسنده‌ی این کتاب، که به اختر بینی، جمجمه شناسی، کفبینی و چهره شناسی می‌پردازد و برای استفاده‌ی پزشکان بود، آخرین پروفسور رسمی اختربینی بود که نوعی روان شناسی محسوب می شد اما با ویژگیها و خصوصیات عجیب فرافکنی. این کتاب روان شناسی امروزی بود اما به شکلی کهن. علم مدرن ما با ستاره‌شناسی شروع شد. به جای آنکه بگویند فرد تحت تأثیر علل روان شناختی است، درگذشته می‌گفتند که فرد تحت تأثیر ستاره‌هاست. در کتاب والنشتاین شیلر گفتگویی میان والنشتاین و یک اختربین صورت می‌گیرد که طی آن اختر بین میگوید: «در قلب تو ستاره‌های سرنوشت هستند.» این ترجمه ی اصطلاحات اختر بینی به اصطلاحات روان شناسی است. اما این اتفاق بسیار دیر، در اوایل قرن ۱۹، رخ داد. تا آن زمان مردم براین باور بودند که نه انگیزه‌های روانشناسی، بلکه حرکت ستارگان باعث واکنش های فردی می شد گویی که سمت و سوی زندگی آنها را نوسانات سیارات تعیین می کرد. نکته‌ی شگفت‌آور اینکه واقعاً یک همزمانی عجیب میان حقایق روان شناختی و اختربینی وجود دارد، بدین ترتیب می توان زمان را از خصوصیات فردی مجزا کرد و نیز میتوان خصوصیات فردی را از روی زمان مشخصی حدس زد. بنابراین باید نتیجه بگیریم که آنچه ما انگیزه های روان شناختی می نامیم به نوعی شبیه جایگاه ستارگان است."

یونگ براین باور است که "دنیای ما تماما عینی شده و از آنچه روانشناسان هویت روانی یا مشارکتهای عرفانی می‌نامند، تهی شده‌ایم."[1] در بستر چنین تاریخی، یونگ مکاشفهٔ خود را آغاز نمود. کشف ناخودآگاه برای روانشناسی تازگی نداشت، شاید بتوان کشف ناخودآگاه جمعی را بزرگترین کشف یونگ در روانشناسی قلمداد کرد. وی می‌نویسد:[2]

"کشف اینکه ناخودآگاه تنها مامن گذشته ما نیست و سرشار از جوانه‌های وقایع روانی و انگاره‌های آینده‌ی ما هم می‌باشد موجب شد برخورد تازه‌یی با روانشناسی بکنم.

---

۱ رجوع کنید به [J3]، صفحهٔ ۵۴

۲ رجوع کنید به [J3]، ، صفحهٔ ۴۴

جدل هـای بسـیاری پیرامـون ایـن نکتـه روی داده، اما ثابت شـده، افزون بـر خاطره‌های دوری کـه روزگاری در خودآگاهـی مـا بوده‌انـد، انگاره‌هـای جدید و آفریننده نیـز می‌توانند از ناخـودآگاه سـر برآورند. انگاره‌هایی که هرگز پیـش از آن در خودآگاه نبوده‌اند و همچون جواهـری از ژرفـای تیره‌ی ذهن پدید می‌آیند و بخش بسـیار مهمـی از روان نیمه خودآگاه را اشغال می‌کنند.“

بـا آغاز دفتر روانشناسـی، چیزی نگذشـت که توجه همـگان به رؤیا معطوف شـد. فروید رؤیا را شـاهراه ناخـودآگاه نامیـد. در ایـن قلمـروی عجیب، انسـان چیزی را بـه کمند تجربه می‌کشـد که فهمش برای خودآگاهی، در چارچوب چیزی که ما در بیداری تجربه می کنیم سخت است. ماری لوئیز فون فرانتس[1] می‌نویسد:[2]

”اگـر کسـی توالی رؤیاهـای خود طی سـالیان دراز را مورد مطالعه قرار دهـد متوجه خواهد شـد که پاره‌یی از محتویات آن‌ها به تناوب آشـکار و ناپدید می‌شـوند. ... و هرگاه خودآگاه رؤیابیـن تحـت تاثیر خواب‌هایش قرار گیرد، تغییرات شـتاب بیشـتری خواهنـد گرفت. ... بـه نظـر می‌آیـد که مرکز سازمان‌دهنده‌یی کـه این کنش منظم از آن ناشـی می‌شـود نوعی هسته‌یی اتمی متعلق به سیستم روانی باشد که می‌توان آن را به مثابه‌ی مبدع، سازنده و منبـع نمایه‌هـای رؤیـا انگاشـت. ایـن مرکز مجموعـه‌ی روان اصلی شـکل گرفته اسـت و پروفسـور یونـگ آن را «خـود» می‌نامد تا از «من» که تنها بخش کوچکی از روان را تشـکیل می‌دهد متمایز کرده باشد.“

یونگ در مطالعهٔ روان انسان سیستمی قایل شد متشکل از مولفه‌های «من»[3] و «خودآگاهی»[4] و «خود»[5].

1 Marie Louise Von Franz

۲ رجوع کنید به [J3] ، صفحهٔ ۲۴۱

3 ego

4 consciousness

5 self

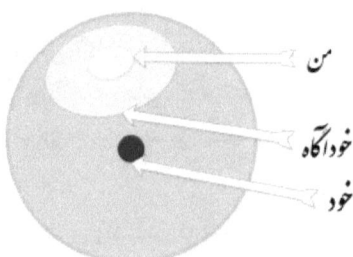

شکل ۱ نظام یونگ

همانطور که در شکل بالا نشان داده شده، در این نظام یونگی، «مـن»، مولفه‌ای در رابطه با خودآگاهی است، درواقع بخشی از آن است. یونگ «من» را دارای دو سطح «جسمی» و «روانی» می‌داند. دریافت‌های حسی بخشی از این سطح جسمی خودآگاهی هستند. البته همهٔ دریافت‌های حسی به خودآگاهی نمی‌رسند، مثلا برخی از این دریافت‌ها، که زیرآستانه‌ای نام دارند، اصلا به خودآگاهی نمی‌رسند. قسمت عمده‌ای از دریافت‌ها در ناخودآگاهی ثبت می‌شوند. مبانی جسمی «من»، از نظر یونگ متکی بر دو ضریب خودآگاه و ناخودآگاه است. در مورد سطح روانی«من» نیز همین موضوع صادق است، یعنی مبانی روانی «من» نیز بر دو ضریب خودآگاه و ناخودآگاه اتکاء دارد. محتوای ناخودآگاه نیز بر سه دسته تقسیم می‌شود:

- بخش‌هایی از ناخودآگاه زیرآستانه‌ای که بطور داوطلبانه قابل فراخواندن هستند.
- بخش‌هایی از ناخودآگاه که بطور داوطلبانه قابل فراخواندن نیستند.
- بخشی از ناخودآگاه که به هیچ روی نمی‌توان به آن خودآگاه شد.

«من» در طی زندگی ساخته می‌شود. از تصادم ضرایب جسمی با محیط پیرامونی بیرون می‌جوشد. پس از تاسیس گشتن، طی برخوردهای دیگر با جهان بیرون و درون توسعه می‌یابد. پس باید متوجه باشیم که «من» بخشی از خودآگاهی است ولی بر دو ضریب خودآگاه و ناخودآگاه اتکاء دارد. با این اوصاف، «من» فقط بازتابندهٔ بخش خودآگاه شخصیت است و گویای همهٔ شخصیت نیست چون بخش اعظم شخصیت یک فرد، بویژه شاخص‌ها و کیفیت‌های غایی او در گروی ضرایب ناخودآگاهی است که اصلا به خودآگاهی رکاب نمی‌دهند. یونگ پدیدهٔ تمامیت شخصیت را «خود» می‌نامد. «من» در مقایسه با «خود» نقش فرعی دارد و با آن رابطهٔ جزء با کل دارد. «من» در میدان خودآگاهی دارای اراده و اختیار است. ولی همانگونه که اختیار با جهان

بیرونی تعارض و تصادم پیدا می‌کند، به همان سان نیـز «من» در جهانِ درون، با محدودیت‌ها روبرو می‌شود و با «خود» تعارض پیدا می‌کند. همانگونه که رویدادهای بیرونی می‌توانند جلوی آزادی مـا را بگیرند، رویدادهای درون، برانگیخته از «خود»، «من» را متاثر می‌سازند بقسمیکه از دست «من» کاری ساخته نیست. یونگ یادآور این نکته می‌شود که نه فقط «من» در تعارض علیه «خود» ناتوان است بلکه بیشتر اوقات در تاثر از ضرایب ناخودآگاهی دیگرگون می‌شوند[1]. ارایۀ یک تعریف جامع از «من» محال است. می‌تـوان به مولفـۀ «فردیت» به عنوان مهمترین شـاخص «من» اشاره داشت و گفت کـه «من» فردیت دارد و منحصر بفرد است و هویت خودش را تا حدود زیادی حفظ می‌کند. البته ثبات «من» مقوله‌ای نسبی است و گاه تغییرات اساسی در شخصیت روی می‌دهند. چنین دیگرگونی‌های شخصیتی را نباید همواره پاتولوژیک قلمداد کرد.

الگوی یونگ

در زیر به مولفه‌ها و سازه‌های مهم بینش یونگ می‌پردازیم.

چهار خویشکاری

یونگ کارکردهای روان بشـر را محصول چهار مؤلفه می‌داند که آنها را خویشکاری می‌نامد. این چهار مؤلفه عبارتند از: احساس[2]، حواس[3]، ادراک[4] و شهود[5] که در زیر به آنها می‌پردازیم.

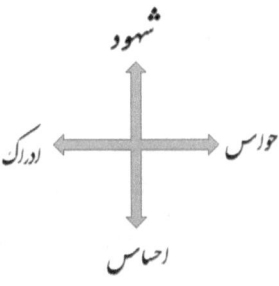

شکل ۲ چهار خویشکاری یونگ

---

۱ رجوع کنید به [J4]
2 Feeling
3 Sensation
4 Thinking
5 Intuition

- حواس به تجربهٔ بلافصل ما با جهان عینی مربوط می‌شود.
- شهود به فهم عمیق ما از معانی و مناسبات (درونی) می‌پردازد.
- احساس طبق تعریف یونگ، مربوط به تاثرهای عاطفی و قلبی می‌شود.
- ادراک به صدق و کذب تجارب ما می‌پردازد.

درواقع در این دسته بندی، حواس و ادراک بمثابه دو سر یا دو قطب متفاوت (و گاه مخالف) در برابر شهود و احساس قرار می‌گیرند.

کهن الگوها

رضایی در شرح دیدگاه یونگ می‌نویسد:[1]

"یونگ شخصیت را متشکل از چند سیستم روانی می‌داند که جدا از یکدیگرند ولی بر یکدیگر تاثیر متقابل می‌گذارند. این سیستم‌ها عبارتند از من یا خودآگاه، ناخودآگاه فردی، ناخودآگاه جمعی با مفاهیم و تصورات و الگوهای کهن، پرسونا، آنیما و آنیموس و سایه. "

مولفه‌ها و محتوای شخصیت خودآگاه تا حدی در طی فرآیند زندگی به دست می‌آیند در حالیکه مولفه‌ها و محتوای ناخودآگاهی از آغاز موجود هستند. این همان چیزیست که یونگ تحت عنوان «ناخودآگاه جمعی» به آن اشاره دارد. کهن الگوهای ماخوذ از ناخودآگاه جمعی، بطور تجربی در رابطه با غرایز قرار دارند و بیشترین تاثیر مخرب را روی «من» می‌گذارند. این کهن الگوها مولفه‌هایی هستند که یونگ تحت عنوان «سایه» و «آنیما» و «آنیموس» از آنها گفتگو می‌کند. دسترس پذیرترین این‌ها سایه است که بیشتر در مناسبت با ناخودآگاهی شخصی قرار دارد.

سایه، عبارت از چالشی اخلاقی برای «من» است زیرا آگاهی به آن فقط با کوشش قابل ملاحظه بدست می‌آید. آگاهی به آن مستلزم شناسایی وجوه تاریک شخصیت انسان است. این گامی حیاتی برای دست یافتن به دانشی دربارهٔ «خود» است. به همین جهت، این شناسایی همواره با مقاومت روبرو می‌شود. شاخص‌های تاریکی که برسازندهٔ سایه هستند عموما سرشتی عاطفی دارند. در این سطوح نازل حیات، با عواطفی که به ندرت قابل کنترل هستند، فرد رفتاری بدوی دارد. برخی مقولات، سرسختانه در برابر اخلاق مقاومت می‌کنند. این مقاومت معمولا توسط فرافکنی صورت می‌گیرد. انگیزه‌های عاطفی همواره به فردی دیگر نسبت داده می‌شوند. این فرافکنی معمولا به انزوای فرد می‌انجامد. فرافکنی چهرهٔ دنیا را در برابر فرد عوض می‌کند.

---

۱ رجوع کنید به [J2]

ضرایب ناخودآگاهی، برانگیزندهٔ این فرافکنی هستند. معمولا فرد به هیچ روی مایل به پذیرش این نیست که این تصویرِ برساخته از جهانِ پیرامونی که وی در سر دارد، با واقعیت انطباق ندارد. هر چقدر که فرد جلوتر می‌رود، در پیله‌ای که به دور خودش تنیده است بیشتر فرو می‌رود.

ممکن است آدم فرض بر این بگیرد که چنین فرافکنی‌ها متعلق به قلمروی سایه – یعنی بخش منفی شخصیت- هستند. ولی پس از نقطهٔ معینی، چنین فرضی غیر قابل دفاع از آب درمی‌آید زیرا نمادهایی که پدیدار می‌شوند از همان جنس فرد مورد نظر نیستند بلکه از جنس مخالف‌اند، مثلا در مورد فرد مذکر نماد مونث و در مورد فرد مونث نماد مذکر پدیدار می‌شود. در چنین حالتی، سرچشمهٔ فرافکنی سایه نیست زیرا سایه همواره همان جنسیت فرد را دارد. در این حالت ما با چیزی که یونگ آن را آنیما (در مورد زن) و آنیموس (در مورد مرد) می‌نامد مواجه هستیم. تشخیص سایه به مراتب ساده‌تر از آنیما و آنیموس است زیرا که از خودآگاهی، به مراتب دورتر هستند. بنا بر آموزه‌های یونگ، آنیما کهن الگوی مونثی است که در ناخودآگاه یک مرد پیدا می‌شود. همانطور که حضور کهن الگوی مونث در مرد باعث جبران و تعادل می‌شود در یک زن نیز کهن الگوی مذکر آنیموس باعث جبران و تعادل می‌شود. آنیموس در ناخودآگاه یک زن مُهر مذکری است و آنیما در یک مرد مُهری مونث است. این موضوع بخودی خود گویای اختلاف اساسی میان مرد و زن است. همانگونه که آنیما مولفه‌ای مادرانه است، آنیموس نیز مولفه‌ای پدرانه محسوب می‌شود.

به اختصار، ما با مولفه‌های زیر روبرو هستیم:

سایه: مجموعه‌ای از غرایز، یا به عبارتی همهٔ آن چیزهای درون را که بتوان مطابق با طبیعت دانست، یونگ سایه می‌نامد. نظر به همین طبیعی بودن، سایه می‌تواند جنبه‌های درنده خویی و خشن بروز دهد.

پرسونا: نقابی است که ما بر خود می‌زنیم، طریقی که ما خود را به دیگران نشان می‌دهیم پرسونا نام دارد. این نقاب معمولا از طریق اجتماع به فرد تحمیل می‌شود و گزینش آن در اکثر مواقع انتخابی نیست.

آنیما، آنیموس: یونگ دو جنبهٔ جنسی در انسان شناسایی می‌کند. اگر خودآگاه یک فرد مونث باشد، جنبهٔ جنسی او نرینه تلقی شده و آنیموس نامیده می‌شود. اگر خودآگاه یک فرد مذکر باشد، جنبهٔ جنسی او مادینه تلقی شده و آنیما نامیده می‌شود. این دو جنبهٔ متفاوت میزان تفاهم میان مرد و زن را افزایش می‌بخشند.

خـود: عبارتسـت از هسـتهٔ بنیادینی که یونگ آن را ارزشـمند ترین مولفـهٔ درون تلقی می‌کند. «خـود» دسـترس ناپذیرتـر از دیگر الگوهـای درونی تلقی می‌شـود و در رؤیاها بندرت بـروز می‌کند و تبلورش در رؤیاها بصورت کودک، پادشاه یا قدیس است.

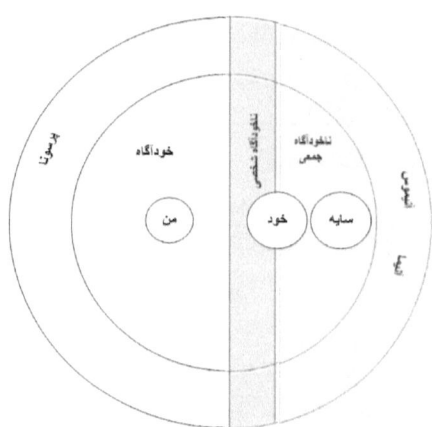

شکل ۳ سیستم یونگ

مری لوئیس فرانتس در شرح نقش مثبت عنصر مادینه می‌نویسد:[۱]

"نقش حیاتی‌تر عنصر مادینه این است که به ذهن امکان می‌دهد تا خود را با ارزش‌های واقعی درون همسـاز کند و راه به ژرف ترین بخش‌های وجود برد. و می‌توان آن را رادیوی درونی انگاشـت کـه با تنظیم طـول موج، صداهـای بیگاه را حـذف می‌کنـد و تنها صدای انسـان بزرگ را می‌گیرد. عنصر مادینه با این دریافت ویژه‌ی خود نقش راهنما و میانجی را میان «من» و دنیای درونی، یعنی «خود» به عهده دارد."

در واقـع می‌تـوان گامـی فراتـر برداشـت و ایـن تعبیـر فرانتـس از مادینـه را به یک وجـه از معنی «شـهوت» نسـبت داد. شـهوت به همان اندازه که می‌تواند منفی باشد، مثبت نیز هست: شهوتِ دانسـتن و کشـف مجهولات می‌تواند قوای انسـان را متمرکز کند، می‌تواند او را بسوی هدفی براند که زندگی‌اش را معنی و توجیه می‌کند. به عبارت دیگر، همانطور که فرانتس اشاره کرده، یک وجه

۱ رجوع کنید به [J3]، صفحهٔ ۲۷۸

مهم از مولفهٔ جنسی در انسان[۱]، ایفای نقش میانجی میان «من» و «خود» است. فقط با اتکاء به نیرویی که شهوت فراهم می‌آورد، انسان خلاق و شکوفا می‌شود.

ناخودآگاه جمعی

یونگ می‌نویسد:[۲]

"ذهن مایل است آنگونه بیاندیشد که همواره اندیشیده است، و احتمال اینکه مثل پنج یا ده هزار سال پیش فکر کند به مراتب بیشتر است تا طوری فکر کند که سابقه نداشته است. تصورات و ایده‌هایی که طی قرنها زنده مانده‌اند احتمال بیشتری می‌رود که بازگردند و عمل کنند. اینها الگوهای کهن هستند؛ شیوهٔ عمل تاریخی، و لذا شیوهٔ عمومی‌اند."

اندیشهٔ ناخودآگاه جمعی[۳] در آغاز عجیب به نظر می‌رسد ولی وقتی پژوهشگران با آن آشنا شدند خیلی زود آن را پذیرفتند و در نظام فکری خود جا دادند. خودِ مفهوم ناخودآگاه نیز در دوایر فکری استقبال مشابهی داشت. فروید در رجوع به مفهوم ناخودآگاه، بیشتر تعبیر و تصوری شخصی از آن داشت. ولی یونگ فقط سطح ناچیزی از ناخودآگاه را شخصی قلمداد می‌کند و آن را «ناخودآگاه شخصی» می‌نامد. از نظر یونگ، این ناخودآگاه شخصی متکی بر لایه‌های عمیق‌تریست که از تجربه‌های شخصی بدست نیآمده‌اند و درون‌زاد هستند. یونگ این لایهٔ عمیق‌تر را «ناخودآگاه جمعی» می‌نامد. کلمهٔ «جمعی» اشاره به ویژگی جهانی بودن آن و مشترک بودنش دارد، یعنی مستقل از تجربه‌های شخصی، در همه کس و در همهٔ فرهنگ‌ها موجود است. ناخودآگاه جمعی متشکل از مولفه‌هایی است که یونگ آن‌ها را کهن الگو می‌نامد. وی اشاره بر این داردکه مفهوم کهن الگو را از پیشینیان برگرفته است، مثلا از ایرنائوس[۴] که گفته بود "آفریدگار این چیزها را مستقیما از خودش برنمی‌سازد بلکه از الگوهای کهن بیرون از خودش شبیه سازی می‌کند"، یا از سن دیونیسوس[۵] که از کهن الگوهای مجرّد گفتگو می‌کند. الگوهای کهن را ما در اسطوره‌ها، افسانه‌ها و رؤیاها پیدا می کنیم. الگوهای کهن در رؤیاها، پیدایش بسیار خام و ساده‌تری دارند تا در اسطوره‌ها. وقتی یک الگوی کهن وارد ذهن می‌شود رنگ و لعاب

---

۱ البته ناگفته نماند که به گفتهٔ فرانتس، عنصر نرینه بندرت بصورت تخیلات جنسی بروز می‌کند و اغلب بصورت اعتقاد نهفته‌ی «مقدس» پدیدار می‌شود.

۲ رجوع کنید به [J5]، صفحهٔ ۳۱۳

۳ رجوع کنید به [J6]

4 Irenaeus

5 Dionysius the Areopagite

فردی می‌گیرد تا به خودآگاهی ورود کند. این حقیقت که اسطوره‌ها پدیده‌های روانشناختی هستند که سرشت روح را برملا می‌سازند در آغاز پذیرفته نمی‌شد. انسان، حتی در بدویتش، همواره نیازمند این بوده است که تجربه‌های بیرونی خود را به وقایع روانی درونی تبدیل کند. هر مشاهدهٔ بیرونی باید تبدیل به یک رویداد درونی شود. انسان از دنیای بیرونی عکس برداری صرف نمی‌کند. تصویر درونیِ یک تجربه، باری درونی دارد، بیانی از نمادها و درامی از ناخودآگاهی است که توسط فرافکندن آن به رویدادی بیرونی به خودآگاهی می‌رسد. به گفتهٔ یونگ، فرافکنی آنقدر اهمیت دارد که هزاران سال از تمدن صرف این شده که آن را تا حدودی از ابژهٔ بیرونی جدا سازد. دانش یک انسانِ بدوی از عالم طبیعی، به گفتهٔ یونگ، رختی است که او بر فرآیندهای درونی می‌پوشاند.

چرا روانشناسی اینقدر دیر نطفه بست و به عرصهٔ علوم پیوست؟ چرا علم اینقدر دیر ناخودآگاهی را موضوع کنکاش قرار داد؟ یونگ می‌گوید این تاخیر را صرفا مدیون دین هستیم که برای همهٔ حالات روان توضیحی داشت. درواقع می‌توان گفت ظهور روانشناسی در غرب همزمان با رنگ باختن مسیحیت صورت گرفت.

یونگ ناخودآگاه را به دستگاه عصبی سمپاتیک تشبیه یا مرتبط می‌کند که همچون دستگاه مغزی-نخاعی نیست که دریافت‌ها را یا حرکت عضلات را مدیریت کند. ولی بدون در اختیار داشتن ارگان حواس، تعادل حیات را توسط هیجان‌های سمپاتیک حفظ می‌کند، و نه تنها دانشی از درونی‌ترین حالات دیگران فراهم می‌سازد بلکه اثری درونی نیز بر آنان می‌گذارد. به این مفهوم، واقعا نظامی جمعی است ولی کارکرد سیستم مغزی-نخاعی به جدا ساختن کیفیت‌های «من» بواسطهٔ فضا می‌رسد و همه چیز را بصورت برونی تجربه می‌کند درحالیکه نظام سمپاتیک همه چیز را بصورت درونی تجربه می‌کند. خودآگاهی بمثابه پدیده‌ای مغزی-نخاعی همه چیز را جدا و منزوی می‌بیند، حتی وقتیکه به ناخودآگاه نظر می‌کند، آن را آشکارا «ناخودآگاهِ من» می‌بیند.

همزمانی

همزاد و من‌زاد، همزبان نیستند پس شاید بتوان با یک دستکاری کوچک، سخن مولانا[1] را به آنها اطلاق کرد و گفت "هم‌زمانی خویشی و پیوندیست". همزبانی در مورد آن دو ظاهرا پروژهٔ محالی است ولی می‌توان به هم‌زمانی آنها امید داشت.

ما تاکنون دربارهٔ بسیاری از تفاوت‌ها میان همزاد و من‌زاد گفتگو کرده‌ایم، شاید مهم ترین

---

۱ همزبانی خویشی و پیوندی است   مرد با نامحرمان چون بندی است

وجه تمایز میان این دو، تجربهٔ متفاوت آنها از زمان است: ساعت همزاد تقریبا بیست بار سریع تر از ساعت من‌زاد تیک می‌کند. یعنی من‌زاد در یکسالگی همزادی بیست ساله دارد به این معنی که او زمان بیشتری را تجربه کرده است.[1] همهٔ فرآیندهای همزاد با سرعتی بالاتر از فرآیندهای من‌زاد روی می‌دهند. جهش‌های ژنتیکی در ژن‌های میتوکاندری، که متعلق به همزاد است، بیست بار سریع تر روی می‌دهند تا جهش‌های ژنتیکی در ژن‌های هسته، که متعلق به من‌زاد است. سقف زمانی برای دریافت یک مشاهده نیز در مورد همزاد و من‌زاد نیز متفاوت است:

- همزاد از ۵ تا ۵۰ میلی ثانیه احتیاج دارد تا چیزی را مشاهده کند[2].
- من‌زاد از ۱۰۰ تا ۴۵۰ میلی ثانیه احتیاج دارد تا چیزی را مشاهده کند.[3]

در شرح این دو سقف: اگر چیزی را در معرض دید شما فقط به مدت کوتاهی، مثلا ۱۰ میلی ثانیه بگذارند، ممکن است شما بطور ناخودآگاه آن را مشاهده کنید ولی این مشاهده به خودآگاهی شما نمی‌رسد. کافیست چیزی را در معرض دید شما حداقل به مدت ۴۵۰ میلی ثانیه قرار دهند تا شما بطور خودآگاه (و البته ناخودآگاه) آن را مشاهده کنید.

اکنون این اختلاف گذر زمان در این دو واحد از هستی تفاوت‌های بزرگی میان آنها می‌اندازد. اگر ساعت من‌زاد (خودآگاهی) را T_1 بنامیم و ساعت همزاد را T_2، در اینصورت می‌گوئیم $T_2 > T_1$ یعنی T_2 سریعتر از T_1 می‌دود. با در نظرگرفتن این اختلاف گذر زمان در این دو واحد از هستی، براستی این نکته تامل برانگیز است که چرا افزایش سرعت T_1 همواره با احساس کیف و لذت همراه است؟ در این نکات دقت فرمائید:

- یکی از کارکردهای آشکار کانابیس تُند ساختن گذر زمان (خودآگاه) است. افرادی که تحت تاثیر کانابیس رانندگی می‌کنند اغلب آهسته‌تر از معمول می‌رانند چون به نظرشان می‌رسد که همه چیز سریع‌تر شده است.
- در پزشکی از کانابیس استفاده می‌کنند تا از اثر اعتیاد (و یا ترک اعتیاد) اوپیوئید (مثل مورفین) بکاهند. کانابیس می‌تواند از ایجاد "اندازهٔ اعتیاد" در بیمار تحت معالجه بکاهد و لاجرم دکتر با خیال راحت تر به بیمار مورفین تجویز کند. "اندازهٔ اعتیاد" می‌تواند برحسب زمان سنجیده شود و به همین سبب در پرورش اعتیاد اثر بگذارد.

---

۱ این موضوع می‌تواند شارح آیهٔ ۱۰@عنکبوت باشد که طی آن عمر نوح را "هزار الا پنجاه سال" توصیف می‌کند. بین این دو نیز همان نسبت یک به بیست برقرار است.

۲ این را اصطلاحا subliminal threshold می‌نامند.

۳ این را اصطلاحا supraliminal threshold می‌نامند

- مطالعـات کانابیـس نشـان می‌دهنـد کـه دریافت‌هـای یـک شـخص تحـت اثـر کانابیس تشـدید می‌شـود. همیـن موضـوع می‌توانـد گویـای حس لـذت باشـد: اگر یـک سـیگنال (مثلا تجربهٔ شـیرینی) در حالـت معمولی ۱ ثانیهٔ ذهنی دوام داشـته، تحـت اثر کانابیس، سـرعت افزایـش یافتـه، همـان سـیگنال قدیمی را در تیک‌هـای جدید که بیشـتر از تعداد تیـک قدیمی هسـتند، تجربه می‌کند و لاجرم بنظر می‌رسد که دوام بیشتری داشته، یعنی لـذت بیشـتری گزارش شـده. یعنـی می‌خواهم بگویـم احتمالا لذت هـم در فیزیولوژی و هـم در روان انسـان برحسـب زمان تعریف شـده اسـت. البته ایـن صرفا محـدود به لذت نمی‌شـود. یک تجربهٔ بد، می‌تواند به همین اندازه، تحت اثر کانابیس تشـدید پیدا کند. یعنـی همـهٔ تجارب انسـان بر حسـب زمان تعریف می‌شـوند. زمان، گویای شـدت و قوت آنهاست. لذتی که فقط یک هزارم ثانیه دوام بیاورد مفت نمی‌ارزد. این کش آمدنِ دامنهٔ زمانیِ آن است که اندازهٔ لذت را تبیین می‌کند.
- در طول رؤیا نیز، این دو ساعت هم‌زمان سازی می‌شوند چون در این حالت، دو نیمکره وارد گفتگـو بـا همدیگـر می‌شـوند و هم‌زمانـی، شـرط گفتگوسـت. شـاید همیـن موضوع جوابگوی این پرسـش باشـد که "چرا تجارب آشنا در رؤیا شـدت بیشتری دارند؟ لذت در رؤیا به مراتب شـدیدتر از لذت در بیداری اسـت و به همین سـان یک تجربهٔ بد در رؤیا با شدت بیشتری تجربه می‌شود.
- بسـیاری از بیماران صرع (همچون داستایوسـکی) گزارش از تجربه‌ای غیر قابل بیان طی حملهٔ صرعی داده‌اند. الیور ساکس از داستایوفسکی که مبتلا به صرع بوده چنین روایت می‌کنـد:[۱] «شـما مردم سـالم نمی‌توانید وجدی را که ما مبتلایان بـه صرع در لحظهٔ پیش از حمله تجربه می‌کنیم تصور کنید... من نمی‌دانم که این شـادی برای چند ثانیه دوام دارد یا چند ساعت یا چند ماه، ولی باور کنید من حاضر به تعویض آن با همهٔ خوشی‌های دیگر در زندگی نیستم.»
- همـهٔ مـواد مخدری که با دسـتکاری نظام دوپامین مغز روبرو هسـتند نیـز درگیر هم‌زمان سـازی هسـتند. ثابت شده که نظام دوپامین هم در تجربهٔ حس لذت دخالت دارد و هم در احساس انسان به گذر زمان.
- بسـیاری از بیمـاران صرعـی، تجربـهٔ رعشـهٔ صـرع را بـا حالـت ارگاسـم مقایسـه می‌کننـد و همسان می‌پندارند. یعنی حالت ارگاسم نیز همچون انقلاب کم دوامی در مغز، ساعت‌ها را دستکاری و همزمان می‌کند.

---

۱ رجوع کنید به [S6]، صفحهٔ ۱۴۴

علاقه به هم‌زمان ساختن این دو واحد از هستی آنقدر بطئی است که ظاهرا مبنای تعریف انسان از لذت و حس کامجویی، و به همین سان درد، قرار گرفته است. هم‌زمان سازی بصورت تسریع ساعت من‌زاد در همهٔ فرآیندهایی که لذت‌آور هستند دیده می‌شود. لاجرم پرسش را از نو مطرح می‌کنیم:

چرا همیشه احساس کیف با گذر تندتر زمان همراه است؟ یا بلعکس، چرا مواقعی که زمان کُند می‌گذرد (گیرم این کُندی صرفا برداشتی ذهنی باشد) ما با سررفتن حوصله روبرو می‌شویم و چنان حالت‌هایی را ناخوش و نامطلوب قلمداد می‌کنیم؟

به نظرم این موضوع فقط یک پاسخ معقول می‌تواند داشته باشد:

گذر تُندتر T_1 می‌تواند امتیازهای معرفتی و روانشناختی داشته باشد.

نظریهٔ همزمانی یونگ

نظریه‌ای که تحت عنوان "همزمانی" شهرت یافته از ارکان بینش متافیزیکی یونگ است. موضوع تقارن پُرمعنای برخی رویدادها، که گویای مناسبتی پنهان و معنوی در پس‌زمینهٔ واقعیت هستند، توجه یونگ را بخود جلب کرده و یونگ برای توصیف اینگونه تقارن‌های معنادار نظریهٔ همزمانی یا «تصادف پرمعنی»[1] را ارایه داد.

ماری لوئیس فرانتس در شرح این نظریه می‌نویسد می‌نویسد:[2]

"اینکه والاترین و رایج‌ترین نماد «خود» ماده‌یی است غیر آلی، قلمروی جدیدی از کنکاش و مطالعه را می طلبد. منظور من در اینجا روابط هنوز ناشناخته‌ی میان آنچه ما روان ناخودآگاه می‌نامیم با آنچه ماده خطابش می‌کنیم است. رازی که طب روان‌تنی در پی دستیابی به آن است. پروفسور یونگ با پژوهش در باره‌ی این روابط هنوز غیرقابل توضیح (شاید روان و ماده پدیده‌ی واحدی باشند که ما یکی را از «درون» و دیگری را از «بیرون» می نگریم) مفهوم جدیدی ارایه داد و خود آن را «تصادف پرمعنی» نامید. بدین معنا که میان رویدادهای بیرونی و درونی که از نظر علّی با یکدیگر ارتباط ندارند یک «همزمانی پرمعنی» وجود دارد. و در اینجا تاکید بر روی کلمه‌ی «پرمعنی» است. اگر هنگامی که من فین می‌کنم تا بینی خود را بگیرم هواپیمایی در پیش چشمانم سقوط کند، همزمانی مفهومی ندارد و اتفاقی است که هر زمان می‌تواند رخ دهد. اما اگر من لباس آبی بخرم و فروشنده به اشتباه لباسی

---

1 Synchronicite

۲ رجوع کنید به [J3]، صفحهٔ ۳۱۶

سیاه بپیچد و تحویلم دهد و این درست روزی اتفاق بیافتد که یکی از بستگان نزدیکم فوت شده است، این دیگر یک همزمانی پرمعنی خواهد بود. البته این دو رویداد به لحاظ علّی به یکدیگر مرتبط نیستند ولی از نظر معنای نمادینی که جامعه به رنگ سیاه می‌دهد به یکدیگر ارتباط می‌یابند."

مثلا به این اتفاق پرمعنی نظر کنید:[1]

"زوریخ، اواخر سالهای ۲۰: امروز هوا خوب است. آفتاب ملایمی قفسه‌های کتابخانه دکتر یونگ را نوازش می‌کند. مدتی است که بیمار در دفتر ساکت نشسته و ظاهرا حرفی برای گفتن ندارد. گاهگاهی دکتر یونگ با حسرت نگاهی به طرف باغچه حیاط می‌اندازد. بیرون هوا لطیف و دل انگیز است. دکتر یونگ تاملّی کرده و سپس رو به بیمار می‌کند و می‌پرسد: "خانم، ممکن است آخرین خوابی را که دیدید برای من تعریف کنید؟" بیمار فکری می‌کند و بالاخره به سخن می‌آید: "بله. آقای دکتر دیشب خواب عجیبی دیدم ... خواب دیدم، خواب دیدم که یک سوسک طلایی ..." در همان لحظه یونگ صدایی از پشت پنجره می‌شنود. گویی کسی دارد در می‌زند. پس از اجازه گرفتن از بیمارش، از جای بلند می‌شود و پنجره را باز می‌کند. همراه هوای لطیف، یک سوسک طلایی از نوع اوراتا[2] وارد دفتر می‌شود. دکتر یونگ و خانم تحت معالجه حیرت زده به این صحنه می‌نگرند ..."

یونگ اشارات متعددی به پدیدهٔ تصادف‌های پر معنی در کتابش دارد. مثلا یکجا می‌نویسد:

"می خواهم مثال جالبی بزنم. یکی از اعضای سمینار ما به من اجازه داده تا برایتان بگویم. پس از بحث های ما درباره‌ی نمادپردازی صلیب و هلال، این خانم با ماه و خورشید در ذهن به خانه می‌رود. پسر هفده ساله‌ی او در بستر بیماری بود و بیکار، مادر مسواک پسر را به او می دهد که نشانی روی آن بگذارد تا با مسواک برادرش اشتباه نشود. مادر پسر را تنها می‌گذارد و در طبقه‌ی پایین با همسرش مشغول صحبت درباره‌ی اتفاق های روز می‌شود. ناگهان مادر آگاه می‌شود که در حال گوش دادن بوده و احساس می‌کند شاید اتفاقی برای پسر افتاده باشد. پس به طبقه‌ی بالا می‌رود و می‌بیند پسر به جای آنکه اسم خود را روی مسواک بنویسد چنین تصویری روی آن ترسیم کرده است.

۱ همانجا، حکایتی است که دکتر فولادوند در مقدمهٔ خواندنی روایت می‌کند.

2 * سوسک سبز گلسرخ (Scarabeide aurata)

تصادف‌های پر معنی توجه یونگ را بخود معطوف داشته بود و او بخوبی متوجه اهمیت این پدیده در فرهنگ شرق گشته بود. بویژه در فرهنگ چینی تبلور این معنی را شناسایی می‌کرد. بقول فرانتس، "در متون قدیم چینی‌ها پرسش این نیست که چه چیز علت یک رویداد است، بل این است که کدام رویداد «دوست دارد» همزمان با رویداد دیگر باشد." مثلا در رابطه با ایی چینگ[۱]، یونگ می‌نویسد:[۲]

"این توضیح نظری ایی چینگ است و اینکه چه ترفندی به کار می‌گیرد. هنگامی که فرد چوب‌ها را می‌اندازد، چوب‌ها دقیقاً طبق روانشناسی فرد و وضعیت کلی آن لحظه، بی توجه به آنچه در نظر گرفته شده، عمل می‌کنند؛ اینکه یک فرد یا گروهی دخیل باشند نیز اهمیتی ندارد. در نظر چینی‌ها همه‌ی این موضوعات مربوط به بخشی از یک نوع انرژی است که همه چیز را به جنبش وامی‌دارد. گویی تشخیص‌های ما فقط در سطح خودآگاه معتبر بودند، اما در ناخودآگاه فرقی ندارد که اتفاق برای شما رخ می‌دهد یا من. همه‌ی ما از آن تأثیر می‌گیریم چرا که وقتی به ریشه‌های ناخودآگاه روان‌مان می‌رسیم، همه چیز یکسان و یک انرژی است. صحت این مسأله را شما می‌توانید با توجه به نقاشی‌های دو کودک که به شما نشان دادم، به عنوان نمونه‌های شیوه‌ی ارتباط از طریق ریشه‌های مشترک، قضاوت کنید، آنها چنان به نمادپردازی پرداختند که انگار اینجا کنار ما بودند. از آنجا که نمونه‌های زیادی از این دست دیده‌ام که در آنها افرادی که دخالتی نداشتند تحت تأثیر قرار گرفتند، واژه‌ی همزمانی را، به عنوان واژه‌ای که این پدیده‌ها را دربر می‌گرفت، ابداع کرده‌ام یعنی وقایعی که در لحظه‌ی ابراز محتوای آن لحظه رخ می‌دهند. بنابراین نزد چینی‌ها، پذیرش این واقعیت که اصول روان شناختی ما، همان اصول پدیده‌های سرشار از انرژی عمومی است دشوار نیست. این مسأله تنها برای ذهن‌های تمیزدهنده‌ی ما دشوار است. اما ارزش آن در درک ظریف جزئیات چیزهاست، و این چیزی است که شرق ناتوانی خود را در آن نمایان می‌کند. چرا که آنها نمی‌توانند به حقایقی بپردازند و همه نوع تصورات عجیب و خرافات را برای خود جایز می‌شمارند. از

---

۱ " ئی چینگ یا کتاب دگرگونی‌ها (به چینی کلاسیک: 易經)، کتاب مقدس چینیان است و کهن‌ترین متن به‌جامانده از چین باستان. در این کتاب مقدس، که بیش از چهار هزار سال قدمت دارد شصت و چهار علامت همراه با تفسیر آن آورده شده‌است. هدف ئی چینگ بیان تغییراتی است که در سطح کیهان رخ می‌دهند و امواج و حلقه‌های بخت را تشکیل می‌دهند. انسان به وسیله ئی چینگ نیروهای بخت را رهبری می‌کند و از رویدادهای درون زندگی باخبر می‌شود و در مواقع مورد نیاز می‌تواند جریان زندگی را به سود خود تغییر دهد. ئی چینگ نمی‌گوید که چه چیزی در آینده رخ می‌دهد اما توضیح می‌دهد که چرا وقایع بدین گونه هستند و روشی را که آدمی باید در آینده اتخاذ کند پیشنهاد می‌دهد." نقل از ویکیپیدیا

https://fa.wikipedia.org/wiki/%D8%A6%DB%8C_%DA%86%DB%8C%D9%86%DA%AF

۲ رجوع کنید به [J2].

سوی دیگر آنها درک بسیار جامع‌تری از نقش انسان در کیهان یا چگونگی ارتباط کیهان با انسان دارند. ما باید این را به همراه بسیاری چیزهای جالب و خارق العاده‌ی دیگر، که آنها از آن آگاه بودند، کشف کنیم."

"تصادفِ پرمعنی" اهمیت ویژه‌ای برای یونگ دارد زیرا این مفهوم، ضمیمهٔ باور به جهانِ یگانه‌ای است که به اعتقاد یونگ، دو عالم مادی و ذهنی در بطن آن جهان، در اتحاد با یکدیگر بسر می‌برند.

فصل دوم

تفاوت شرق و غرب

من شرق را نمی‌شناسم و نمی‌توانم در رابطه با شرق حکم بدهم. من فرهنگی را که خودم در دامانش پرورش یافته‌ام می‌شناسم. ولی از خلال نکته‌هایی که دیگران، مثلا یونگ، در رابطه با شرق مطرح کرده، چنین به نظرم می‌رسد که شاید آنچه من در رابطه با فرهنگ ایرانی می‌گویم در مورد شرق (دست کم بخشی از آن) نیز صادق باشد.

پیش از این در رابطه با تفاوت دو گونه فرهنگ نوشته بودم. برای برجسته ساختن این دو تفاوت، به ساختار کلی جهان روی می‌آورم. ما در ساختاری چهار بُعدی زندگی می‌کنیم که عموما سه بُعد آن را از جنس فضا و دیگری را از جنس زمان تلقی می‌کنند.

اگر ما موجود ذیشعوری را در یک جهان یک بُعدی مجسم کنیم متوجه می‌شویم که چنین موجودی قادر به شناخت آن تک بُعد (که یک خط است) نیست که در آن زندگی می‌کند. آگاهی چنین موجودی فقط می‌تواند به یک "نقطه" اشراف پیدا کند. یک نقطه، در چنین جهانی افق دید این موجود را پر می‌کند. حالا در کنار این جهان، جهانی دیگر را مجسم کنید که دو بُعد دارد. تصور کنید که موجود ذیشعوری در این جهانِ دو بُعدی زندگی می‌کند. حالا می‌بینید که در این مورد، موجود ذیشعور قادر است به یک خط آگاهی پیدا کند. درواقع حالا یک خط می‌تواند افق دید این موجود را پر کند. ولی این موجود قادر نیست به هر دو بُعد، یعنی یک سطح، آگاهی پیدا کند.

اگر به همین سان پیش برویم و جهانی سه بُعدی را مجسم کنیم می‌بینیم که یک موجود سه بُعدی در این جهان قادر به شناخت سطح است ولی قادر به شناخت حجم نیست. **یعنی می‌خواهم بگویم که تعداد ابعادی که شعور می‌تواند بر آنها آگاهی بیابد همواره یکی کمتر از ابعاد واقعی جهان است.**

البته اگر در مثال اول از موجود تک بُعدی می‌پرسیدید جهانِ او چه تعداد بُعد دارد کماکان می‌گفت ۱ بُعد ولی اگر از او می‌خواستید که سرشت این بُعد را برای شما فاش کند درمی‌یافتید که جهان برای او متشکل از صفربُعد فضایی است (که در نقطه تجلی پیدا می‌کند) و یک بُعد دیگر هم که او به وضوح احساس و تجربه می‌کند بُعد زمان است.

اگر در مثال دوم از موجود ذی‌شعور می‌پرسیدید جهانِ او چه تعداد بُعد دارد، او نیز به درستی تعداد آن‌ها را ۲ بُعد تشخیص می‌داد ولی در تشریح آن دو می‌افزود که یک بُعدش فضایی است و آن دیگری از جنس زمان.

اگر در مثال سوم از موجود ذی‌شعور می‌پرسیدید جهانِ او چه تعداد بُعد دارد، او نیز به درستی تعداد آن‌ها را ۳ بُعد تشخیص می‌داد ولی در تشریح آن سه می‌گفت که دو بُعدش فضایی است و آن دیگری از جنس زمان است.

یعنی می‌خواهم بگویم که در فرآیند شناخت، همواره یک بُعد از ابعاد فضا هزینهٔ شناخت و آگاهی می‌شود. این هزینه شدن تحت لوای "از جنس زمان پنداشتن" صورت می‌گیرد. یعنی همیشه یک بُعد از ابعاد فضا نقطهٔ اتکاء شعور و آگاهی قرار می‌گیرد و بدین‌سان از فهرست ابعاد فضا حذف می‌شود چون خودآگاهی و شعور، رابطهٔ تنگاتنگی با آن پیدا می‌کند و اجازه نمی‌دهد که این بُعد مثل دیگر ابعاد فضا خودنمایی کند.

لاجرم ما می‌توانیم یک جهان یک بُعدی را جهانِ **نقطه‌آگاه**، و یک جهان دو بُعدی را جهانِ **خط‌آگاه**، یک جهان سه بُعدی را جهانِ **سطح‌آگاه** و یک جهان چهار بُعدی را جهانِ **حجم‌آگاه** بنامیم.

این موضوع در مورد بنی آدم صادق است زیرا همگان، جهان را سازه‌ای چهار بُعدی تلقی می‌کنند و سه تای این ابعاد را از جنس فضا انگاشته و آن چهارمی را از جنس زمان قلمداد می‌کنند. ولی چیزی که در مورد همگان مشترک و صادق نیست، نوع نگاه آن‌ها به جهان است و براین اساس بر دو دسته تقسیم می‌شوند:

۱- دستهٔ نخست مسحور سه بُعدی هستند که فضایی تلقی می‌شوند و نسبت به بُعد چهارم آن رویکرد و دقت نظر را به خرج نمی‌دهند که در ابعاد فضا به خرج می‌دهند.

۲- نگاه دستهٔ دوم بیشتر معطوف به همان بُعد چهارم است و نسبت به آن سه بُعد فضا، آن دقت نظر را به خرج نمی‌دهند که به این چهارمی می‌پردازند.

دستهٔ نخست را عموما می‌توان "فضا-محور" یا "برون‌گرا" نامید چون دیدگاه آنها بیشتر معطوف به ابعادی است که با شعور و خودآگاهی درهم نیامیخته‌اند. دستهٔ دوم را می‌توان "زمان-محور"

یا "درونگرا" نامید چون همان بُعدی که بشدت در خودآگاهی و شعور آمیخته، مشغلهٔ ذهنی ایشان است. در رابطه با این دو دسته، من بینش و معرفت غربی را در دستهٔ نخست می‌گنجانم درحالیکه بینش ایرانی را در دستهٔ دوم قلمداد می‌کنم. شواهد زبانشناختی برای این موضوع سراغ دارم. مثلا در دو زبان آلمانی و انگلیسی ما شاهد این فضا-محوری هستیم که طی آن مفهوم وجود، به مفاهیم فضایی جوش می‌خورد و کاهش می‌یابد. مثلا در انگلیسی وقتی می‌گویند to take place یا در اصلاحی چون to be in place چنین تلقی فضایی از وجود ارایه داده می‌شود. این اصطلاح شبیه اصطلاح "صورت گرفتن" در زبان فاسی است. متوجه باشید که "صورت" تفاوت بنیادین با "مکان" دارد. به مراتب مجرّد تر از "مکان" است. عبارت there is اساسا به معنای موجود بودن گرفته می‌شود که معنای تحت اللفظی "آنجا بودن" می‌دهد که بروشنی تصوری "فضایی" است. واژهٔ always به معنی همیشه، معنی تحت اللفظی "در هر راه" را دارد. یعنی مفهومی زمانی مثل "همیشه" به کمک کلماتی کاملا فضایی القا شده است. در زبان آلمانی همینطور است. مثلا کلمهٔ Dasein به معنی "بودن" معنای تحت اللفظی "درآنجا بودن" می‌دهد. ما در زبان فارسی چنین موردی نداریم. حتی گاه معکوس این فرآیند را مشاهده می‌کنیم: مثلا واژهٔ "گاه" که یک مفهوم سراسر زمانی است برای القای ترکیب‌های فضایی مثل ایستگاه استفاده می‌شود (کلمهٔ ایست هم باز یک مفهوم زمانی است).

اگر اجازه بدهید می‌خواهم بگویم همین فضا-محوری در فرهنگ غربی بنیان تثلیث در تعبیر غربی از مسیحیت است. یونگ می‌نویسد:[1]

> "وقتی کوششی در راستای افزودن جوهر الهی چهارمی به تثلیث مسیحی صورت گرفت، اندیشهٔ چهارگانگی در اصول مقدس بطرز خشمگینانه مورد حملهٔ آبای کلیسا قرار گرفت."

برای فرهنگی که به سه بُعد فضایی، و بدینسان نگرشِ سه-بُعدی، خو گرفته، طبیعی است که انگارهٔ اصول چهارگانهٔ مقدس را پس بزند. متوجه باشید که بینش غربی در این فضانگاری دستآوردهای خیره کننده‌ای هم داشته. همهٔ مردم سیاره، امروز از همین دستآوردهای بینش غربی بهره‌مند هستند، همه کس، چه درونگرا و چه برونگرا! این را می‌گویم تا خدای ناکرده ارزشگذاری منفی صورت نگیرد و بینش فضا-محور کم ارزش قلمداد نشود.

در تفاوت شرق و غرب، یونگ مفهوم "ذهن" را در پرتوی دو بینش شرقی و غربی لحاظ کرده و می‌نویسد[2] که فلسفهٔ نقادانه، در شرق به همان اندازه بیگانه بود که در قرون وسطی در اروپا

---

۱ رجوع کنید به [J1]، صفحهٔ ۱۷۰

۲ رجوع کنید به [J1]، صفحهٔ ۴۷۵

بیگانـه بود. کلمهٔ "ذهن" در فرهنگ شـرق همواره دلالت‌هـای ضمنی متافیزیکی دارد؛ در حالیکه در غرب این دلالت‌ها در قرون وسطی از میان رفتند. امروز کلمهٔ "ذهن" معنای یک "کارکرد روانی"[۱] را دارد. علیرغم اینکه ما هنوز "روان" را نمی‌شناسـیم و حتی تظاهر به شـناخت آن هم نمی‌کنیم، با این وجود، می‌توانیم کلمهٔ "ذهن" را به کار بگیریم. حین کاربسـت این مفهوم، ما برای آن هیچ معنای متافیزیکی قایل نمی‌شویم.

یونگ می‌نویسد:[۲]

"نظریه‌های شرقی و نمادهایش با کار ما سازگاری خیره کننده‌ای دارد. در یک متن چینی، هنر طولانی کردن زندگی با ایجاد کالبد نامحسوس تشریح شده است. بسیاری از نمادهایی کـه مـن نـزد مراجعانم دیده‌ام در این متن هم آمده اسـت، ولی من بـا آنکه همهٔ این نمادها را می‌شناسـم جرئت نمی‌کنـم بـه تعبیر و تفسـیرهای جسـورانه‌ای بپـردازم که شـرق انجام می‌دهد. شرق این جرئت را دارد که از الفاظی مانند "جابجایی روان‌ها" استفاده کند."

پرسـش اینجاسـت که شـرق ایـن جسـارتش را از کجا مـی‌آورد؟ چنین رویکردی بـرای فرهنگ درونگرا جسـارت نمی‌خواهد بلکه این طبیعی ترین رویکردی اسـت که یک ذهن درونگرا می‌تواند داشته باشد. درواقع باید از دسـتآورد یونگ، بمثابه اندیشمندی که در بستر فرهنگی برونگرا رشد کرده، شـگفت زده شـد. متوجه باشید که یونگ دارد از بیرون به روان می‌نگرد. دسـتآورد یونگ در این زمینه خیره کننده اسـت. باید به احترام او سـر تعظیم فرود آورد. درواقع یونگ، طلیعهٔ همان چیزیسـت کـه خودش نویـد آن را داده بـود. در طول تحلیـل رؤیاهای یکی از بیمارانـش، در کتاب تحلیل رؤیا، یونگ به رؤیایی رسـیده بود که بیمارِ او خواب یک پاتیل دیده بود که در آن صلیب و داس، دو نماد از مسیحیت و اسلام در کنار هم قرار گرفته‌اند. بهتر است این رؤیا را عینا نقل کنم:[۳]

"او خود را در کلبه ای در آفریقا میبیند، جایی در مصر علیا، در گوشه ای، تمساحی میبیند و سـعی میکنـد آن را بـه بیرون براند، متعجب اسـت که چنین جانوری دیـده، جانور ناپدید می شـود. سـپس کوچکترین پسرش کتری برای او می آورد که پر از چیزهای عجیب قدیمی اسـت. او مشـتی تصویر - و نه خودشـیئ - از داس های کوچک برمی دارد که نه از اسـتیل بلکه از جنس آهن خالص اند. زیر آن داخل کتری دسته‌ی شمشیرهای قدیمی پیدا می‌کند که از جنس فلز و مواد دیگر، حتی شیشـه هسـتند اما همه‌ی تیغه هایشان شکسته بود. زیر آن، مجسمه‌ای از مسیح بود از جنس آهن خالص با شمشیری که به اندازه‌ی مجسمه بود،

1 Psychic function

۲ رجوع کنید به [J5]، صفحهٔ ۲۱۶

۳ رجوع کنید به [J2]

او متوجه می‌شود که می‌تواند به راحتی شمشیر را از مجسمه جدا کند. میخواهدکتری و محتویات آن را با خود ببرد اما ناگهان یک بومی ظاهر می شود و میگوید که می توان از تمام آن داس‌ها، که بر دیوار کلبه بین لامپهای کوچک به شکل تشریفاتی روی هم انباشته شده‌اند، استفاده کرد. ناگهان صاحب رؤیا متوجه میشود که کلبه یک کلبه‌ی معمولی نیست بلکه نوعی مسجد است و داسها هلال های ماه هستند و نیز درمی یابد که دسته‌های شمشیر نشانه‌ی صلیب قبطی هستند.

تداعی ها: مصرعلیا (که البته در جنوب مصر است) برای او نمادی است از بخش والاتر وجوداش، روحانی‌ترین قسمت که مرد برتر اوست. صاحب رؤیامی گوید که تمساح بازمانده‌ی دوران ماقبل تاریخ است. خود رؤیا نیز تأکید می‌کند که آن تمساح موجودی ماقبل تاریخ است، یک سوسمارسان. تمساح باید با غرایض قوی حیوانی مرتبط باشد و جایش در کلبه در قسمت‌های فوقانی نیست پس باید آن را به بیرون راند. درباره‌ی کوچکترین پسرش می‌گوید که اغلب او را در رؤیاهای خود دیده و او را نماد نوزایی و امیدش به آینده می داند. کوچکترین پسرش بود که کتری را پیدا کرد. درباره‌ی محتویات کتری می‌گوید که داس نماد محصول و تولید است و شمشیر نماد تخریب. هلال ماه شاید سازنده باشد اما صلیب، یعنی شمشیر، مخرب. طی سال های گذشته او اغلب به ناشکیبایی کلیسای مسیحی فکر کرده بود و اینکه کلیسا هر کس را که با آن هم‌عقیده نبوده سرکوب کرده و از بین برده است. اما به دلیل وجود باور به قسمت و سلطه‌ی تقدیر در اسلام او هرگز به طور خودآگاه به سازنده بودن اسلام باور نداشت. در رؤیا احساس می‌کرد که محتویات کتری برایش ارزش باستان شناختی داشتند. او چراغ‌های کلبه را تداعیگر چراغ هایی می داند که در کشورهای اسلامی در مسجدها و هنگام ضیافت رمضان و یا دیگر مراسم شبانه به چشم می خورند. او از اینکه این خانه یک مسجد است حیرتزده شده. همچون یک خانه‌ی خدا با نمادهای مذهبی گوناگون که به نظر بیشتر ارزش باستان شناختی دارند تا اسباب (پرستش) یک آیین. وسایلی از رده خارج که بدون توجه به خاستگاهشان در یک ظرف ریخته شده‌اند؛ صلیب و هلال معمولاً کنار هم پیدا نمی‌شوند، این دو با هم همخوانی ندارند اما اینجا با وجود ناسازگار بودنشان به هم آسیبی نمی‌رسانند.“

اگر ما گفته‌ها و نظریات یونگ را جدی بگیریم، باید اذعان کنیم که رؤیای این مرد، یک رهنمود از ناخودآگاه جمعی است. لاجرم من این شفا را به معنی نسخهٔ خصوصی برای آن مرد تعبیر نمی‌کنم بلکه گفتگو از نمادهای عمومی و دردهایی است که عمومیت دارند و کهنه و قدیمی هستند. اگر دکتر یونگ صلیب را نهاد مسیحیت می‌گیرد، من ترجیح می‌دهم که صلیب

را، دست کم در این رؤیا، نماد غرب بگیرم. یعنی صلیب نماد همهٔ آن چیزهایی است که غرب باید بر خودش ببالد: علم‌گرایی بر اساس برونگرایی و فاصله گرفتن از درون، و پرداختن به عالم بیرونی. اکنون می‌گویم اگر این دو نشانه‌ی قوی یعنی نشانه‌های اسلام و غرب با هم مخلوط شوند، نه تنها در تکوین شخصیت آن انقلاب می‌کنند بلکه اصلا نسخهٔ شفای عمومی برای بشر ارایه می‌دهند. ولی البته این دو با هم درنمی‌آمیزند، یونگ می‌نویسد:[1]

"این دو نظر آنقدر با هم متفاوتند که احتمالا نمی‌توانند با هم درآمیزند. او متوقف شده، نمی تواند پیش برود انگار پاهایش هر کدام به یک سو می روند، پس ساکن می‌ماند. ذات سازگار نشدنی مسیحیت و اسلام را باید با هم سازگار کرد. او نمی‌تواند به طور خودآگاه این کار را انجام دهد، من نیز نمی‌توانم. هر کدام از این دیدگاه‌ها دلایل موجه خود را دارند. "

این وضعیت فعلی ما است. نمی توانیم پیش برویم. انگار پاهامان هر کدام به یکسو می‌روند. "ذات سازگار نشدنی غرب و اسلام را باید با هم سازگار کرد". یعنی، به تعبیر من، باید غنای بینش غربی را به اسلام بیافزائیم. این نکته به این معنی است که من برخلاف یونگ، صلیب را نماد مسیحیت نمی‌دانم بلکه آن را نماد تمدن غرب و بینش غربی قلمداد می‌کنم.

ماندالا

اشاره به ماندالا از اشارات تکان دهنده در تبلور ناخودآگاهی (بویژه ناخودآگاه جمعی) در زندگی است. یونگ می‌گوید:[2]

"ماندالا به معنی حلقه یا دایره با رنگ و بوی جادویی است. می‌توانید ماندالا را رسم کنید، می‌توانید ماندالا را بسازید، می‌توانید ماندالا را برقصید. «ماندالا نریتیا» رقصی است که در آن افراد یک ماندالا را مجسم می‌کنند."

ماندالا، پدیده‌ای است که بنا بر گفتهٔ یونگ در ناخودآگاه انسان با بسآمدی بالا بروز می‌کند، آن را در افسانه‌ها، اسطوره‌ها می‌یابید و نیز در رؤیاها بروزی آشکار دارد. وی در شرح ماندالا ادامه می‌دهد:[3]

"شبیه طلسم شکن است. طلسم شکن‌ها اغلب به شکل ماندالا هستند. بعضی از ماندالاهای پیش از تاریخ و متعلق به عصر مفرغ از زیر خاک بیرون آورده شده‌اند و در موزهٔ

---

۱ همانجا

۲ رجوع کنید به [J5]، صفحهٔ ۲۲۰

۳ همانجا

ملی سوئیس حفظ می‌شوند. چرخ‌های خورشید نامیده می‌شوند و چهار پرِّه چرخ شبیه صلیب‌های مسیحی کهن دارند. نقش روی نان مقدس در کلیسای کاتولیک هم به این صورت است. نان مورد استفاده در کیش میترایی نیز نوعی «نان ماندالایی» است و این در یکی از یادمان‌ها دیده می‌شود."

یونگ در توصیف ماندالا گوشزد می‌کند که توصیف‌های او پیرامون ماندالا به فلسفه می‌ماند ولی ماندالا فلسفه نیست. آن را منسوب به فیثاغورث و عدد چهار می‌داند. به گفتهٔ او ماندالا بیانی از امور ناخودآگاه است. پیامی است که از ناخودآگاه به خودآگاهی پست می‌شود، چه در رؤیا و چه در اسطوره‌ها و نمادها. یونگ می‌نویسد:[1]

"در فلسفهٔ چینی، ماندالا عبارتست از «قسمت اینچ مربعی از خانهٔ فوت مربعی» - می‌گویند که خانه به معنی کالبد فناناپذیر است و ساختن آن ماندالا به معنی ساختن کالبد فناناپذیر است. کید بررسی جالبی دربارهٔ این تئوری انجام داده است که انسان غیر از کالبد مادی فیزیکی‌اش کالبدی نامحسوس هم دارد. ژله تئوری کاملی از آن ساخته است، فلسفهٔ جدیدی به نام «سیستم پسیکو دینامیک»، واژه‌ای جدید برای یک چیز قدیمی —درست مثل بیشتر اصطلاحات علمی. کالبد نامحسوس همان چیزی است که در فلسفهٔ کهن انتلیکا نامیده می‌شد، یعنی همان چیزی که می‌کوشد خود را در وجود به فعلیت درآورد. و حالا تصور چینی این است که ماندالا نماد کالبد نامحسوس است."

آلن واکر[2] بر این باوراست که یونگ می‌توانست الگوهای صوتی را که موسیقی از آنها ساخته می‌شود، نیز در فهرست ماندالایش بگنجاند. وی می‌گوید که یک هنرمند با انگیزه‌های عاطفی، گامی از ناخودآگاهی بسوی خودآگاهی برمی‌دارد. در تکامل این تصویر درونی، هنرمند بسوی "تمامیت روانی"[3] از طرف خودش گام برمی‌دارد ولی از آنجا که این مواد از سرشتی جمعی برخوردار هستند، می‌توان گفت گامی از سوی جمع برمی‌دارد. این اصل کلی هنرمندان است، از جمله موسیقدانان.

---

۱ همانجا

۲ رجوع کنید به [A1]، صفحهٔ ۲۰۱

3 Psychic wholeness

هانـس میـرش[1] نیـز مانـدالا در موسـیقی را بـه بحـث گرفتـه و گـزارش از مطالعـات والانژیـن[2] و پونتویک[3] می‌دهد که ظاهرا هر یک به نوبهٔ خود به ویژگی ماندالایی فوگهای باخ پرداخته‌اند[4].

ویکتوریا آدامنکو[5] در کتـاب خود، آثـار چهار موسـیقیدان را در تاثر از یونگ بـه بحث می‌گیرد. در مورد کرامب[6] وی به نقش حرکت دوّار نُت‌ها اشـاره دارد که توسـط آن یک قطعه موسـیقی را به نمادی از ماندالا تبدیل می‌کند.

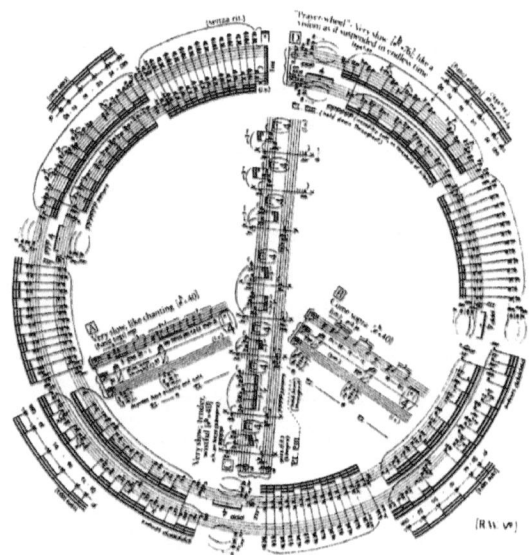

شکل ۴ حرکت دوّار نُت، عالم کبیر اثر کرامب

ترامورف‌هـا نیـز نمونهٔ دیگری از ماندالا هسـتند. ترامـورف Tetramorph متشـکل از آرایش چهار عنصر مختلف است و قدمتش به دوران پیش از مسیح باز می‌گردد. در مسیحیت، ترامورف ماندالایی است متشکل از سمبل‌های چهار حواریون که به صورت موجودات جاندار نشان داده می‌شوند.

---

1 Hans C. Miersch

2 Aline Valangin

3 Aleks Pontvik

۴ رجوع کنید به [JB1]، صفحهٔ ۱۷۱ تا ۱۸۸

۵ ۲۰۹ رجوع کنید به [V1]، صفحهٔ ۲۰۹

6 Crumb

شکل ۵ نمونه‌هایی از تترامورف‌های مسیحی

یونـگ مانـدالا را نمـاد تمامیـت می‌دانـد که نـه فقط در رؤیـای اشـخاصی که هیچگاه دربارهٔ مانـدالا نشـنیده‌اند پدیدار می‌شـوند، بلکه در شـواهد تاریخی مردم و اعصار مختلـف پراکنده‌اند. اهمیت ماندالاها هم توسـط تاریخ تایید می‌شـوند و هم بطور تجربی توسـط روانشناسـی. چیزی کـه در نـگاه اول یک تفکر صرف انتزاعی به نظر می‌رسـد، در واقعیت بصـورت چیزی که می‌تواند به دامان تجربه درآید، برجسـته می‌شـود، چیزی که حضور پیش‌داده و خودجوش خود را به نمایش می‌گذارد.

یونـگ تاکیـد بر ایـن دارد که تمامیـت و وحدت، دارای بالاترین ارزش‌ها هسـتند بقسـمی که نمی‌تـوان آن‌هـا را از تصویر خداوند[1] تمییز داد. لاجرم همهٔ آنچه که در بارهٔ تصویر خداوند می‌توان گفت، قابل اطلاق به نمادهای تمامیت نیز هسـتند. تجربه نشـان می‌دهد که ماندالاهای فردی، نمادهای نظم هستند که در ذهن بیماران بویژه در دورهٔ سردرگمی یا دورهٔ بازسازی روحی پدیدار می‌شوند[2].

مانـدالا پدیـدهٔ جهان‌گیر غریبی اسـت و همانگونه کـه یونگ تاکید دارد، همچـون حرف رمز و اشـارهٔ دوری از ناخودآگاه به خودآگاهی اسـت. اشـاره به چه چیز؟ به همان چیزی که یونگ آن را «تمامیـت» می‌نامـد. ولی همانگونه که یونگ تاکید دارد، این اشـاره در سـطح تفکر و اندیشـه، در حد یک اشاره، یک یادآوری باقی می‌ماند ولی در سطوح ناخودآگاهی کارکرد خودش را دارد. بقول یونگ؛ ذهن عقل‌گرا طی هزاره‌ها همه گونی فرصتی داشـته که از این غرور و تعصب دسـت بردارد ولـی هیچ چیزی مانع او نگشـته اسـت. به همین دلیل یونگ اصرار دارد کـه خواننده در برخورد با مانـدالا از یـک رویارویی صرف روشـنفکرانه، که چیزی را می‌نامد و پس از آن، از نام فراتر نمی‌رود، بپرهیزد زیرا که نامیدن یک پدیده، بخودی خود، اوهام فهمِ آن پدیده را فراهم می‌سازد.

چهارگاه: ماندالای مجازی قرآن

همهٔ شواهد و قراین حکایت از این دارند که ما در جهانی ۴ بُعدی زندگی می‌کنیم. در طول و عرض و ارتفاع و زمان بسر می‌بریم. حتی ساختار ژنتیکی ما گویای چهار بُعدی بودن ما است زیرا از چهار کُد A، C، G و T استفاده می‌کند. ما داده‌های ژنتیک خود را بصورت چهار بُعدی کُد گذاری کرده به نسـل بعد منتقل می‌کنیم. ناخودآگاهی نیز هر کجا توانسـته اشـاراتی به چهارگانگی داشـته. از یونگ آموختیم که تا چه اندازه چهارگانگی در ماندالا نقش بازی می‌کند. در خیلی از فرهنگ‌های باسـتان ما گفتگو از "آب، باد، خاک و آتش" بعنوان عناصر اربعه یا چهارآخشیج می‌یابیم. در طب

---

1 imago Dei

۲ رجوع کنید به [J4]، صفحهٔ ۳۲

۵۳ فصل دوم

باستانی، متاثر از ناخودآگاهی، ما همین تاثر چهارگانه را در طبع‌های چهارگانه پیدا می‌کنیم: گرم، سرد، تر و خشک.

از آنجا که ما در جهانی چهار بُعدی بسر می‌بریم، تردیدی نیست که عدد چهار در همهٔ موارد نامبرده باید انعکاسی (مستقیم یا غیر مستقیم) از همین چهارگانگیِ ابعاد جهان باشد. پس بهتر است نگاهی به همین چهار بُعد فیزیکی بیاندازیم. در نوشته‌های دیگری[۱]، مفهوم بُعد را به تفصیل به بحث گرفته‌ام و این تعریف از بُعد را ارایه داده‌ام:

- **بُعد عبارتست از ظرف، کانتکست یا ساحتی برای تحقق وجود**

به عبارت دیگر، بُعد همچون ظرف است. ما ظرف را "وجود" می‌نامیم و محتوای ظرف را موجود. ما چهار بُعد فیزیکی داریم برای تحقق چهار کیفیت متفاوت وجودی. اگر این کیفیت‌ها یکسان بودند، درآنصورت یک بُعد برای تحقق این جهان کافی می‌بود. به مثال ابعاد در محور مختصات دکارتی فکر کنید: مثلا ما دو بُعد X و Y داریم که صفحهٔ مختصات را می‌سازند. این دو محور مختصات بنابر تعریف دو ظرف متفاوت‌اند و نقاط درون صفحه، نسبت به این دو محور دارای ویژگی‌هایی هستند که آن نقاط را تبیین می‌کنند. این ویژگی‌ها را ما مختصات نقاط می‌نامیم.

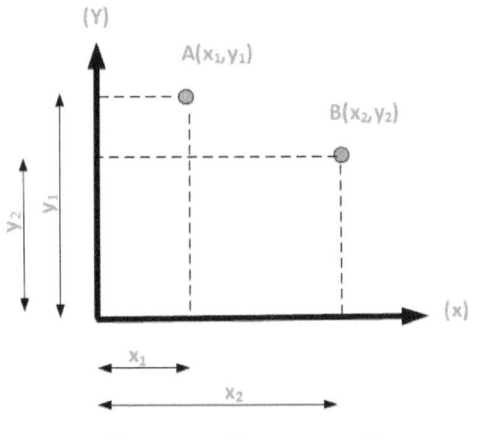

شکل ۶ محور وجود X و محور وجود Y

۱ بویژه کتاب "فیزیک فرامونی"

فیزیک در نادانی از سرشتِ بُعد، به سه بُعد فضا و یک بُعد زمان، یعنی چهار بُعد فضا-زمان اشاره دارد و از طول، عرض، ارتفاع و زمان گفتگو می‌کند که برچسب‌هایی بیش نیستند. طول چیست؟ عرض چیست؟ ارتفاع چیست؟ چرا باید جهان دارای چهار بُعد باشد؟ این‌ها پرسش‌هایی هستند که فیزیک برایشان جوابی ندارد. از دیدگاه من، یک بُعد عبارتست از ظرفی برای تحقق یک کیفیت یا ویژگی خاص، چیزی که من آن را "مفهوم خاص وجود" می‌نامم، تا از مفهوم عام وجود فاصله بگیرم. حضور کیفیت‌های چهارگانهٔ متفاوتِ وجود، حضور ۴ بُعد را چاره‌ناپذیر ساخته است. من هیچیک از این ابعاد چهارگانه را زمان تلقی نمی‌کنم. زمان صرفا یک ترتیب در وجود است. ما چهار نوع وجود داریم. هر نوع متفاوتی از وجود، یک بُعد برای تحقق کیفیات مربوط به خودش ضروری می‌کند. پس ما ۴ مفهوم متفاوت وجود داریم و ۴ بُعد متفاوت که آنها را طول و عرض و ارتفاع و ... می‌نامیم. البته همهٔ این برچسب‌ها و برداشت‌ها معنای دیگری دارند. پس ما ۴ بُعد داریم و هر بُعدی ترتیبی در خودش مستتر دارد. آنتن ما، شعورِ ما به بُعد چهارم وصل است. به همین دلیل، ترتیب در آن بُعد را به معنی زمان گرفته‌ایم. ترتیب در هر بُعد دیگری را نیز می‌توان به معنی زمان گرفت. و این ترتیب‌ها یکسان نیستند. مثلا الان اگر خورشید نابود شود می‌گویند چند دقیقه طول می‌کشد تا ما متوجه نابودی خورشید شویم. خب این سخن فقط وقتی درست است که ما همان ترتیب در بُعد چهارم را به معنی زمان بگیریم. ولی اگر آنتن ما به نخستین بُعد وصل باشد، که بُعدی مخصوص تحقق گرانش است ولی ما آن را صرفا طول می‌نامیم، در آنصورت ما در کسری از ثانیه متوجه نابودی خورشید می‌شویم. یعنی کافیست ما در سطوح گرانشی بود و نبود خورشید را حس یا دریافت یا ثبت کنیم.

در شکل بالا ما با یک تصویر روزمره روبرو هستیم که آن را از دبیرستان می‌شناسیم. حالا در نگاه دوباره به این شکل روزمره اینگونه تصور کنید که دو محور X و Y هریک بیانگر یک "مفهوم خاصِ وجود" هستند. دو نقطهٔ A و B در این شکل نمودار دو موجود (هستنده) در صفحهٔ وجودی هستند که توسط دو مفهوم خاص وجودی X و Y تحقق یافته‌اند. مقادیر x_1, y_1 را مختصات نقطهٔ A و مقادیر x_2, y_2 را مختصات نقطهٔ B می‌نامیم. منظور از مختصات چیست؟ مقصود از مختصات این است که ما یک موجود را بنا بر اندازه‌ای که نسبت به یک محور وجودی بازتاب می‌دهد شناسایی می‌کنیم. مثلا موجود A نسبت به محور وجودی X اندازهٔ x_1 را منعکس می‌کند و نسبت به محور وجودی Y اندازهٔ y_1 را منعکس می‌کند، لاجرم ما موجودی را که A می‌نامیم برحسب این اندازه‌ها شناسایی می‌کنیم. اصلا وجود A را در عبارت x_1, y_1 خلاصه می‌کنیم.

روشن است که در مثال بالا، و عملا در زندگی، ما همواره فرض بر روشن بودن محورهای وجودی X و Y داریم. یعنی در همهٔ تاریخ همواره فرض بر روشن و بدیهی بودن این محورها گرفته‌ایم. هایدگر در اینجا به ما هشدار می‌دهد که ما نمی‌توانیم در پرسش از چگونگی و چیستی محورهای وجودی X و Y همان رویکردی را در پیش بگیریم که با موجودات A و B می‌گیریم. هایدگر به ما هشدار می‌دهد که ما

۱- محورهای وجودی X و Y را با موجوداتی که در صفحهٔ X و Y تحقق می‌یابند از یک جنس نگیریم (وجود را با موجود مغلطه نکنیم).

۲- درست است که محورهای وجودی X و Y برای ما روشنگر موجودات درون خود هستند ولی خود آنها را نباید بدیهی بپنداریم.

۳- محورهای وجودی X و Y برای ما تاریک مطلق هم نیستند.

۴- ما از محورهای وجودی X و Y فهم ویژه‌ای داریم که با فهم ما از موجودات تفاوت دارد. هایدگر این فهم را فهم متوسط می‌نامد.

هر محور وجودی حکم یک چراغ را دارد. ما در پرتوی نور چراغ می‌توانیم موجودات را شناسایی کنیم ولی دربارهٔ خود چراغ باید به سعدی متوسل شویم[1]. حالا ما شعر سعدی را غنی ساخته و می‌گوئیم ما چهار چراغ داریم که هر یک نوری متفاوت پخش می‌کند. این چهارگانگی را ما در بستر فیزیکی به انحاء دیگری نیز پیدا می‌کنیم. مثلا این را در فیزیک آموخته‌ایم که این جهان چهار نیروی بنیادی دارد که همجنس نیستند. این چهار نیروی بنیادی عبارتند از:

۱. نیروی گرانشی: ضعیف ترین نیرو از این چهار نیرو است.

۲. نیروی قوی: نیرویی که در حد و حدود اتم‌ها کارکرد دارد.

۳. نیروی ضعیف: این نیرو نیز در حد و حدود اتم‌ها کارکرد دارد.

۴. نیروی الکترومغناطیس: این نیرو بر همگان آشناست. مقوِّم مفهوم نور است (نور اصلا یک موج الکترومغناطیسی است).

بر هر انسان عاقلی پیداست که این چهار نیروی متفاوت بنیادی، در اساس باید ربطی به چهار بُعدِ جهان داشته باشند. یا بهتر بگویم، این چهار نیروی بنیادی باید ارتباط با چهار کیفیت از «وجود»، داشته باشند. یا به زبان دیگر این چهار نیروی بنیادی باید معرِّف چهار "مفهومِ خاص وجود" باشند، و لاجرم باید معرِّف چهار بُعد متفاوت باشند. زیرا هر "مفهومِ وجودی"، باید ظرف

---

[1] که می‌گوید "چراغ را نتوان دید، جز به نور چراغ"

خاص خودش را (بُعد خاص خودش را) برای تحقق رویدادهایی از جنس خودش فراهم سازد. رویدادی از جنس X نمی‌تواند در ظرف Y روی دهد (و قرار بگیرد) اگر چنین چیزی ممکن بود پس اصلا X و Y با همدیگر تفاوتی نمی‌داشتند و اساسا نیازی به ظرف X نمی‌بود. پس این چهار بُعد را ما با چهار نیروی بنیادی در ارتباط قرار داده و می‌نویسیم:

طول	نیروی گرانشی
عرض	نیروی قوی
ارتفاع	نیروی ضعیف
زمان	نیروی الکترومغناطیس

جدول ۱ **ارتباط ابعاد با نیروهای بنیادی**

گذشته از نیروهای متفاوت بنیادی، ما اشارهٔ دیگری هم بر حضور چهار کیفیت متفاوت وجود در فیزیک داریم. به اصول بقا فکر کنید و به این حقیقت که یک "مفهوم وجودی" همواره یک اصل بقا را لازم و ضروری می‌سازد زیرا وجود بنابر تعریف نمی‌تواند «ناوجود» یا «نابود» شود. یعنی یک ویژگی از یک "مفهومِ وجودی" این است که با نیستی کنار نمی‌آید برای همین یک مفهوم وجودی بشمار می‌آید. ما در جهان فیزیکی به اصول بنیادین بقاء پی برده‌ایم. این اصول بقاء را می‌توان به چهار دسته یا چهار اصل بقاء، تقسیم کرد یا کاهش داد (یعنی همه اصول بقاء را برحسب همین چهار تا تعریف کرد):

۱. اصل بقاء مادّه
۲. اصل بقاء حرکت خطی (مومنت)
۳. اصل بقاء حرکت چرخشی (حرکت زاویه‌ای)
۴. اصل بقاء شارژ الکتریکی

امیدوارم خواننده تاکنون متوجه عدد مقدس چهار در همهٔ موارد نامبرده شده باشد. موضوع چهارگانگی در عالم ریاضی هم پیداست. اصولا می‌توانیم از این پس اصطلاح «**چهارگاه**» را برای رجوع به همهٔ این تعابیر "چهارگانگیِ وجود" وضع کنیم.

ما در عالم ریاضی چهار نوع عدد داریم: عدد طبیعی (اعدا صحیح همچون ۱و۲و۳و ...)، عدد گویا (مشتمل بر اعداد کسری)، عدد حقیقی (دربرگیرندهٔ اعداد گنگ همچون عدد پی) و اعداد مختلط (دربرگیرندهٔ اعداد مجازی). من در نوشته‌های دیگر به چهارگاه ریاضی و مقایسهٔ آن با چهارگاه فیزیکی پرداخته‌ام.[۱]

اکنون ما در پیروی از همان مثال عالم ریاضی می‌توانیم بگوییم: سودی ندارد که ما در عالم فیزیکی از یک مفهوم عام وجود (فیزیکی) گفتگو کنیم. همانطور که در عالم ریاضی گفتگو از مفهوم عام عدد بی‌فایده است، در عالم فیزیک هم مفهوم عام وجود پیدایشی ندارد. ظاهرا در اینجا هم ما با چندین مفهوم متفاوت "وجود" روبرو هستیم. اگر بخواهیم دقیق صحبت کنیم باید اعتراف کنیم که در عالم فیزیکی ما با چهار مفهوم متفاوت وجود روبرو هستیم. این مفاهیم متفاوت هر یک در رابطه با یکی از این نیروهای بنیادی هستند: یک "**وجود گرانشی**" داریم، یک "**وجود قوی**" داریم، یک "**وجود ضعیف**" داریم و یک "**وجود الکترومغناطیسی**" (یا "**وجود نوری**"). با این اوصاف، آیا بهتر نیست که از مفهوم عام وجود (فیزیکی) دست بشوییم و صرفا پیرامون مفاهیم خاص وجود (فیزیکی) گفتگو کنیم؟ چیزی که ما را بویژه در طی این طریق تشویق می‌کند این است که ما با چهار اصل بقاء آشنا شده‌ایم که با آن چهار مفهوم خاص وجود همخوان هستند. متوجه این نکته باشید:

- **حضورِ یک اصل بقاء، بازتابِ یک مفهوم خاص وجود است زیرا وجود یا هستی بنابر تعریف نمی‌تواند نیست یا نابود شود**
  یعنی هر "مفهوم خاص وجودی"، هم معرّف یک بُعد خاص خودش است و هم یک اصل بقا را یدک می‌کشد

خواننده احتمالا مشکلی در بازخوانی و ربط دو اصل اول و آخر (یعنی اصل بقاء ماده و اصل بقای شارژالکتریکی) به دو نیروی اول و آخر (یعنی نیروی گرانشی و نیروی الکترومغناطیسی) ندارد ولی قطعا در ربط دادنِ اصل دوم و سوم به دو نیروی دوم و سوم دشواری خواهد داشت. این موضوع را به تفصیل در نوشتهٔ فیزیک فرامونی به بحث گرفته‌ام و نشان داده‌ام که اصل بقاءِ حرکت خطی (یا اصل بقاءِ مومنت) مرتبط با "وجود قوی" است در حالیکه اصل بقاءِ حرکت چرخشی مرتبط با "وجود ضعیف" می‌باشد.

از سوی دیگر همخوانی تعداد ابعاد فیزیکی با تعداد اصول بقاء (و تعداد "مفاهیم خاص وجود") یادآور نکته‌ای بنیادی در رابطه با وجود است که آن را بدینسان بیان می‌کنم:

---

۱ کتاب "فیزیک فراموني" و کتاب "سایه روشن در ریاضی" چنین بحثی را دربر دارند.

➤ **وجود مثل یک بُعد است. وجود مانند کانتکستی است که همه چیز، میز و صندلی و اتم و درخت و بویژه افکار ما درون آن روی می‌دهند و تحقق می‌یابند. وجود مثل یک ظرف است. درون این ظرف خیلی چیزهاست.**

پس بی‌دلیل نیست که ما به تعدادِ "مفاهیم وجودِ فیزیکی"، ابعاد فیزیکی داریم. یعنی هر بُعدی بازتاب یک مفهومِ وجودِ فیزیکی است. پیش از این در نادانی مطلق، به برچسب‌هایی برای این ابعاد قناعت می‌کردیم: آنها را طول و عرض و ارتفاع می‌نامیدیم. پیش از این، عدم آگاهی از سرشت بُعد، یک ناتوانی اساسی فیزیک بود. حالا ما گام بلندی برداشته و می‌گوییم آنچه طول می‌نامیم بُعدی در رابطه با "وجود گرانشی" است، آنچه "عرض" می‌نامیدیم بُعدی در رابطه با "وجود قوی" است و آنچه ما ارتفاع می‌نامیدیم، مرتبط با "وجود ضعیف" است. یعنی حالا دیگر می‌توانیم این برچسب‌ها را به دور انداخته و این ابعاد را اینگونه نامگذاری کنیم:

- بُعد گرانشی
- بُعد قوی
- بُعد ضعیف

همانطور که دقت کردید دربارهٔ چهارمین بُعد سکوت کرده بودم. این بُعدیست که پیش از این آن را بُعد زمان می‌نامیدیم. حالا باید در این مورد هم تجدید نظر کنیم. این بُعد مرتبط با نیروی الکترومغناطیسی (نور) است پس بهتر است آن را "بُعد نور" بنامیم. در اینجا ممکن است بر من خُرده بگیرید که برخلاف آن سه بُعد دیگر که برچسبی بیش نبودند، در مورد بُعد چهارم ما با چیزی بیشتر از یک برچسب (یعنی زمان) روبرو بودیم. درست است. برای همین هم حساب آن را از دیگر ابعاد جدا کردم. ولی متوجه باشید که زمان با نور پیوند عمیقی دارد: آنجا که زمان (به زعم فرضیهٔ نسبت) کُند می‌شود، در آنجا با تحول و دیگرگونی در نور نیز روبرو هستیم (انتقال سرخ). درواقع می‌توانیم بگوییم گذر زمان با "سرعت نور" یا "طول موج نور" پیوند تنگاتنگی دارد. یعنی ما با جانشین ساختن "بُعد نور" بجای "بُعد زمان" بیراهه نرفته و آسیبی به فیزیک نرسانده‌ایم[1].

---

۱ البته من اساسا مخالف تلقی بُعد از زمان هستم و در کتاب فیزیک فرامونی استدلال های خود را ارایه داده‌ام.

پس ما می‌توانیم جدول پیشین خود را با این داده‌ها غنی تر کنیم:

طول	نیروی گرانشی	بُعد گرانشی	اصل بقاء ماده
عرض	نیروی قوی	بُعد قوی	اصل بقاء حرکت خطی (مومنت)
ارتفاع	نیروی ضعیف	بُعد ضعیف	اصل بقاء حرکت چرخشی (حرکت زاویه‌ای)
زمان	نیروی الکترومغناطیس	بُعدالکترومغناطیس	اصل بقاء شارژالکتریکی

جدول ۲ **ارتباط ابعاد با نیروهای بنیادی و اصول بقاء**

اکنون جای این دارد که اشاره‌ای به رویکرد قرآن در همین زمینه بکنم.

باور مسلمان‌ها به قرآن تفاوت ظریفی با باور مومنان دیگر ادیان به کتاب‌های آسمانی شان دارد. مسلمان‌ها معتقد هستند که قرآن دربرگیرندهٔ همهٔ آن چیزهایی است که دانستن آنها برای انسان ضرورت دارد. به گفتهٔ خود قرآن، این کتاب، کتابی است که الگوی آفرینش است؛ به این معنی که دربرگیرندهٔ همهٔ ظرایف هستی می‌باشد. علیرغم این اوصاف، این را باید گوشزد کرد که خداوند در قرآن اصلا از کلمه یا مفهوم "وجود" استفاده نکرده است. چنین تعمدی، برای کتابی که دعوی الگوی آفرینش را دارد خیلی تامل برانگیز است. ولی هنگامی که افکار اندیشمندان وجودگرا را مرور می‌کنی، می‌توانی تفاهمی با تعمد خداوند در پرهیز از کلمه یا مفهوم عام "وجود" پیدا کنی.

قدرت انتزاع از قابلیت‌های بسیار ارزشمند انسان است ولی همین قابلیت ما را به این عادت مانوس کرده که بکوشیم از همه چیز، چیزی انتزاع کنیم. این عادت، چاهی بر سر راه ما کنده که افتادن به درون آن سهل است و بیرون آمدن از آن دشوار! خب، اگر چنین باشد، چه باید کرد؟ متوجه باشید که گفتگوی امروز ما پیرامون مفاهیم خاص وجود فقط به پشتوانهٔ انتزاع نابجایی صورت می‌گیرد که طی هزاره‌ها خودش را جا انداخته. مقصودم از انتزاع نابجا، همان مفهوم وجود است. پرسش این است که اگر این مفهوم نابجای وجود را نداشتیم، در غیاب آن چه می‌کردیم؟ درواقع جای این دارد که از خود بپرسیم، خداوند در قرآن چگونه از مفهوم عام وجود پرهیز کرده؟ هر شیوه‌ای که خداوند بکار برده باشد قطعا جوابگوی وضعیت بغرنج ما نیز خواهد بود. من نخستین بار در خوانش قرآن متوجه شدم که کلمهٔ "اسم" در قرآن کاربرد خارق العاده‌ای دارد. اگر خوب در این نکته دقت کنیم درمی‌یابیم که "اسم" جانشین خوبی برای گفتگو پیرامون

"وجود" در پرهیز از انتزاع مفهوم عام وجود است. رابرت کپلن[1] در گزارشی که از سیر تاریخی مفهوم صفر ارایه داده، بطور جنبی و گذرا اشاره به این دارد که ظاهرا اسم، به موازات (وحتی گاه بجای) وجود به کار رفته است. کپلن نوشتهٔ ارشمیدس را بیادمان می‌آورد که در آن ارشمیدس روی گزارهٔ «اعدادی که من نامگذاری کرده‌ام»[2] تاکید خاصی دارد. به همین سان نامهٔ «سن پل» به افیژنی حکایت مشابهی است که طی آن سن پل خداوند را ماورای هر اسمی قلمداد می‌کند. البته اینکه عموما یک اسم دلالت بر یک موجود می‌کند، به تنهایی برای رساندن مقصود "وجود" کافی نیست ولی در قرآن ما با ترکیبی تحت عنوان "اسمای الهی" روبرو می‌شویم که دقیقا همان منظور مرا از "مفاهیم خاصِ وجود" می‌رساند. استفاده از اصطلاح "اسمای الهی"، قرآن را قادر به گفتگو پیرامون وجود ساخته است بی‌آنکه در چاه مغلطه میان وجود و موجود سقوط کند. در این زمینه باید به نکته‌های زیر توجه کافی بذل کنید:

- در طی مراحل آفرینش، خداوند اسمای الهی را به انسان آموخته است.
- در قرآن مکرراً به انسان توصیه شده که پیرامون اسمای الهی اندیشه کند. ذکر اسم خداوند را باید به معنای پرداختن به مقولهٔ «وجود» گرفت. اندیشهٔ مداوم پیرامون مفهوم «وجود»، خواه ناخواه دریچهء ذهن را بسوی تجرید و معانی مجرّد می‌گشاید.
- در قرآن، گفتگو از یک اسم عام الهی نبوده و همواره قید شده که خداوند اسمای متعددی دارد.
- در استدلال‌های پیامبران با بت پرستان، بگونهٔ بازهم صریحتری معنی «وجود» در اسم مستتر شده است. برای مثال «ای مشرکان این بت‌ها جز نام‌هایی که شما و پدرانتان بر آنها نهاده‌اید چیزی دیگر نیستند (۲۳@نجم)"، یا «آنچه غیر از خدا می پرستید اسماء بی حقیقت و الفاظ بی معنی است (۴۰@یوسف)"[3]"
- در این آیه دقت کنید: «... پس او را بپرست و در عبادت او شکیبایی پیشه کن، آیا همنام و همانندی بر او می‌شناسی؟» (۷۶@مریم) دراینجا همانطور که می‌بینید بشیوهء صریحتری مفهوم «وجود» در مفهوم «اسم» (یا بهتر بگویم در همنامی) ملحوظ گشته. عین این نکته را در آیهء ۷@مریم می‌بینیم. در ۷@مریم، همتایی و همانندی در وجود را در کنار همنامی قرار داده است «ای ذکریا همانا تو را به فرزندی که نامش یحیی است

---

۱ رجوع کنید به [R1]، صفحهٔ ۳۳

۲ بجای «اعدادی که من خلق کرده‌ام»

۳ همچنین رجوع کنید به اعراف آیهء ۷۱

و از این پیش همنام و همانندش در تقوی نیافریدیم بشارت می دهیم"[1] این تعبیر عین تعبیریست که در ۷۶@مریم مستتر بود. همچنین در ۴۵@آل عمران می‌خوانیم «چون فرشتگان مریم را گفتند که خداوند تو را به کلمه‌ای که نامش مسیح ابن مریم است بشارت می دهم که در دنیا و آخرت آبرومند و از مقربان درگاه خداست"

اینکه خداوند به انسان اسمای الهی را آموخته است، گره از بسیاری مشکلات فلسفی می‌کاهد. همهٔ آنچه ما در زندگی می‌آموزیم بر مبنای دانسته‌های پیشینی صورت می‌پذیرد که بدون آن‌ها، این فراگیری ناکام می‌ماند. این دانسته‌های پیشینی همان چیزیست که قرآن از آنها تحت عنوان اسمای الهی یاد می‌کند. فرگه در کتاب «مبانی علم حساب»[2] می‌نویسد:

" مفهوم عددِ صحیح مثبت چنان خالی از اشکال به نظر می رسد که شرحی از آن که مناسب حال کودکان باشد می‌تواند هم علمی باشد و هم کامل؛ و هر دانش آموزی، بدون تأملِ بیشتر یا آشنایی با آنچه دربارهء آن اندیشیده‌اند، هر آنچه را باید دربارهٔ آن بداند، می داند. بدین ترتیب نخستین پیش نیاز یادگیری - یعنی دانستن این که نمی دانیم - در اینجا مفقود است."

علم به اسمای الهی، وجه ممتاز انسان محسوب می‌شود. بخاطر همین علم، فرشتگان وادار به سجده در برابر انسان می‌شوند. پس یک اسم الهی همان چیزیست که ما از آن تحت عنوان "مفهوم خاص وجود" (یا مفاهیم وجودی، یا محورهای وجودی) یاد کردیم. یک اسم الهی می‌تواند پشتوانه یا سرچشمهٔ "علم به عدد طبیعی" یا "علم به گرانش" باشد در حالیکه دیگری پشتوانه یا سرچشمهٔ "علم به نور" یا "علم به عدد مجازی" باشد. از سوی دیگر، اگر انسان را کنار بگذاری و توجه خود را به عالم خارج معطوف کنی، می‌بینی که هر اسم الهی معرِّف یک بُعد یا کانتکستی است که در آن یک کیفیت خاص، یا یک مفهوم خاص وجودی می‌تواند تحقق بیابد. بگذارید فعلا از نامگذاری و نگاشت نام‌ها به ابعاد بپرهیزیم، یعنی کاری به این نداشته باشیم که کدام اسم الهی مربوط به کدام بُعد می‌شود. به اختصار می‌گوییم از آنجا که این جهان فعلی، و همهٔ حیثیت علمی ما گواهی بر چهار بُعد می‌دهند، پس باید گفت این جهان، حداقل در این مقطع از تاریخ که ما ایستاده‌ایم، بازتاب چهار اسم الهی است که آنها را "اسم اول"، "اسم دوم"، "اسم سوم" و "اسم چهارم الهی" می‌نامیم. پس می‌توانیم بگوئیم جهان در فقدان اسم چهارم، جهان تاریکی است. یا با همین تحکم می‌توان گفت چنانچه به اسم سوم آگاهی پیشینی نداشتیم، هیچوقت علمی از اعداد حقیقی (مثلا اعداد گنگی چون عدد پی) پیدا نمی‌کردیم.

---

۱ مشابه این موضوع را در آیه ۴۵ آل عمران ببینید

۲ رجوع کنید به [GF1]

یعنی اسمای الهی از یکسو ظرف تحقق موجودات هستند و از سوی دیگر کانتکست علمی هستند که ما در این جهان می‌پروریم. همین موضوع بخودی خود گویای این است که چرا علم (ریاضی) با جهان بیرونی ارتباط دارد؟ جهان بیرونی تبلور حدوث مفاهیم وجودی است و علم، شبکهٔ درهم تنیده‌ای از مناسبات همین مفاهیم وجودی است. به عبارت دیگر این مفاهیم وجودی (اسمای الهی) هستند که ضامن اعتبار و حیثیت ارتباط علم ما با جهانِ بیرونی می‌باشند. این مفاهیمِ وجودی (اسمای الهی) مقدم بر هر گونه شناخت و علمی هستند که ما قادر به فراگیری آن در این جهان هستیم.

با این اوصاف ما در قرآن هم یک ماندالای مجازی داریم. در ماندالای مجازی قرآن ما با چهار اسم از اسمای الهی روبرو هستیم:

۱- اسم
۲- الله
۳- رحمان
۴- رحیم

"چهارگاه قرآن" توسط این چهار اسم برساخته می‌شود که سازندهٔ عبارت "بسم الله رحمان رحیم" هستند که ۱۱۴ بار در قرآن تکرار می‌شود. به این طریق، چهارگاه در قرآن تثبیت می‌شود. درواقع شگفت انگیز است که این تکرار توجه مفسران قرآن را آنچنانکه باید و شاید برنیانگیخته است. خواننده با "الله"، "رحمان" و "رحیم" آشناست ولی باید متوجه باشیم که بدون "**اسم**" شناخت آن سه دیگر اسم از اسمای الهی ممکن نمی بود. لاجرم "**اسم**" باید نخستین "اسم الهی" باشد که به انسان آموزش داده شده است.

چنانچه بخواهیم ترتیب این اسامی را به همین صورت ادا گشته رعایت کنیم با این سلسله مراتب از اسمای الهی روبرو هستیم:

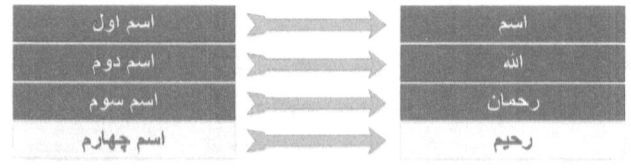

شکل ۷ **سلسله مراتب اسمای الهی**

فصل دوم ۶۳

پس با این حساب، باز هم جدول پیشین خود را غنی‌تر می‌کنیم:

قرآن	اصول بقاء	ابعاد وجود	نیروهای بنیادی	برچسب ها
اسم	اصل بقاء ماده	بُعد گرانشی	نیروی گرانشی	طول
الله	اصل بقاء حرکت خطی (مومنت)	بُعد قوی	نیروی قوی	عرض
رحمان	اصل بقاء حرکت چرخشی	بُعد ضعیف	نیروی ضعیف	ارتفاع
رحیم	اصل بقاء شارژ الکتریکی	بُعد الکترومغناطیس	نیروی الکترومغناطیس	زمان

جدول ۳ **جدول اسمای الهی، ابعاد و اصول بقاء**

در نوشته‌های دیگر، چنین بحث کردم که نقش این اسماء را باید در دو حیطه دید:

۱- قلمروی درون انسان: این اسماء ابزار ما برای درک جهان هستند

۲- قلمروی عالم بیرونی: این اسماء ظرف تحقق کائنات هستند

به عبارت دیگر آنچه قوام بخش نظام درون انسان است، همان چیزیست که نظام عالم بیرونی را تحقق می‌بخشد. برای همین است که در ارتباط انسان و جهان باید تناسب موبیوسی را دید. در نوشته‌ای که بر هایدگر نوشتم این تناسب را اینگونه نشان دادم:

شکل ۸ **رابطهٔ موبیوسی انسان و جهان**

معنی چنین تناسبی این است که انسان از نظر موجود بودن، درون جهان است ولی از این نظر که انسان جهان را فهم می‌کند، این جهان است که در انسان است.

ماری لوئیس فرانتس می‌نویسد:[1]

"ساختار نمادینی که ظاهرا به فرآیند فردیت اشاره دارد بر پایه‌ی چهار کنش استوار است. مانند چهار رکن خودآگاه یا چهار مرحله‌ی عنصر مادینه و عنصر نرینه.

در چین، پان‌کو[2] به هیئتی جهانی درآمده است، زیرا تنها در کیفیت‌های بسیار خاص است که ترکیبات عددی در هسته‌ی روانی نقش می‌بندد. مشخصه‌ی جلوه‌های طبیعی و بکر مرکز روانی همواره چهارگانه است، یعنی بر مبنای تقسیم بندی های چهارتایی یا ساختارهای دیگری بر مبنای زنجیره عددی ۴ و ۸ و ۱۶ و ... قرار دارد. عدد ۱۶ اهمیت ویژه‌ای دارد زیرا مرکب از چهار تا چهار است.

در تمدن غربی ما انگاره‌های مشابه انسان غول‌آسای دربرگیرندهٔ جهان به صورت حضرت آدم یا اولین انسان نمادین شده است. بر مبنای یک افسانه‌ی یهودی، هنگامی که خداوند خواست آدم را بیافریند، نخست غبارهای سرخ، سیاه، سپید و زرد را از چهار گوشه‌ی جهان جمع کرد، و بدین‌سان آدم «سراسر گیتی را در بر گرفت». ....

در پارس دوران باستان این نخستین انسان، کیومرث نام داشت و در وصف او آمده است همچون موجودی غول پیکر نور می پراکند. و هنگامی که مُرد تمامی فلزات شناخته شده از بدنش بیرون جستند و از روحش طلا تراوش کرد. ...

در مشرق زمین و همینطور برخی محافل عرفانی غرب خیلی زود متوجه شدند انسان غول‌آسای دربرگیرنده‌ی جهان بیشتر یک نمایه درون روان است تا حقیقتی عینی. بر مبنای سنت هندوها، انسان غول‌آسای دربرگیرنده‌ی جهان در درون فرد و آن هم تنها در بخش جاویدان درون وی زندگی می‌کند. این انسان بزرگ درونی بمانند یک منجی فرد را به بیرون از دنیای آفرینش و رنج‌هایش رهنمون می‌شود و جهان اصلی را به وی باز می‌گرداند. ...

بر مبنای بسیاری از اسطوره‌ها، انسان غول‌آسای دربرگیرنده‌ی جهان تنها سرآغاز زندگی نیست، بل غایت و دلیل وجودی آفرینش است. این گفته‌ی استاد اکهارت در قرون وسطاست که: «تمامی غلات به گندم ختم می‌شوند. تمامی جواهرات به طلا و تمامی مخلوقات به انسان.»"

---

۱ رجوع کنید به [J3]، صفحهٔ ۳۰۱

۲ اسطوره آفرینش پانگو یا پان‌گو، مفصل ترین اساطیر آفرینش چینی است (ویکی‌پدیا)

در اینجا باید روی این خصلت موبیوسی تکیه کنم. ماندالا بصورت یک چهار وجهی در غالب فرهنگ‌ها تصویر گشته لاجرم بیان موضوع چهارگاه تازگی ندارد ولی خصلت موبیوسی به وجهی از هستی اشاره دارد که کمتر بازتابی در این بحث‌ها داشته است. این موضوع نه فقط از نظر فلسفی قابل تامل است بلکه بویژه در روانشناسی و چگونگی مناسبت انسان و جهان اهمیت دارد.

یونگ در مطالعهٔ نمادگرایی، نکتهٔ مشابهی را مشاهده می‌کند. در این مطالعات ما می‌آموزیم که در پرداخت انسان، هر چیزی می‌تواند معنای نمادین پیدا کند. آنی‌یلا یافه[1] می‌نویسد:[2]

"تقریبا تمامی نقاشی‌های پارینه‌سنگی از حیوانات که حرکاتشان در زیستگاه طبیعی‌شان مورد دقت قرار می‌گرفته با هنرمندی بسیار نقاشی شده است. با اینهمه بسیاری از جزئیات نقاشی‌ها نشان می‌دهد که تصاویر حیوانات چیزی بیش از انعکاس زندگی طبیعی‌شان را در خود دارد. کوهن می‌نویسد «جالب اینجاست که بسیاری از این نقاشی‌های دوران نخستین حکم هدف را داشته‌اند. در مونتسپان نقش اسبی به چشم می‌خورد که به سوی دام رانده شده و بر تنش نقش تیر نشسته است. در همین غار تندیس گلی خرسی وجود دارد که بیش از چهل و دو سوراخ دارد».

این نمایه‌ها بیانگر گونه‌یی جادو هستند و امروزه میان قبایل افریقایی که از راه شکار روزگار می‌گذرانند هنوز کاربرد دارند. حیوان نقاشی شده عملکردی «دوگانه» دارد. شکارچی با کشتن نمادین آن می‌کوشد کشته شدن واقعی حیوان را پیشاپیش طلب کند. و این نوعی جادوست که اساس را سرایت از نقاشی (بدل حیوان) به «واقعیت» (خود حیوان) گذاشته است؛ آنچه بر سر تصویر می‌آید باید بر سر خود حیوان هم بیاید. و توضیح روانی آن اینست که همانندی بسیار نزدیک موجود زنده و تصویر آن روح پنداشته می‌شود. (از همین روست که انسان‌های بدوی از اینکه عکسشان گرفته شود واهمه دارند.) سایر نقاشی‌های دیواری هم احتمالا مربوط به آیین حاصلخیزی و باروری بوده‌اند و حیوانات را در حالت جفت‌گیری نشان می‌دهند...

در بسیاری نقاط، با گذشت زمان رفتن در قالب کامل حیوان جای خود را به نقاب حیوانات و شیاطین داد. انسان‌های بدوی تمامی توان هنری خود را برای ساختن این نقاب بکار می‌گرفتند و پاره‌یی از این نقاب‌ها از نظر قدرت تاثیر بیان بی‌نظیراند.

این نقاب‌ها غالبا همانقدر گرامی هستند که خدا و یا خود شیطان. نقاب حیوانات در هنرهای مردمی بسیاری از کشورهای نوین از جمله سوییس هم نقش دارند. در ژاپن

---

1 Aniela Jaffe

۲ رجوع کنید به [J3]، صفحهٔ ۳۵۸

نقاب‌های مراسم باستانی «نو» که هنوز همچنان اجرا می‌شود بسیار پر مفهوم هستند. کاربرد نمادین نقاب در حقیقت همان در قالب حیوان اصلی رفتن است، با این تفاوت که ابراز احساسات فرد نقابدار جای خود را به وقار و زیبایی (و یا حرکات دهشتناک) حیوان شیطانی می‌دهد. به زبان روانشناسی می‌توان گفت نقاب، فرد نقاب زننده را به یک تصویر کهن الگو تبدیل می‌کند."

این گفتهٔ یافه دقیقا در تایید همان تصویر رابطهٔ موبیوسی انسان و جهان است. این رابطهٔ موبیوسی به روشنی در این نمادگرایی بازتاب می‌یابد. ظاهرا ناخودآگاه به این تناسب آگاهی دارد و در اینگونه گرایش‌ها به آن اشاره می‌کند. یافه همین نگاه را در هنر مدرن پیگیری کرده و به جادویی کردن اشیاء در هنر مدرن اشاره دارد. به این منظور اشاره به آثار «کورت شویترز»[1] اشاره دارد که مواد کارش را از محتویات زباله‌دان تهیه می‌کرد. یافه می‌نویسد:[۲]

"این اثر شویترز و جادویی کردن اشیاء نخستین اشاره به تمام نقاشی نوین در تاریخ ذهن بشر و مفهوم نمادین آن است. و سنتی را آشکار می‌سازد که ناخودآگانه دوام یافته است، یعنی سنت همبستگی کیمیاگران قرون وسطا که حتی برای ماده و خاک هم ارزشی مذهبی قایل بودند."

همزاد، من‌زاد و شرکاء

تا کنون همواره از این گفتگو کرده‌ایم که حیات بر مبنای دوگانگی به وجود می‌آید. این گفته به این معنی است که در یک جهان تک بُعدی حیات تحقق نمی‌یابد زیرا برای حدوث خویش به حداقل دو بُعد نیاز دارد. متوجه باشید که در اینجا ما خودآگاهی را بخش لازم در تعریف حیات می‌بینیم و همانطور که پیش از این شرحش رفت، می‌توانیم یک جهان یک بُعدی را جهانِ **نقطه‌آگاه**، و یک جهان دو بُعدی را جهانِ **خط‌آگاه**، یک جهان سه بُعدی را جهانِ **سطح‌آگاه** و یک جهان چهار بُعدی را جهانِ **حجم‌آگاه** بنامیم. در یک جهانِ نقطه‌آگاه، خودآگاهی نمی‌تواند روی دهد. برای اینکه خودآگاهی بتواند روی دهد، باید مفهومِ «خود» در دو مولفه بشکند: «خود»ی که می‌بیند و «خود»ی که دیده می‌شود. در این عالم چهار بُعدی که ما بسر می‌بریم، این دوگانگی در سطوح گوناگون فیزیولوژیکی و روانی تحقق یافته است. ما به این دو واحد روانی، تحت عنوان همزاد و من‌زاد رجوع کرده‌ایم. ولی همانگونه که یونگ نشان داده است، فقط تا زمانی می‌توان به این

1 Kurt Schwitters

۲ رجوع کنید به [J3]

دوگانگی بسنده کرد که خواسته باشیم خیلی کلی از روان انسان گفتگو کنیم. در عمل، یونگ به ما نشان می‌دهد که ما با اجزاء و مولفه‌های بیشتری روبرو هستیم.

یونگ دو جنبهٔ جنسی در هر انسانی شناسایی می‌کند. یکی از کلیدی ترین کشف‌های یونگ را می‌توان در تعریف آنیما و آنیموس دید. اگر خودآگاه یک فرد مونث باشد، جنبهٔ جنسی او مردانه تلقی شده و آنیموس نامیده می‌شود. اگر خودآگاه یک فرد مذکر باشد، جنبهٔ جنسی او زنانه تلقی شده و آنیما نامیده می‌شود. با توجه به اختلاف‌های عمیقی که میان مرد و زن وجود دارد، حضور این جنبه‌های جنسی مخالف در هر یک از آن‌ها، آن دو را به هم نزدیک تر می‌کند.

با حفظ اصل دوگانگی، ما می‌توانیم و بایستی که این دو واحد جنسی را هم در الگوی خود بگنجانیم. یعنی باید آگاه باشیم که من‌زاد و همزاد، هر یک نسخهٔ جنسی دوگانهٔ مرد و زن دارند. مطلوب طبیعت آن است که یک همزاد مرد، با یک من‌زاد مونث جفت و جور شود و بلعکس. پیداست که ممکن است این مطالبهٔ طبیعی در مواردی تحقق نیابد و لاجرم به ناهنجاری بیانجامد.

از سوی دیگر، مولفهٔ «سایه» که در بردارندهٔ غرایز و خواهش‌های طبیعی فرد است نیز مولفه‌ای است که باید در مطالعهٔ روان یک فرد لحاظ شود. به همین سان، مولفهٔ «پرسونا» به معنی نقابی که فرد و جامعه برمی‌گزینند بخشی از همین دنیای درون است که نباید نادیده انگاشته شود. ولی اینها همه جزئیاتی است که ما تحت عنوان «همزاد» به آنها رجوع می‌کنیم. یعنی سایه، پرسونا، آنیما و آنیموس واحدهای مستقلی نیستند که گویای درهم شکستن الگوی دوگانگی باشد. بویژه باید متوجه بود که «ناخودآگاه جمعی» می‌تواند انبانی از کهن الگوهای دیگر را یدک بکشد و چنین تعددی نباید ما را در الگو سازی به خطا بیاندازد.

این بحث نقطهٔ عزیمت ما برای معرفی مفهوم برای «شرکاء» و «قرنا» است. مفهوم شریک در قرآن اشارهٔ مستقیمی به مولفه (های) روان انسان دارد. در آیه ۲۱ @الشوری می‌خوانیم:

آیا برای آنان شریکانی است که در آنچه خدا بدان اجازه نداده برایشان بنیاد آیینی نهاده‌اند و اگر فرمان قاطع نبود مسلما میانشان داوری می‌شد و برای ستمکاران شکنجه‌ای پر درد است.

این معنی در ۲۵ @فصلت از زاویهٔ دیگری آمده: در این آیه، خداوند خود اعتراف دارد که برای ایشان شرکا و قرین‌هائی قرار داده است:

و برای آنان دمسازانی گذاشتیم و آنچه در دسترس ایشان و آنچه در پی آنان بود در نظرشان زیبا جلوه دادند و فرمان در میان امتهایی از جن و انس که پیش از آنان روزگار به سر برده بودند بر ایشان واجب آمد چرا که آنها زیانکاران بودند.

کلمهٔ قرناء که در این آیه به دمسازان ترجمه گشته جمع قرین است. یعنی خداوند می‌گوید که برای آنها قرین‌ها و زوج‌هایی قرار داده است تا با آنها در هم بپیوندد. پیداست که در اینجا گفتگو در سطوح روانی است و اصلا مقصود شریک، قرین یا زوج در عالم روزمرهٔ بیرونی نمی‌تواند باشد. قرآن در این رابطه آیه‌های فراوانی دارد که در پیوست کتاب همهٔ آن‌ها را آورده‌ام (رجوع کنید به آیات در رابطه با شرکاء). متاسفانه مفسران و مترجمان قرآن، برداشت بسیار دوری از این معانی قرآنی ارایه داده‌اند.

یکی از بهره‌های جنبی که از این تعبیر قرآنی می‌توان برد، موضوع چگونگی مناسبت بین این مولفه‌ها در زندگی و پس از مرگ است. قرآن برای این شرکاء همان حقیقتی را قایل است که یونگ در الگوی خویش قایل می‌شود؛ یعنی این مولفه‌ها پرداخت‌های تخیلی و ذهنی نیستند بلکه واقعیتی ملموس دارند. لاجرم، چنین مولفه‌هایی پس از مرگ نیست و ناپدید نمی‌شوند بلکه صرفا پیوند میان این اجزاء بریده می‌شود. مثلا در ۹۴@الأنعام می‌خوانیم:

و همان گونه که شما را نخستین بار آفریدیم اکنون نیز تنها به سوی ما آمده‌اید و آنچه را به شما عطا کرده بودیم پشت سر خود نهاده‌اید و شفیعانی را که در خودتان شریکان می پنداشتید با شما نمی بینیم به یقین پیوند میان شما بریده شده و آنچه را که می پنداشتید از دست شما رفته است.

همین معنی در ۲۸@یونس نیز آمده. در ۷۴@القصص بطور روشنتری، همین تعبیر برجسته می‌شود:

و یاد کن روزی را که ندایشان می‌کند و می‌فرماید آن شریکان که می‌پنداشتید کجایند.

و به همین سان، در ۶۴@القصص:

و گفته می شود شریکان خود را فرا خوانید پس آنها را می خوانند ولی پاسخشان نمی دهند و عذاب را می بینند و آرزو می کنند که ای کاش هدایت یافته بودند.

یک معنی دیگر که از این آیه‌ها می‌توان بدست آورد موضوع "شریک قایل گشتن برای خدا" است. متاسفانه در برداشت مفسران و مترجمان قرآن این معنی بر همهٔ دیگر معانی چیره شده و اصلا باعث و بانی موضوع «شرک» در اسلام شده است. مثلا در ۱۹۰@الأعراف و ۱۰۰@الأنعام، چنین برداشتی از موضوع شرک و شرکاء جایز است.

البته پیداست که معنی « شریک قایل گشتن برای خدا » نیز در خیلی از این آیه‌ها بجاست. ولی این دو معنی فقط به یک صورت می‌توانند به وحدت برسند: وقتی که ما خداوند را بمثابه یک واحد از این مولفه‌های درون مجسم کنیم. این واحد، می‌تواند همان واحدی باشد که تحت عنوان «خود»، در زیرین ترین لایه‌های درون مستتر است. چنین تعبیری با موضوع عرفانی و

فصل دوم ۶۹

فلسفهٔ وحدت وجود نیز جور درخواهد آمد. چنین تعبیری با این گفتهٔ قرآن نیز همخوان خواهد بود که خداوند را از رگ گردن به انسان نزدیکتر می‌خواند.

این معنی در آیهٔ ۲۹@الزمر می‌تواند برجسته شود:

خدا مثلی زده است مردی است که چند خواجه ناسازگار در او شرکت دارند و مردی است که تنها فرمانبر یک مرد است آیا این دو در مثل یکسانند سپاس خدای را بلکه بیشترشان نمی دانند.

موضوع شرکاء در قرآن پشتیبان این تعبیر است که می‌توان قائل به الگویی همچون یونگ گشت. به یک معنی بسیار ساده، آنیما و سایه و ... شرکای فرد در زندگی هستند. در این باره باید متوجه بود که خداوند در قرآن از دو لفظ قرین و شریک استفاده می‌کند. به اعتقاد من در این گسترهٔ شخصیت‌ها، قرین تقسیم بندی بزرگتری است. قرین صرفا شریک روان نیست بلکه در فیزیولوژی فرد نیز شراکت دارد در حالیکه لفظ شریک را نمی‌توان به این شدت تعبیر کرد.

رؤیای زیر (نقل از فرانتس در کتاب یونگ) تصویر جالبی از شرکاء، به همان مفهوم قرآنی، ارایه می‌دهد: ماری لوئیز فون فرانتس می‌نویسد:[۱]

"سایه در خواب‌ها و اسطوره‌ها همواره هم جنس رؤیابین است و شاهد مثال هم خوابی ست که مردی چهل و هشت ساله دیده بود. این مرد که همواره می‌کوشید به تنهایی و برای خود زندگی کند، سخت و منظم کار می‌کرد و همواره از لذت بردن و هوای نفس، بیش از توان طبعش چشم می‌پوشید؛ او خواب خود را چنین تعریف کرد:

خواب دیدم در خانه‌ی بزرگی در شهر زندگی می‌کنم که هنوز همه جای آن را ندیده‌ام. بنابر این به گردش کردن در آن پرداختم. وقتی وارد سردابه شدم دیدم اتاق‌های زیادی با چندین در وجود دارد که به سردابه‌ی دیگر و راه‌های زیرزمینی باز می‌شوند. و هنگامی که مشاهده کردم بسیاری از درها قفل نشده‌اند و برخی اصلا قفل ندارند نگران شدم، زیرا ممکن بود کارگرانی که در آن نزدیکی کار می‌کردند پنهانی وارد خانه شده باشند ... وقتی به طبقهٔ همکف بازگشتم باز با درهای بسیار دیگری که به خیابان یا خانه‌های دیگر باز می‌شدند روبرو شدم. و زمانی که خواستم ببینم دقیقا به کجا باز می‌شوند مردی به جانبم آمد و در حالیکه با صدای بلند می خندید گفت دوست دوران دبستانم است. او را بخاطر آوردم و همچنان که به گفته‌هایش گوش می‌دادم از دری گذشتیم و به همراه او در کوچه‌ها بگردش پرداختیم.

تاریک روشن هوا شگفت انگیز می نمود و ما از کوچه‌هایی دایره مانند وارد چمنزار سبزی

---

۱ رجوع کنید به [J3] ، صفحهٔ ۲۵۹

شدیم که در آن سه اسب به تاخت از کنارمان گذشتند. آن ها حیواناتی زیبا، سرکش اما تیمار شده و بدون سوار بودند."

در این رؤیا، خانه، بنا بر تعبیر یونگ، معادل با ناخودآگاه رؤیابین است. جالب اینکه به اعتراف رؤیا، فرد هنوز همه‌جای آن خانه را نمی‌شناسد و در آن به گردش می‌پردازد. مواجه با سردابه‌ها و اتاق‌هایی می‌شود که بعضا قفل ندارند و این موضوع موجب نگرانی رؤیابین می‌شود زیرا ممکن است بیگانگانی که در آن نزدیکی هستند وارد خانه شده باشند! این تصویر، این نگرانی با دیدن اسب‌هایی که عنان گسیخته می‌تازند کامل می‌شود، یعنی ناخودآگاه او را در معرض این خطر می‌بیند که غرایز طبیعی عنان گسیخته و سرکش شوند.

با احتساب این تعاریف، ما می‌توانیم سیستم یونگ را با تعاریف نوین تطبیق دهیم. در اینصورت با شکل زیر روبرو خواهیم بود:

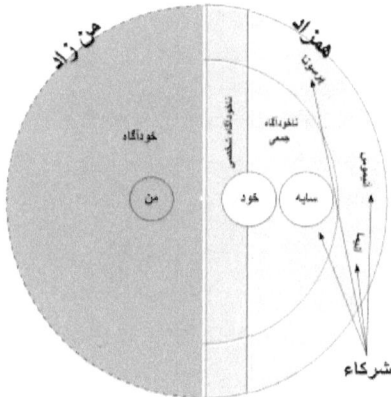

شکل ۹ **نظام یونگ در تطابق با مفاهیم و تعابیر قرآن**

گرایش به ناخودآگاهی

مایکل گازانیگا می‌نویسد:[۱]

"چرا اینقدر دوست داریم خودآگاهی خود را، تفاهم و احساسات‌مان را نسبت به جهان پیرامون دیگرگون کنیم؟ ما می‌نوشیم، می‌کشیم[۲]، لاته[۳] می‌زنیم، مسکّن جستجو می‌کنیم،

---

۱ رجوع کنید به [MG1]

۲ مقصود نیکوتین و علف و گرایش به مواد مخدر است

3 Lattes قهوه

حتی ممکن است به "نشئگی از دویدن"[1] پناه ببریم. همیشه وجهی از وجود خود را که قادر به بیانش نیستیم دستکاری می‌کنیم: وجه تجارب خودآگاهی."

یونگ نیز در تحلیل نماد ماه به همین موضوع اشاره می‌کند. وی می‌نویسد:[2]

"ماه به مثابه خلسه‌آور، در اوپانیشاد ودایی ماه نیروی جادویی است، مانایی که خلسه‌آور است. همین مفهوم در ماهدرخت نشان داده شده که خدایان از میوه‌هایش نوشیدنی سومه را، که به آنها جاودانگی بخشید، بیرون کشیدند. گویند از میوه‌ی این درخت نوشیدنی گرفته می‌شود که به آن «سومه» گویند. این نوشیدنی حاوی مخدری است که حالتی از خلسه ایجاد می‌کند به همین دلیل در برخی مناسک مذهبی به کار می‌رفت. شیوه‌ی مشابه ایجاد حالت خلسه در بسیاری مذاهب دیگر به کار می‌رفته، برای مثال شراب در آیین سری دیونوسی و پیوتی مخدری که در مناسکی ویژه در آمریکای شمالی استفاده می‌شد ... این در نوشیدنی سومه نیز دیده می‌شود که از ماه درخت گرفته می‌شد و در فرد سرمستی و خلسه و خیالاتی از افسونی پرجذبه ایجاد می‌کرد. این شکل هندی و ایرانی افسانه است اما چیزی مشابه در زبان خود ما نیز وجود دارد، وقتی به زبان خودمانی از دیوانگی یا ماه زدگی حرف می‌زنیم یا هنگامی که پریشان ترین خیالات را یاوه می‌نامیم بله، سومه در آیین ودایی یک نوشیدنی اساطیری است مانند شراب در شعائر مسیحی یا در آیین مقدسی دیونوسوسی. (سومه) نوشیدنی زندگی بخشی است که در عین حال سکرآور است. اگر من مسیحی خوبی باشم مخالف جایگزینی نوشیدنی غیر الکلی با شراب الکلی خواهم بود چرا که تلنگر مستی کاملاً ضروری است ...، پروتستانها بی‌آنکه خود بدانند در بسیاری مسائل مهم سنت را به هم زدند. شراب خون مسیح است. ...

کاتولیک به تخطی ناپذیری چنین اصولی مرتبط است؛ نوشیدنی باید شراب باشد و باید تأثیر سکرآور داشته باشد. یکی از کهن‌ترین صورتهای ذهنی نوشیدنی سکرآور، نوشیدنی ودایی سومه بود. ریگ ودا قدمت چشمگیری دارد، گفته می‌شود قدمت آن به پنج هزار سال پیش از میلاد برمی‌گردد، و ایده‌ی سومه در آن زمان شکل می‌گیرد. و امروز ما می‌شنویم که این مفهوم با ماه مرتبط است، ماه درخت نوشیدنی برای خدایان و انسان مهیا کرد. این نماد پردازی بسیار مهمی است ... مستی یک دیوانگی مصنوعی است. دوز کم برای نمایاندن وجه غیرمنطقی فرد کاملاً لازم است. کمی دیوانگی خوب است، کمی آشفتگی، اما بیشتر از آن خطرناک است. در مراسم سومه اگر کسی بیش از اندازه مست شود مورد

---

1 runner's high

۲ رجوع کنید به [J2]

غضب قرار می‌گیرد. قدیس پولس در نامه به قرنتیان از آنها به دلیل خوردن و نوشیدن زیاد گلایه کرده بود؛ کار آنها سوء استفاده‌ای هولناک از چیزی مقدس بود. فرد وسوسه می‌شود تا جرعه‌های طولانی بنوشد. در آسایشگاه‌ها بیماران روانی اجازه دارند در عشای ربانی شرکت کنند اما آنها بطری کامل را می‌خواهند و کسی باید درآنجا پیاله را از دست آنها نجات دهد. آن اعتدالی که آیین‌های مقدس توصیه می‌کنند بی اندازه مهم و ظریف است. اگرزیاد بنوشید کله پا می‌شوید و اگر خیلی کم بنوشید به حد کافی غیر منطقی رفتار نخواهید کرد. هدف نادیده گرفتن خودآگاه درهم و برهم روزانه‌ی ما است. حتی انسان بدوی به اندازه‌ی ما درگیر عادات روزانه و کارهای روزمره است. هدف حقیقی مناسک مذهبی بخشیدن جان تازه است. مناسک مذهبی به قصد بالا کشیدن فرد از امور روزمره ایجاد شدند که عادات او را بر هم زنند تا شاید از چیزهای بیرونی آگاه شود. او بارها میان حلقه‌ی نفرین شده‌ی اطرافیان نوشیده تا بگریزد و سپس زیبایی خارق العاده‌ی جهان را کشف کرده و دنیا را در آغوش کشیده در حالی که در شرایط معمولی همه‌ی آنها جانورانی هولناک هستند. آنها زیبایی سرمستی را دریافته‌اند و شراب را به دلیل ویژگی الهی آن به آغوش می‌کشند، قلب‌هایشان را می‌گشایند و راه‌هایی را برای بشریت باز می‌کنند.»

با این اوصاف میل به بیرون شدن از خودآگاهی، خودش را در رفتارهای گوناگونی بروز می‌دهد. در هر تمدن و فرهنگی شعور و خودآگاهی در معیت مخدر بوده است. هیچ تمدن و فرهنگی قادر نبوده در به روی تخدیر بربندد.

ناخودآگاه و اعداد

ماری لوئیز فون فرانتس می‌نویسد:[1]

«در میان مکاشفه‌های بسیار مربوط به ریاضیات اولیه و یا انگاره‌های بالبداهه، "اعداد طبیعی" از نظر روانشناسی جالب ترین است. این اعداد نه تنها در اندازه‌گیری‌ها و حساب و کتاب‌های آگاهانه‌ی روزمره‌مان کاربرد دارند، بل قرن‌ها تنها وسیله‌ی دستیابی به انواع پیشگویی‌های بر مبنای ستاره شناسی، عدد شناسی، فال‌گیری و غیره که همگی هم پایه بر محاسبه‌ی ریاضی داشته‌اند و از نظر مضمونِ همزمانی مورد بررسی یونگ قرار گرفته‌اند، بوده‌اند. افزون بر این بدون تردید اعداد طبیعی از زاویه‌ی روانشناسی، نمودهای کهن‌الگویی هستند.»

---

۱ رجوع کنید به [J3]

فصل دهم

در اکثر فرهنگ‌ها ما با آثار اعداد طبیعی در افسانه‌ها یا نام‌گذاری مکان‌های قدیمی روبرو می‌شویم. مثلا اسامی که ترکیبی از عدد هستند همچون "هفت چشمه" یا "چهارمحال" یا "هفت سنگ" در همهٔ فرهنگ‌ها موجود می‌باشند. سوای حضور در نام‌های قدیمی، اعداد طبیعی در بسیاری باورهای قدیمی و سنتی نیز حضور دارند. یونگ مجذوب نقش عدد چهار در فرهنگ‌ها بود و پیرامون آن نیز بسیار نوشته است. اگر ما حضور اعداد در باورهای کهن را به معنی حضور آن‌ها در ناخودآگاه انسان تلقی کنیم در آنصورت جا دارد از خود بپرسیم: چرا فقط اعداد طبیعی در ناخودآگاه ما حضور به هم رسانده‌اند؟ چرا ناخودآگاه ما این رابطه را با اعداد اعشاری و کسری ندارد؟ چرا عدد پی (که عددی حقیقی است) هیچ رد و اثری در ناخودآگاه ما ندارد؟ آیا ناخودآگاه انسان، با دیگر انواع عدد آشنا نیست؟ یا آنها را مهم تلقی نکرده است؟ اگر ما در وفاداری به یونگ، همان تصوری را از ناخودآگاه داشته باشیم که از طبیعت داریم، در اینصورت می‌بینیم که ناخودآگاه، رفتاری ظاهرا غیرطبیعی در پیش گرفته است زیرا ما بخوبی به نقش عددی حقیقی همچون کسر زرین[1] در طبیعت پی برده‌ایم. می‌دانیم که بسیاری از مناسبات طبیعی، از مناسبات درون اتم گرفته تا فاصلهٔ شاخه‌های درخت و برگ‌ها، شدیدا مناسباتی پیرامون کسر زرین و اعداد فیبوناچی را بروز می‌دهند. ناخودآگاه که اساسا خودِ طبیعت است چرا هیچ بازتابی از کسر زرین و اعداد فیبوناچی ندارد؟

پاسخ به این پرسش دو گزینه دارد:

۱- ناخودآگاه فاقد دقت نظری است که خودآگاهی دارد، علوم دقیقه بویژه علمی چون ریاضی، دسترنج خودآگاهی است که ناخودآگاه از آن محروم است. ناخودآگاه صرفا اعداد طبیعی را می‌شناسد و اصلا تصوری از اعداد گویا (کسری)، حقیقی و مجازی ندارد.

۲- ناخودآگاه رویکردی متفاوت به جهان دارد و بر همین حسب نیز علمی متفاوت از علمِ خودآگاهی دارد. این علم را نبایست کِهتر از علم خودآگاهی قلمداد کرد.

گزینهٔ نخست، تصوری ابتدایی از ناخودآگاه دارد و تصویر کودکانه‌ای از آن ارایه می‌دهد؛ یعنی فرضا همانگونه که یک کودک صرفا تصوری دست و پا شکسته از اعداد طبیعی دارد، به همان سان نیز ناخودآگاه مثل یک کودک، تصوری دست و پا شکسته از اعداد طبیعی دارد و هیچگونه شناختی از اعداد گویا (کسری) یا حقیقی یا مجازی ندارد به همین علت هم این اعداد هیچ بازتابی در فرآورده‌های ناخودآگاه ندارند.

---

1 golden ratio

دعوی گزینهٔ دوم ولی سنگین‌تر است و به نظر می‌رسد گواهی بر صدقش در دسترس نباشد. من به دلایل متعددی گزینهٔ دوم را می‌پسندم. پیش از هر چیز توجه خواننده را به این نکته جلب می‌کنم: تاکنون چنین بحث کرده‌ام که ساعتِ همزاد (ناخودآگاه) تُندتر از ساعت من‌زاد تیک می‌کند و لاجرم همزاد "سهم بیشتری" از حیات دارد. گفتیم که همهٔ فرآیندهای ناخودآگاه سریع‌تر از فرآیندهای خودآگاهی هستند و جهش‌های ژنتیکی اِم.تی.دی.اِن.اِی. (متعلق به میتوکوندری که آن را مرتبط با همزاد می‌دانیم) به مراتب سریع‌تر از جهش‌های ژنتیکی دی.اِن.اِی. هستند. این را نیز می‌دانیم که مولفه‌های مرتبط با همزاد، مثلا موسیقی، مقدم بر مولفه‌های من‌زاد (مثلا زبان) هستند. اصولا بنظر می‌رسد که همزاد، هم از نظر پدیدآیی فردی[1] و هم از نظر پدیدآیی نوعی[2] بر من‌زاد تقدم داشته باشد. همزاد، هم بطور نوعی و هم بصورت فردی، عمری طولانی‌تر از من‌زاد داشته و تجربهٔ وسیع‌تری از جهان دارد. برآیند همهٔ آنچه که تا کنون گفتیم این است که اگر علم همزاد برتر از علم من‌زاد نباشد، کِهتر از آن نخواهد بود. در بسیاری از پدیده‌های روان، ما با حالت‌هایی روبرو می‌شویم که اگر گویای برتری علم همزاد نباشند، دست‌کم باید گفت ما نمونهٔ معادلش را در من‌زاد سراغ نداریم. مثلا به مقولهٔ «تصادف پر معنی» یونگ بیاندیشید و به مقولهٔ پیش‌آگاهی و رؤیای صادقه که یونگ می‌گوید با بسآمدی بسیار بالاتر از آن روی می‌دهند که علم فرض می‌گیرد. علاوه بر این، دیردرابریت[3] و پژوهشگرانی دیگر نیز چنین استدلال کرده‌اند که بسیاری از کشف‌ها و اختراع‌ها، الهاماتی از رؤیا بوده‌اند. یعنی بقدر کافی می‌توان دلیل اقامه کرد که در مقایسهٔ علمِ من‌زاد و علمِ همزاد اگر هدف ما جستن برتری باشد، کفه ترازو به نفع همزاد سنگین‌تر شود، لاجرم شاید بهتر باشد هدف را از ارزشگذاری دور کنیم و صرفا به این اکتفا کنیم که بگوئیم: همزاد و من‌زاد از دو جنس متفاوت شعور برخوردار هستند.

پیروی چنین برداشتی می‌توان گفت، نوع برخورد ناخودآگاه با انواع گوناگون عدد، با رویکرد خودآگاهی به آنها فرق دارد. تصادفا در نوشته‌ای که پیرامون مبانی ریاضیات نوشتم[4]، در بازسازی انواع عدد، به تناسب عجیبی میان این انواع عدد پی بردم و نشان دادم که مثلا اعداد حقیقی، همان اعداد طبیعی هستند که در ساحتی متفاوت روی می‌دهند. نظر به پیچیدگی بحث، باید در اینجا به مثالی اکتفا کنم. همهٔ ما با عدد طبیعی ۱ آشنا هستیم. اگر این عدد را به ساحتی متفاوت ببرید، طی فرآیندی ریاضی، تبدیل به کسر زرین می‌شود. کسر زرین کسر روبرو است:

$$1+\cfrac{1}{1+\cfrac{1}{1+\cfrac{1}{1+\ddots}}}$$

---

1 . ontogeny

2 . phylogeny

3 Deirdre Barrett

۴ "سایه روشن در ریاضی"، بیژن کریمی

این کسر برابر است با عدد ...1.6180339887 و آن را کسر زرین می‌نامند. این کسر در طبیعت نقش عجیبی دارد و مکررا مشاهده می‌شود. مثلا در تناسب و آرایش رگ‌های روی برگ، یا شاخهٔ روی ساقه، یا استخوان‌بندی در حیوانات و رگ‌های اعصاب برقرار است. این نیز به اثبات رسیده است که حس زیباشناسی بشر ارتباطی با کسر زرین دارد. مثلا در زیباشناسیِ چهرهٔ یک انسان، ما برای فواصل و اندازه‌هایی که با همدیگر تناسبی برابر با کسر زرین دارند، بطور ناخودآگاه ارزش زیباشناختی قایل می‌شویم. امروزه از این مناسبت حتی در قطع کتاب استفاده می‌کنند (کتابی را زیبا می‌پنداریم که طول و عرضش با همدیگر نسبت زرین داشته باشند).

اگر ما به همان مناسبت اعداد در ساحت‌های گوناگون روی آوریم، معنایش این خواهد بود که:

➤ **کسر زرین همان عدد یک است که در ساحتی دیگر آفتابی شده**

اگر اینچنین باشد، پس کسر زرین باید همان معنایی را داشته باشد که عدد طبیعی یک دارد. این بویژه به این معنی است که در آن ساحتِ دیگر، کسر زرین ارزشی معادل با یک دارد و رفتاری همچون یک خواهد داشت. لاجرم پیدایش این تناسب در طبیعت نکتهٔ عجیبی نیست زیرا برای گیاهان و حیوانات، و در مجموع طبیعت، این تناسب، اندازه‌ای برابر با "واحد" دارد، چرا باید از پیدایش تناسب واحد در طبیعت شگفت‌زده باشیم؟ ظاهرا ناخودآگاه ما نیز به این موضوع آگاهی دارد که حس زیباشناسی ما را بر اساس تناسب زرین قرار داده و نه بر اساس عدد طبیعی یک.

بعبارت دیگر این موضوع گویای این است که ما در آن ساحتِ دیگر، اصلا نیازی به عدد ...1.6180339887 برای تجسم، تفکر و بیان نداریم بلکه با عدد "یک" به همهٔ مقاصد "علمی" خود می‌رسیم زیرا در آن ساحت دیگر، ما یک عمل جمع متفاوت و یک عمل ضرب متفاوت داریم که ما را قادر به استفاده از کسر زرین بجای عدد یک می‌سازد.

این موضوع نه فقط جوابگوی غیاب اعداد گویا، حقیقی و مجازی به شیوه‌ای که خودآگاهی آن‌ها را می‌شناسد است، بلکه گویای شناخت عمیق‌تریست که ظاهرا با تعریفی که طبیعت از این اعداد دارد همخوان است. اگر این را نتوان به معنی برتری علم همزاد گرفت، من در معنی برتری درخواهم ماند.

خودآگاهی، ناخودآگاهی، مابین آن دو و پشت سر

در قرآن اصطلاحی پر بسآمد هست که می‌تواند در بحث ما نقش با اهمیتی بازی کند. این اصطلاح "**بین یدیه**" است و معنی تحت اللفظی‌اش عبارتست از "میان دو دست". این بسآمد آنچنان بالاست که برای آن معانی متفاوت نیز متصور شده‌اند. مثلا در برخی از آیه‌ها معنای " از پیش رو و از پشت سر" قائل شده‌اند و در برخی دیگر "مصدق" یا "تایید کننده"[۱]. نظر به معنی خاصی که برای این اصطلاح قایل هستم، این نکات را در رابطه با این اصطلاح قرآنی مطرح می‌کنم:

۱- در این اصطلاح دست نه به معنی فیزیولوژیکی دست، بلکه به همان معنی سو و جهت در اصطلاحی مثل "دست چپ" و "دست راست" است.

۲- با توجه به حضور کلمهٔ "بین" در این اصطلاح، فرض (۱) تایید می‌شود.

۳- با این حساب، گفتگو از مابین "دست چپ" و "دست راست" است.

یعنی ما عبارت قرآنی "بین یدیه" را می‌توانیم به عبارت "مابین چپ و راست" برگردانیم. از آنجایی که این عبارت در بیشتر آیه‌ها در کانتکست روانی مطرح گشته، چپ و راست را می‌توان مربوط به همزاد و من‌زاد کرد. پس در اینجا ما با مقوله‌ای "مابین همزاد و من‌زاد" روبرو هستیم. می‌دانیم که همزاد (در نیمکرهٔ راست) قسمت چپِ بدن را کنترل می‌کند و من‌زاد (در نیمکرهٔ چپ) قسمت راستِ بدن را کنترل می‌کند. پس اگر قرار باشد ما در جستجوی فیزیولوژیکی این "مرکز" برآئیم، می‌بینیم باید به نقطه یا نقطه‌ای نظر داشته باشیم که نه همزاد بر آن کنترل داشته باشد و نه من‌زاد. چنین مقوله‌ای ما را متوجه جسم پینه‌ای در مغز می‌کند. جسم پینه‌ای متشکل از رشته فایبرهایی به مساحت مقطعی ۷۰۰ میلیمتر مربع است که دو نیمکرهٔ راست و چپ را به همدیگر مرتبط می‌سازد.

نظر به اهمیتی که این اصطلاح قرآنی دارد، بگذارید آیه‌های مرتبط را گذرا مرور کنیم. در اینجا برای "بین یدیه" قراردادی با خواننده می‌گذارم. حروف لاتین BY را بجای این اصطلاح بکار می‌برم. برای اینکه ذهن خواننده از هر پیشداوری به دور باشد، در آیه‌های مرتبط از همان نشان BY بجای "بین یدیه" استفاده می‌کنم.

در ۲۵@فصلت می‌خوانیم:

و برای آنان دمسازانی گذاشتیم و آنچه در BY ایشان و آنچه در پشت سر آنان بود در نظرشان زیبا جلوه دادند و فرمان در میان امتهایی از جن و انس که پیش از آنان روزگار به سر برده بودند بر ایشان واجب آمد چرا که آنها زیانکاران بودند.

---

۱ که البته هیچ ارتباط و مناسبتی با یکدیگر ندارند.

در ۲۷@جن می‌خوانیم: (بگو) دانای نهان است و کسی را بر غیب خود آگاه نمی‌کند (۲۶) جز پیامبری را که از او خشنود باشد که برای او از BY نگاهبانانی بر خواهد گماشت (۲۷).

این آیه به چند چیز اشاره دارد:

۱- BY موقعیت یا کارکرد ویژه‌ای دارد

۲- این کارکردِ ویژه ارتباطی با جهانِ غیب دارد

۳- این موقعیت ویژه، حساسیتی دارد که نگاهبانی در موردش ضرورت پیدا می‌کند

استفاده از این اصطلاح گاه به معنی "مصدق" یا "تایید کننده" است مثلا در ۹۷@بقره می‌خوانیم:

بگو کسی که دشمن جبرئیل است که او به فرمان خدا قرآن را بر قلبت نازل کرده است در حالی که موید BY و بشارتی برای مؤمنان است (۹۷)

پس احتمالا این مرکز که ما آن را BY نام داده‌ایم، قرارگاهی است که هم گیرندهٔ فرمان‌ها و سیگنال‌های نوین الهی در آن قرار گرفته، هم جایی که یک نظام اتومات و خودکار با اتکاء به مجموعه‌ای از قواعد و داده‌های پیشینی، بصورت پویا، در باورهای فرد داوری می‌کند. روشن است که این داوری به خودآگاه فرد ربط ندارد.

اصطلاح "بین یدیه" در بسیاری از آیه‌ها به همراهی اصطلاحی دیگر "**و من خَلْفِهِمْ** " به معنی "از پشت سر" می‌آید. مثلا در ۹@یس می‌خوانیم:

وَجَعَلْنَا مِنْ بَينِ أَيدِيهِمْ سَدًّا **وَمِنْ خَلْفِهِمْ** سَدًّا فَأَغْشَينَاهُمْ فَهُمْ لَا يبْصِرُونَ (۹) و بر BY آنها و **پشت سرشان** سدی نهاده و پرده‌ای بر آنان فرو گسترده‌ایم در نتیجه نمی‌توانند ببینند (۹)

مسدود کردن:

در همین آیهٔ ۹@یس نکتهٔ دیگری مستتر است: در این آیه از مسدود ساختن این گذرگاه ارتباطی-اطلاعاتی گفتگو شده.

در سوره ۷@اعراف، در نقل از شیطان، به طرز روشنی همهٔ این موارد یکجا آورده شده. شیطان در این آیه می‌گوید:

ثُمَّ لَآتِينَّهُمْ مِنْ بَينِ أَيدِيهِمْ وَمِنْ خَلْفِهِمْ وَعَنْ أَيمَانِهِمْ وَعَنْ شَمَائِلِهِمْ وَلَا تَجِدُ أَكْثَرَهُمْ شَاكِرِينَ (۱۷) آنگاه از BY و از پشت سرشان و از طرف راست و از طرف چپشان بر آنها می تازم و بیشترشان را شکرگزار نخواهی یافت (۱۷)

به عبارت دیگر شیطان در این آیه همهٔ مؤلفه‌های روان بشر را برمی‌شمارد: راست (همزاد)،

چپ (من‌زاد)، BY و پشت سر. این ماندالای دیگریست که از قرآن می‌توان برگرفت، در اینجا بیشتر روی موقعیت فضایی تاکید شده:

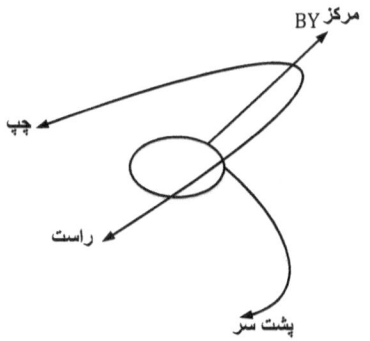

شکل ۱۰ **چهارگاه قرآنی، راست، چپ، بین یدیه و پشت سر**

اگر این الگو را روی مغز پیاده کنیم تصویر زیر را به دست می‌آوریم:

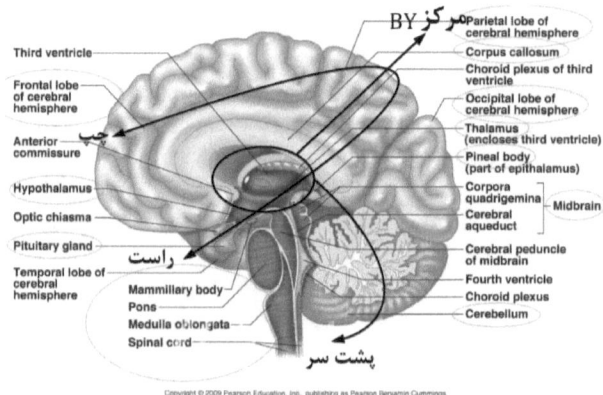

شکل ۱۱ **مؤلفه‌های چهارگانه راست، چپ، مرکز و پشت سر در مغز**

همانگونه که در شکل بالا نشان داده شده، راست و چپ اشاره به دو نیمکرهٔ راست و چپ دارد.

مرکز BY بصورت بیضی نشان داده شده و می‌تواند در هریک از مؤلفه‌های لوب آهیانه[۱] یا جسم پینه‌ای[۲] یا شبکهٔ کوروئید بطن سوم[۳] یا لوب اکسیپیتال[۴] یا تالاموس[۵] یا غدهٔ صنوبری[۶] یا بافت رابط قدامی[۷] یا هیپوتالاموس[۸] قرار گرفته باشد.

مؤلفهٔ پشت سر می‌تواند در یکی از مؤلفه‌های مخچه[۹] یا مغز میانی (متشکل از corpora quadrigemina و قنات مغزی[۱۰]) یا ساقه مغزی[۱۱] یا بطن چهارم[۱۲] یا شبکهٔ کوروئید[۱۳] قرار گرفته باشد.

با توجه به اینکه BY از چنین موقعیت حساسی در فیزیولوژیکی انسان برخوردار است که خداوند نگاهبانی بر آن می‌گمارد، یا این حقیقت که در برخی، خداوند BY را مسدود می‌سازد، می‌توان نتیجه گرفت که پیروی تعبیر خاصی که ما از «خود» ارایه دادیم (و آن را به تعبیر مکان هندسی خداوند در وجود انسان گرفتیم)، این مکان هندسی نیز می‌تواند با BY جفت و جور شود.

اکنون با رجوع به شکل پیشین که از نظام یونگ در تطابق با مفاهیم قرآنی، باید آن را به این شیوه تکمیل کنیم:

---

1 parietal lobe
2 corpus callosum
3 choroid plexus
4 occipital lobe
5 thalamus
6 pineal
7 anterior commissure
8 hypothalamus
9 cerebellum
10 cerebral aqueduct
11 cerebral peduncle
12 fourth ventricle
13 choroid plexus

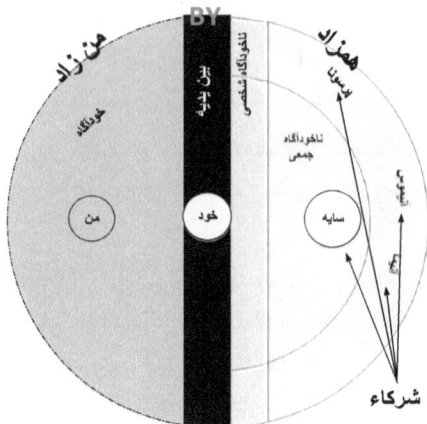

شکل ۱۲ نظام یونگ، همراه با مفاهیم قرآنی و بین یدیه

بینش ایرانی در این گستره

پیش از این چنین استدلال کردم که بینش غربی در دستهٔ بینش فضا-محور می‌گنجد. این بینشی است که بیشترین توجه آن معطوف به فضای سه بُعدی است که انسان خودش را در آن می‌یابد. بر همین اساس پیشنهاد دادم که این سه بُعدی نگری، خود، می‌تواند سرچشمهٔ موضوع تثلیث در مسیحیت غربی باشد. حالا همانقدر که بینش غربی بطور چاره ناپذیر اسیر تثلیث است، بینش ایرانی نیز، به حکم زمان-محور بودنش، باید خصلتی تک بُعدی بروز دهد. البته باید متوجه باشیم که موضوع چهارگانگی، در هر فرهنگی با هر رنگ و لعابی، از فضا-محور گرفته تا زمان-محور، خودش را بروز می‌دهد. یعنی شهودِ چهارگانگی در سطوحی از ناخودآگاه صورت می‌گیرد که آن دسته بندی پیشین در آن نقشی ندارد. حدوث فیثاغورث در غرب بر همین سطوح از ناخودآگاه متکی است. ما همان طبایع چهارگانه، آب، باد، خاک و آتش را در فرهنگ پارسی نیز می‌یابیم. یعنی این موضوع نباید ما را دچار خطای محاسباتی کند. چنانچه، فردوسی نیز در آغاز شاهنامه به این چهارگانگی اشاره کرده که گفته:

از آغــاز بایــد کــه دانــی درســت   ســرمایهٔ گوهــران از نخســت
کــه یــزدان ز ناچیــز چیــز آفریــد   بــدان تــا توانایــی آرد پدیــد

فصل دوم ۸۱

سـرمایهٔ گوهـران ایـن چهار / بـرآورده بی‌رنج و بـی‌روزگار
یکـی آتشـی برشـده تابناک / میان آب و باد از بر تیره خاک
نخستین که آتش به جنبش دمید / ز گرمیش پس خشکی آمد پدید
وزان پس ز آرام سـردی نمود / ز سـردی همان باز تری فزود
چو این چار گوهر به جای آمدند / ز بهـر سـپنجی سـرای آمدند
گهرهـا یک اندر دگر سـاخته / ز هرگونـه گـردن برافراختـه
پدیـد آمـد ایـن گنبـد تیزرو / شـگفتی نماینـدهٔ نوبه‌نـو

اکنون این پرسش مطرح می‌گردد که این خصلت تک بُعدی بودن را چگونه می‌توان در بینش ایرانی شناسایی کرد؟ بویژه اینکه اگر بخواهیم بر همان سیاق، در جستجوی بازتاب زمان-محوری در دین باستان ایرانیان باشیم، با دوگانگی به مثابه شاخص ترین ویژگی روبرو می‌شویم. آیا این در تضاد با چشمداشت ما نخواهد بود؟ گمان نمی‌کنم که چنین برداشتی درست باشد، اجازه دهید تا موضوع را باز کنم:

باید متوجه باشیم که زمان، همانگونه که پیش از این گفتیم، بُعدی است که هزینهٔ آگاهی می‌شود. یعنی از چهار بُعد فضا، عموم انسان‌ها یک بُعد از آن را برجسته و ممتاز کرده و آن را از سه دیگر بُعد جدا می‌سازند، آن را از جنسی دیگر قلمداد می‌کنند. اینکه آن را "زمان" می‌نامند خیلی فریبنده است. من در پرداخت مبانی نوین برای فیزیک، به این اشاره کردم که زمان بُعد نیست و نمی‌تواند یک بُعد قلمداد شود. در اینجا این موضوع را به بحث نمی‌گیرم[1] فقط می‌خواهم به دلایلی اشاره کنم که تلقی زمانی از این بُعدِ فضایی برای انسان طبیعی به نظر می‌رسد.

پیش از هر چیز متوجه باشید که هر بُعدی دچار یک حرکت بطئی است. اصلا چنین حرکتی است که یک بُعد را، بُعد می‌سازد. مثلا از حرکت یک نقطه (یعنی صفر بُعد) نخستین بُعد برساخته می‌شود و از حرکت خط، سطحی دو بُعدی (و بدینسان بُعد دوم) حادث می‌شود و از حرکت سطح، بُعد سوم پیدا می‌شود و از حرکت حجم بُعد چهارم پیدا می‌شود. پس هر بُعدی دچار حرکتی است که معرِّف آن بُعد است. از سوی دیگر هر بُعدی در خودش یک مفهوم ترتیب هم مستتر دارد.

---

۱ در کتاب "فیزیک فرامونی" این را از همهٔ زوایا به بحث گرفته‌ام خواننده می‌تواند به آن کتاب رجوع کند.

اکنون می‌گوئیم که

۱- انسان به عنوان یک موجود چهار بُعدی دارای مختصاتی برحسب هریک از این ابعاد است. ولی، آنچه ما نفس یا روح می‌نامیم، مجموعهٔ کیفیاتی است که در بُعد چهارم حادث می‌شود. نفس بر روی چنین بُعدی به دنیا آمده، قرار گرفته است و مدام حرکت بطئی درون آن بُعد را تجربه می‌کند.

۲- ترتیب مستتر در این بُعد، با مفهوم زمان، یکسان انگاشته می‌شود. سنخیت این ترتیب با "زمان" آنقدر شدید است که این بُعد چهارم بطور چاره ناپذیری برچسب زمان می‌خورد.

۳- در کتاب "فیزیک فرامونی" نشان داده‌ام که این بُعد چهارم، حقیقتاً بُعدی است که در آن کیفیات الکترومغناطیسی (یعنی نور)، تحقق می‌یابند. به همین دلیل هم جهان بیرونی بر "تلقی زمان" از این بُعد، مُهر تایید می‌زند زیرا نور و تعامل‌های الکترومغناطیسی در بُعد چهارم، ترتیب مستتر در این بُعد را رعایت می‌کنند و آن را بازتاب می‌دهند.

با این اوصاف، بینش زمان-محور بینشی است که پیش از هر چیز به خودش می‌پردازد زیرا این بُعد چهارم بیش از هر چیز، کیفیت‌های خود او را برمی‌تاباند. برای همین پیش از این، چنین بینشی را درونگرا نامیدم. یعنی می‌خواهم بگویم ما در جهانی چهار بُعدی بسر می‌بریم که سه بُعد آن را فضایی تلقی می‌کنیم و آن دیگری بُعدی است که نفس یا روح ما بر آن قرار گرفته است. حالا یک بینش برونگرا، توجه خود را بیشتر معطوف به فضای سه بُعدی بیرونی می‌کند و یک بینش درونگرا، مثل فرهنگ پارسی، توجه خود را معطوف به همین قرارگاه روح و نفس می‌کند. اکنون اگر این بینش درونگرا، اندکی دقت نظر به خرج دهد، پیش از هر چیز دوگانگی مستتر در این بُعد را به مشاهده می‌گیرد و آن را باور می‌کند. متوجه باشید که دوگانگی، از ویژگی‌های بنیادین نور است. هیچ چیزی مثل نور، دوگانگی را این چنین عریان بروز نمی‌دهد (از نظر فیزیکی هم نور عبارت از دو صفحهٔ "میدان الکتریکی" و "میدان مغناطیسی" عمود بر یکدیگر است). درواقع می‌توان گفت دین زرتشتی پیش از اینکه معرفتی نسبت به مجموعهٔ کائنات ارایه دهد، شناختی اولیه ولی بنیادین از مفهوم نفس یا "خود" ارایه می‌دهد: انسان مقوله‌ای است که دوگانگی را در همه حال، در خودش همراه دارد.

این دوگانگی مشهود در نوار موبیوسی متشکل از اهورا و اهریمن در شکل زیر نمایش داده شده:

شکل ۱۳ دوگانگی اهورا و اهریمن

و پیشنهاد من این است که ما این را ترجمهٔ شهود دوگانگی بگیریم که این بینش در نگرهٔ درونی به خودش تجربه کرده است: انسان مقولهایست که دوگانگی را در خودش مستتر دارد و متشکل از دو واحد همزاد و من‌زاد است (که معمولا از آنها تحت عنوان ناخودآگاهی و خودآگاهی سخن رفته). یعنی نوار موبیوس بالا به شکل زیر ترجمه می‌شود:

شکل ۱۴ دوگانگی همزاد و من‌زاد

لاجرم دوگانگی برتافته از شهود زرتشت نباید ما را فریب دهد: بینش ایرانی فرهنگی تک بُعدی است و دوگانگی یک دستآورد جانبی از آن است و بیشتر دربارهٔ روح و روان انسان است. به عبارت دیگر اهورا و اهریمن بیشتر مقولات "روانشناختی" هستند که از شهودی درونی بیرون جوشیده‌اند. یونگ می‌گوید[1] که روانشناسی همهٔ دعاوی متافیزیکی را بمثابه پدیده‌های روانی تلقی کرده و آن‌ها را بیانیه‌ای پیرامون ذهن و روان می‌داند.

به اعتبار این گفتهٔ یونگ، تعابیر زرتشتی را به معنی یک روانشناسی ابتدایی می‌گیرم که اصولی ترین شهود خود را مبنی بر دوگانگی نفس انسان بیان می‌کند.

---

۱ رجوع کنید به [J1]، صفحهٔ ۴۷۶

این موضوع مرا به یاد تثلیث در روانشناسی لاکان می‌اندازد. پرداخت ریاضی در ساحت مبحث روانشناسی تازگی ندارد و لاکان خود اصرار در کاربرد ریاضی و بویژه توپولوژی در این مبحث داشت. مثلا در توصیف سه عنصر اصلی از سازه‌های نظری‌اش (سه register که تحت عنوان‌های "مجازی"، "سمبولیک" و "واقعی" به آنها اشاره دارد) آنها را بمثابه سه حلقه (link) تعبیر می‌کند که به شکل حلقهٔ برومینگ در همدیگر تنیده‌اند:

شکل ۱۵ **حلقهٔ برومینگ**

جذابیت حلقهٔ برومینگ از منظر لاکان را می‌توان در این ویژگی‌اش بازشناخت: باز شدن هر یک از حلقه‌ها به بازشدن مجموعهٔ آنها می‌انجامد. یعنی این سه عنصر به یکدیگر وابستگی مطلق دارند و خدشه به هر یک به درهم ریختن یکپارچگی می‌انجامد و می‌تواند سرچشمهٔ یک اختلال روانشناختی محسوب شود.

در رویارویی با تثلیثی که لاکان به ما معرفی می‌کند، انسان مایل به این می‌شود که آن را به تثلیث مسیحیت و یا سه بُعدی نگری بینش غربی نسبت دهد ولی من گمان می‌کنم که تداعی تثلیث مطرح گشته در لاکان با تثلیث مسیحیت را می‌توان تصادفی یا حتی یک عارضهٔ جانبی تلقی کرد.

در بازگشت به نگرش ایرانی، پرسشی که اکنون مطرح می‌شود این است که آیا این تک بُعدیت، ویژگی‌های بارزی دارد که بتواند خودش را جایی دیگر بروز دهد؟ بگمانم دارد. نگاهی که به سوی درون، به خویش معطوف شده، فردیت را برجسته می‌سازد. و نگاهی که معطوف به سه بُعد "بیرونی" است اصلا و اساسا جمع‌گرا است. فردیت در فرهنگ ایرانی آنچنان شدت و حدتی دارد که مانع بزرگی برای جمع‌گرایی و به این ترتیب دموکراسی می‌شود. خیلی از ویژگی‌های

ایرانی‌ها را می‌توان در پرتوی این فردیت شدت یافته فهم کرد. رابطهٔ فرد ایرانی با جمع رابطهٔ مخدوشی است. مثلا رفتار ایرانیان در این دورهٔ نوین شهرنشینی قابل تامل است. کسی که با پاکیزگی خانه‌های ایرانیان آشناست، هیچگونه تفاهمی با آشغال پراکنی ایرانیان در سطح شهر و طبیعت ندارد. یکبار شاهد بودم که همسایه‌ای گوجه‌های گندیده و چتر شکسته‌اش را شبانه از بالکن به خیابان پرتاب می‌کرد، و من پیش از آن، از در گشودهٔ آپارتمانش دیده بودم که چه اندازه، این همسایه در پاکیزگی خانه‌اش وسواس دارد! خانه تمیز و مقدس است ولی شهر ذباله‌دانی بیش نیست! این فقط می‌تواند محصول جانبی بینشی باشد که بیش از بیرون، به درون معطوف است. این بینش، فرد را برجسته می‌کند، و به تقویت قدرت تخیل او می‌پردازد. این موضوع را نبایست بطرز رمانتیک به فال نیک گرفت. در میان رانندگان جوانی که برای تاکسی اینترنتی کار می‌کردند، برای من بسیار پیش آمده که از رانندهٔ جوان شنیده‌ام این کار را فقط به قصد آشنایی با این موضوع می‌کند چون خودش قصد راه‌اندازی سرویس تاکسی اینترنتی دارد.

برای ذهن فردگرای ایرانی تن در دادن به استبداد راحت‌تر است تا هر نظام دیگری که طالب جمع‌گرایی باشد. متوجه باشید که در ایران، عموما با شکل شناخته شده و سادهٔ استبداد نیز روبرو نیستیم بلکه معمولا با ملوک الطوایفی روبرو هستیم یعنی اگر با نقش ماندل بروت[1] آشنا باشید، یک شکل از استبداد هست که مدام در دوایر بزرگتر خود را بازسازی می‌کند.

همانطور که فضا-محوری زمینهٔ مناسبی برای پرداختن به کثرت فراهم می‌آورد، زمان-محوری نیز بستر مناسبی برای پرداختن به وحدت است. نکتهٔ دیگری در رابطه با فرهنگ ایرانی هست که نمی‌دانم تا چه اندازه می‌توان آن را به زمان-محوری ربط داد ولی من آن را بعنوان یک احتمال مطرح می‌کنم: وقتی نگاه انسان بسوی خودش تیز می‌شود ظاهرا حادثهٔ مهمی نیز در رابطه با "غیر" روی می‌دهد. برای اینکه این موضوع را شرح دهم اجازه دهید گذار کوتاهی به یک نکتهٔ لاکانی داشته باشم.

آدریان جانستون[2] در شرح "غیریت" (مفهوم otherness) در مکتب لاکان، اشاره به دو مؤلفه متفاوت دارد: یکی "غیر کوچک" (other) و یکی "غیربزرگ" (Other با O بزرگ). اولی را در رابطه با سازه لاکانی مجازی مرتبط می‌بینند و دومی را با سازه لاکانی سمبلیک. به گفتهٔ او این غیر بزرگ در رابطه با قدرت‌های بیرونی (همچون طبیعت و جامعه و دولت و ...) است. در این رابطه یک "غیریت" سومی هم مطرح می‌شود که در رابطه با سازهٔ لاکانی واقعی (Real) است. این نسخهٔ ویژه از سازهٔ سوم لاکانی، ساحتی است که لاکان به غیرقابل بیان بودنش (یا دشوار بودن

---

۱ این در رابطه با نظریهٔ کائوس chaos theory مطرح می‌شود.

2 Adrian Johnston

توصیفش)[1] اشاره دارد و آن را در رابطه با x یعنی ناشناخته و مجهولی می‌گذارد که در عین غیرقابل بیان بودنش بسیار نزدیک نیز هست!

این نکته مرا بیاد یک اختلاف بنیادین میان زبان فارسی و زبان‌های اروپایی می‌اندازد که ذکر آن خالی از لطف نیست:

در زبان های اروپایی مصدر افعال به شکل صیغهٔ جمع آنها در زمان حال، نزدیکی دارد (یا اصلا عین آن‌هاست). مثلا در زبان آلمانی مصدر فعل رفتن Gehen عین صیغهٔ جمع این فعل در زمان حال است. برای مثال می‌گویند wir gehen (یعنی ما می‌رویم) در حالیکه صیغه سوم شخص آن شکل دیگری دارد مثلا می‌گویند er geht (او رفت). از آلمانی مثال زدم چون در انگلیسی این نزدیکی به آن شدت دیدنی نیست که در آلمانی هست گرچه در انگلیسی نیز صیغه سوم شخص شدیدا متفاوت از مصدر فعل است (مثلا می‌گویند he goes که شکل دیگرگون شدهٔ مصدر فعل رفتن go است). این موضوع را به اینصورت می‌توان خلاصه کرد و گفت در برخی زبان‌ها جمع، و زمان حال، قابل دسترس ترین مفاهیم هستند بقدری که وقتی یک شخص خارجی می‌خواهد خودش را دست و پا شکسته بیان کند افعال را همیشه بصورت جمع در زمان حال بیان می‌کند. مثلا یک کارگر خارجی در آلمان که تسلط کافی بر آلمانی ندارد همواره می‌گوید ich gehen بجای اینکه بگوید ich gehe. معادلش بفارسی مثل این است که آدم همواره بجای اینکه بگوید "من می‌روم" بگوید "من می‌رویم".

در زبان فارسی مصدر فعل به سوم شخص غایب و بویژه صرف ماضی آن نزدیکی دارد یا عین آن است. مثلا رفتن به فعل ماضی سوم شخص نزدیک است و از آن برگرفته می‌شود. یک شخص خارجی که تسلط کافی بر فارسی ندارد برای بیان خودش باید به صیغه سوم شخص ماضی متوسل شود و مثلا بجای "من می‌روم" بگوید "من رفت". این ویژگی خاصی است که سوم شخص غایب، بویژه صیغهٔ گذشته[2]، قابل دسترس ترین مفاهیم است.

این تفاوت زبانشناختی در تایید همان نکته‌ای است که در بالا آوردم: فضا-محوری زمینهٔ مناسبی برای جمع‌گرایی فراهم می‌سازد در حالیکه زمان-محوری، زمینه را برای فردگرایی مستعد می‌سازد. این استعداد را ما در سطوح زبانشناختی می‌بینیم.

چنانچه این وجه تفاوت را به زبان لاکان توصیف کنیم باید بگوییم که مؤلفهٔ غیریت در زبان فارسی باید به نحو بارزی برجسته‌تر از غیریت در فرهنگ های اروپایی باشد. آیا این وجه تفاوت را

---

1 unfathomable

۲ متوجه باشید که گذشته بمراتب منتزع تر از حال است. در زبانهایی که من شناخته‌ام گذشته دور از دست است. این نکته هم بقدر کافی به فارسی ویژگی مجرد و انتزاع بیشتری می‌بخشد.

می‌توان جدی گرفت؟ بگمان من بله می‌توان و باید جدی گرفت. شاهد خوبی برای تبلور بیرونی این وجه تفاوت دارم:

شاید خوارزمی همه خلاقیت خودش را در خلقِ جبر، مدیون همین وجه تفاوت بوده باشد. می‌دانیم که بنای جبر (و معادله به مفهوم عمومی آن) به ابتکار خوارزمی[1] پی ریزی شده است. وی در کتاب جبر و مقابله برای نخستین بار مجهول را وارد معادلات کرد (اصلا معادله را معرفی کرد) و از مجهول تحت عنوان "شیئ" نام برد. مثلا نوشت "شیئ مجذور بعلاوه یک مساوی با فلان" و به این ترتیب در جستجوی مقدار واقعی شیئ برآمد. این پرداخت از جبر قلمروی اسلامی را در نوردید و به اسپانیا رفت. در آنجا نیز دانشمندان اسپانیایی به واژگان خوارزمی وفادار ماندند و از مجهول (شیئ) تحت عنوان xei نام بردند. پس از آن در فرآیند همه‌گیر شدن جبر، اقوام اروپایی دو حرف آخر را فرو انداختند و به x در مقام "مجهول" بسنده کردند.

پس می‌توان در مجموع گفت:

فضا-محوری زمینهٔ مناسبی است برای جمع‌گرایی، پرداختن به کثرت؛ در حالیکه زمان-محوری استعداد انتزاع را افزایش می‌بخشد، زمینه را برای فرهنگی که گرایش به انتزاع دارد فراهم می‌سازد، قوهٔ خیال را تقویت می‌کند و از شهر ذباله‌دانی برای فرد می‌سازد.

هلال ماه و صلیب

یونگ به تفصیل به نماد صلیب می‌پردازد. این نماد را قدیم تر از مسیحیت می‌داند. نظر به اهمیت نماد صلیب، در اینجا رئوس مطالب یونگ را نقل می‌کنم:[2]

> "بدون شک صلیب از نظر نماد شناسی اهمیت زیادی برای بشر در طول اعصار مختلف داشته است. امروزه آن را همه جا می‌بینیم و هیچگاه درباره‌ی خاستگاه و اهمیت این نماد آشنا پرسش نمی‌کنیم، شاید انسان ۱۰ هزار سال پیش آن را در تمام مراحل زندگی خود می دیده و درست مثل ما بی‌هیچ پرسشی آن را پذیرفته بوده. ... اشیاء زیادی وجود دارند که طرحهای آنها یادآور صلیب است مثل پرنده‌ای که بالهایش را گشوده، انسانی که دستانش را از هم باز کرده، درختی که از هر سو شاخه دارد و... اما این اشیاء آشنا به خودی خود برای پرداختن به اهمیت این نماد کافی نیستند. مگر آنکه تعدادی نقش اصلی و مهم پیدا کنیم که شیئ نمادین را با پیوندی قوی به انسان مربوط کند، یا بازنمود ساده شده‌ی شیئ که خود تبدیل به نماد می شود.

---

۱ کلمه آلگوریتم از اسم الخوارزمی گرفته شده.

۲ رجوع کنید به [J2]

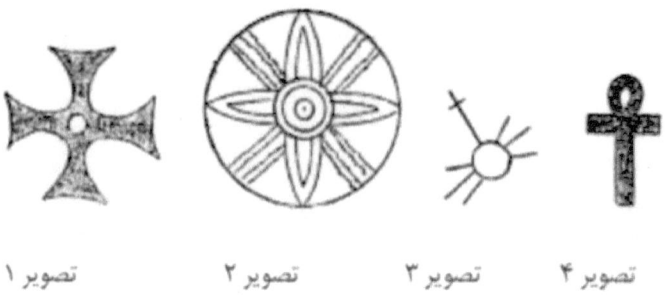

تصویر ۴

تصویر ۳

تصویر ۲

تصویر ۱

آشوری ها «أنو» خدای آسمان را با صلیبی متساوی الاضلاع نشان میدادند (تصویر ۱) و خورشید و ۸ (هشت) قلمروی آن را با دایره‌ای که ۸ پرتو داشت. با متصل کردن این پرتوها، دو به دو، صلیب تابان درست می شد که پادشاه آشور آن را به گردن خود می آویخت همانطور که افرادی در دوره‌ی ما نشان شوالیه‌گری دارند (تصویر ۲). دقیقاً همین تصویر روی اشیاء سفالی آن دوره نیز به چشم میخورد و وقتی در برخی تصاویر دیسک درخشان جایگزین آن می شود مفهوم خورشیدی آن تأکید می‌شود. گاهی نیز هر دو نماد کنار هم میآیند (تصویر ۳). در مصر باستان به تائو آیاآن شکل از صلیب که به چوبهای دار شباهت دارد برمیخوریم. این صلیب به شکلی ساده استفاده می شد و آن را نماد آلت مردانه میدانند. وقتی صلیب تائو بالای یک دایره یا بیضی قرار بگیرد، کروکسی انساتا (۳۷) یا کلید جادویی زندگی را داریم (تصویر ۴).

... «بلاواتسکی» معتقد است صلیب در آیینهای سری تشرف در مصر باستان به کار میرفت، فرد تازه وارد را به صلیب می بستند (البته میخ به بدن او فرو نمی کردند) و او را ۳ روز در هرم خئوپسی تنها می‌گذاشتند. صبح روز سوم او را «به ورودی تالار می بردند، جایی که در ساعتی معین پرتوهای خورشید هنگام طلوع به صورت وی میخورد و تازه وارد بیدار می شد تا ازیرس و تُت ایزد خرد او را بپذیرند.» این نویسنده همچنین اشاره می کند که طبق یک نسخه‌ی خطی کهن این صلیب‌ها بسترهای سخت کسانی بودند که درد میکشیدند، دردزایش دوباره‌ی خود.

یک شکل آشنای دیگر از صلیب در مصر را میتوان در ارتباط با چرخ خورشید با ۴ پره دید. خورشید اغلب به یک ارابه‌ران تشبیه شده و در یونان چرخ خورشید نماد آپولو شد. این تصویر در آشور و بابل نیز وجود دارد و احتمالاً صلیب شکسته از آن گرفته

شده است. صلیب خورشیدی به سرعت گسترش یافت و به نظر اینمن (۸) هنوز در ایرلند محبوب است. این نشانه میان بدویان آمریکا نیز وجود داشته.

... صلیب شکسته که به نوعی غامض و پیچیده است، در گذشته‌ی بسیار دور در سرزمینهای اطراف مدیترانه پدیدار شد. این صلیب در پایین ترین لایه‌ی شهر تروا یافت شد که تاریخ آن به ۳۰۰۰ پیش از میلاد مسیح در عصر برنز برمیگردد. این صلیب شکسته شکل ساده‌ای داشت. بعدها شکل آن پیچیده‌تر شد و مثلاً در انتها ضلع هایش شکل مارپیچ و یا اشکال دیگر به خود گرفت. در کیش کریتن و مینوئن ۲ تبر وجود دارد، نشانهای تأثیرگذار که به شکل ۴ تکه در ترکیب صلیب شکسته به چشم می خورد. این نشانه اغلب در یونان و روی سفالیها و سکه‌های مربوط به عصر آهن یافت می‌شود. پیش از تولد مسیح این نشانه تمام اروپا را طی کرده بود. بعدها مسیحیان نماد صلیب شکسته را به عاریه گرفتند. و در پایان قرن سوم این نشانه همراه با نشان نام مقدس مسیح در سردابه‌ها به چشم میخورد.

تا قرن ۵ پیش از میلاد نشانه‌ای از صلیب شکسته در هند و چین نیست و به نظر می‌رسد که این نماد از سرزمین‌های مدیترانه به هند و چین وارد شده باشد. و آن را در ترکیب با نمادهای مختلف می‌بینیم که برخی خورشیدی هستند برای مثال روی جای پای بودا در استوپای آماراواتی. تصور بر این است که بودایی‌ها این نماد را به چین و ژاپن آوردند و در واقع تصویر صلیب شکسته در دایره شکل جدیدی از حروف الفبا شد که امپراتریسی «وو» (حدود ۷۰۴-۶۸۴ پ. م) به الفبای چینی و به عنوان نشانه‌ی «خورشید» افزود.

... مورتیله از بررسیهای خود چنین نتیجه می‌گیرد که پرستش صلیب مدت زیادی پیش از ظهور مسیحیت وجود داشته و به دلیل عدم وجود اشیا و بتها او معتقد است صلیب مقدس ترین نماد یک فرقه‌ی مذهبی بوده که مدتها پیش از تولد مسیح مخالف بت‌پرستی بودند. ... صلیب همچنین در مکزیک، پرو و آمریکای مرکزی نیز پیدا می‌شود. وجود آن در بناهای مذهبی نخستین کاشفان را بر آن داشت تا گسترش آموزه‌های مسیح را، با فرض آنکه سنت توماس یکبار از آن سرزمین دیدن کرده بود، توجیه کنند. اما امروزه باور این است که ظهور صلیب در این سرزمین‌ها مستقل از مسیحیت بود. در مکزیک ایزد اینتزولکوتل را با نشان صلیب می‌پرستیدند و آن را «درخت معاش» و «درخت زندگی» می نامیدند. این ایزد همچنین ردایی پوشیده از صلیب به تن می‌کرد. موهای تُز، مادربزرگ، به شکل حلقه و با چنان دقتی روی پیشانی‌اش مرتب شده بود تا شکل صلیب داشته باشد. به نظر وستروپ و ویک کروکسی انساتا در مکزیک نیز یافت می‌شود و به آن «درخت زندگی» می‌گویند.

... در آمریکای شمالی سرخپوستان باران ساز صلیب‌هایی روی زمین می‌کشیدند که نوک

هر بازوی آن به سمت ۴ جهت اصلی بود، سرخپوستان بلک فوت، تخته سنگهای بزرگی را به شکل صلیب می چیدند که نشانگر (مرد پیر در خورشید» بود که «حاکم بادهاست». صلیبی که روی صدفها و بر تلی از خاک در نیومکزیکو یافت شد ظاهراً ویژگی خورشیدی یا ستاره‌ای دارد. صلیب‌های دیگری از این دست میان تصویرنگارهای سرخپوستان داکوتا یافت می شود.

... در آفریقای مرکزی شمشهای مس را همیشه به شکل صلیب ذوب می‌کردند. پیش از حضور مسیحیت، صلیب میان سیاهان بانتو وجود داشت. امروزه سیاهپوستان نیلوتی اغلب شکلی از صلیب شکسته را روی سر مردها می تراشند. میان بومیان جنوب نیجریه، که تا آغاز قرن بیستم نیز انسان قربانی می‌کردند، تصویر صلیب روی داربست‌های ساده به شیوه‌ی صلیب سنت اندرو به چشم می خورد.

در هند صلیب متساوی الاضلاع با صفحه‌های درخشان به تناوب به کار می‌رود. روی یک سکه‌ی قدیمی تصویر یک صلیب وجود دارد که بازوهایش به پیکان‌هایی منتهی می شود. نکته‌ی جالب و مرتبط با این موضوع نظر کارپنتر است: گفته می‌شود کریشنا گاهی مورد اصابت تیر قرار می‌گیرد و گاهی روی درخت مصلوب می‌شود. همچنین گفته شده محل تولد کریشنا به شکل یک صلیب ساخته شده بود و او در محل تلاقی ۳ رودخانه دفن شده که به شکل صلیب است.

... بوداییان تبت صلیب را به شیوه‌ی ستون‌های هرمسی در یونان و رم در گوشه‌ی خیابان می‌گذاشتند. «رابرتسون» می‌گوید چینی‌ها صلیب متساوی الاضلاع را میان مربع می‌گذاشتند تا نشانگر زمین باشد. در زبان چینی مثلی وجود دارد که می‌گوید «خداوند زمین را به شکل صلیب ساخت.»

... صلیب اغلب در دوران پیش مسیحی شمال اروپا نیز یافت می‌شود. میان گل‌ها نیز به چشم می خورد. درو‌ییدی‌ها هنگامی که درخت بلوطی می‌مرد شاخه‌های آن را می‌کندند و تنه‌ی آن را به شکل ستون، هرم یا صلیب درمی‌آوردند و آن را می‌پرستیدند. به علاوه آنها تلاش می‌کردند که درختان بلوط به شکل صلیب رشد کنند و اگر شکل ظاهری درخت به حد کافی رضایت بخش نبود، صلیب چوبی به درخت متصل می‌کردند یا بازوان صلیب را طوری تنظیم می‌کردند که شکل صلیب شود. چرچ وارد از صلیب انک درو‌ییدی می‌گوید که در کرنوال یافت شد و معتقد است این صلیب شبیه صلیب‌هایی است که در دُلمن‌های بریتانی یافت شده‌اند. یک صلیب کوچک رومی بعدها در قسمت بالای آن حک شده است (تصویر ۲۲).

فصل دوم

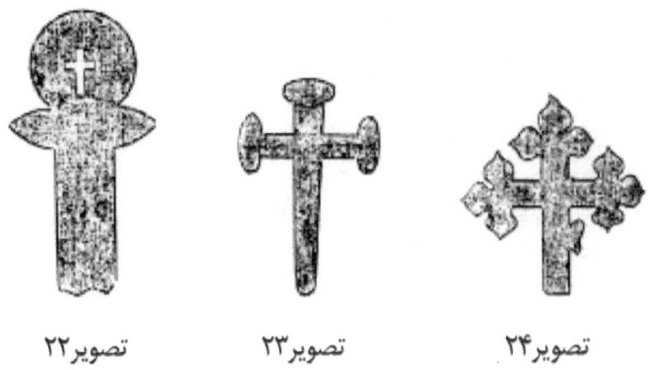

تصویر ۲۴   تصویر ۲۳   تصویر ۲۲

... زو کلر به ما نشان می‌دهد که در آغاز مسیحیت، تأسی جستن به صلیب برای نوکیشان مسیحی همچنان یک حقیقت بسیار رنج‌آور بود و می‌بینیم که صلیب پرستش نمی‌شد و محترم نبود. صلیب چیزی است برای حمل شدن و نه مقدس بودن. با این وجود نشان صلیب بسیار محبوب بود و به عنوان وسیله‌ای برای دفع ارواح شیطانی و درمان کسانی که به تسخیر ارواح درآمده بودند استفاده می‌شد. به تدریج نشانه‌های تغییرشکل داده‌ی صلیب روی وسایل تزئینی و سنگ مزارها و ... بکار رفت ...

در دوران سلطنت کنستانتین تصویر صلیب، نشانه‌های مارس و آپولوو ... روی سکه‌ها ضرب می‌شد. پس از آن صلیب همه جا حضور داشت. در قرن پنجم کروکس انساتا جز در کشورهای سلتی، به شدت نایاب بود. در این دوره صلیب شکسته هم در اروپا کمتر به چشم می‌خورد. در ابتدا صلیب لاتین و متساوی‌الاضلاع بدون برتری نسبت به هم بکار می‌رفتند. به تدریج صلیب لاتین به غرب مرتبط شد و صلیب متساوی‌الاضلاع به شرق. تصلیب و بدن روی صلیب نخستین بار در قرن هفتم ظاهر شدند. این واقعیتی درخور توجه است که در نخستین تمثال‌های مسیحی، مسیح به صلیب میخ نشده بلکه با دستانی گشوده مقابل آن ایستاده است.

... دست آخر صلیب خود اسباب معجزه شد و افسانه‌هایی حول آن پدیدار شد انگار که صلیب موجودی زنده بود.

از بررسی کوتاهی که در بالا آمد متوجه می‌شویم که صلیب نشان چیزهای بسیاری بوده است. شمایل مردی با دستان گشوده و تمام آنچه این شکل القا می‌کند، در صلیب تقلید شده است. صلیب نشان باران و باروری نیز است. در آیین خورشید نیز نقش دارد. نماد

مهمی است برای دور نگه داشتن شیطان. طلسم جادوی زایایی نیز است. به علاوه آن را «درخت زندگی» نیز محسوب می کنیم، نه فقط نشان زندگی بلکه نماد نامیرایی. "

یونگ در نوشته‌های خود بسیار با اندیشهٔ تثلیث درافتاد و حتی به نوبهٔ خود کوشید تا مؤلفهٔ چهارمی، گرچه مؤلفه‌ای نا مناسب[1]، بر آن سه بیافزاید زیرا یونگ به اهمیت عدد چهار آگاه گشته بود و مایل بود تثلیث را به چهارگانگی ارتقاء دهد. این عددی بود که ناخودآگاه جمعی بشر مستقل از جغرافیا و زمان به آن اشاره داشت. یونگ این عدد را حتی در نماد صلیب شناسایی کرد. وی می نویسد:[2]

"افلاطون در رساله‌ی تیمائوس می گوید هنگامی که «جهان آفرین» دنیا را خلق کرد آن را به چهار بخش تقسیم نمود و بعد دوباره آنها را به هم دوخت، چهار بخیه به شکل صلیب. در اینجا منشأ جهان به نشانه‌ی صلیب مرتبط شده، همان عمل نخستین بخشیدن زندگی، فیثاغورس که پیش از افلاطون می‌زیست می گوید عدد بنیادین چهار است، تتراکتیس، که نزد فیثاغورسی ها ماهیتی رمزی دارد. در مصر هشت مقدس ترین هم‌نشین خدایان بود(آگدوآد). در آنجا چهارمیمون و چهار وزغ آغاز جهان را نظاره می کنند. هورس، خورشید در حال طلوع چهار پسر دارد. عدد چهار را می توان در افسانه‌ی بهشت نیز یافت که در آن چهار رود - که منشأ حیات‌اند - از باغ عدن جاری می شوند. بنابراین از آنجا که چهار یکی از اعداد اولیه است که نخستین بار در دوران پیش از تاریخ به شکل هندسی مجسم شده بود، زمانی که شمارش انتزاعی ابداع نشده بود، مردم احتمالاً صلیب را به شکل چهار صفحه از پایین می دیدند. این شکل القا کننده‌ی صلیب معمولی است. بنابراین عدد چهار و صلیب احتمالا یکی هستند. من معتقدم منشأ نماد صلیب یک شکل بیرونی نبوده بلکه شهود درون روانی انسان بدوی بوده است. ذات عجیب شهود، تا آنجا که انسان قادر به درک آن باشد، کیفیت لازم انرژی زندگی را، آنطور که در انسان و همه‌ی چیزهایش ظاهر می شود، بیان می‌کند. به نظر من این یک واقعیت کاملاً غیر منطقی است که انرژی حیاتی به صلیب یا عدد چهار ارتباطی داشته باشد. نمی دانم چرا چنین برداشتی شده، من فقط می دانم که صلیب همواره معنی مانا یا نیروی زندگی داشته است. "

---

۱ مؤلفهٔ چهارم عبارت بود از شیطان.

۲ رجوع کنید به [J2]

اکنون با عطف به آنچه یونگ می‌گوید، خوب است که باز نظری به چهارگاهِ قرآنی بیاندازیم:

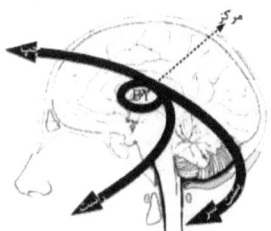

شکل ۱۶ **چهارگاه ماندالای قرآنی**

نکته اینجاست که اگر ما این چهارگاه را از روبرو نگاه کنیم و همهٔ آن را تخت کنیم با شکل زیر روبرو می‌شویم:

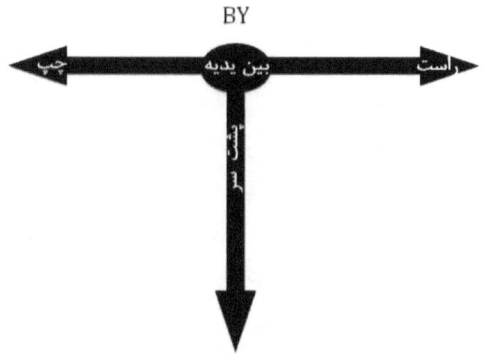

شکل ۱۷ **چهارگاه انسان یا صلیب قرآنی**

همانگونه که می‌بینید، وقتی چهارگاه از چشم انداز خاصی رویت شود، تصویر کاملا روشنی از صلیب ارایه می‌دهد. برای تحقق چهارگانگی در صلیب، نیاز به بازوی چهارمی نبود، کافی بود که مرکزآن نیز بمشابه یک مؤلفهٔ مستقل برانداز شود. اکنون باید دوباره تاکید کرد که هر یک از این مؤلفه‌ها استقلال دارد. مغز باید جا برای این چهار مولفه داشته باشد. در مورد راست و چپ موضوع تا حدودی واضح است. در مورد قرارگاه مرکزی، "بین یدیه"، احتمالا جسم پینه‌ای

مناسب ترین نامزد است. اکنون در تایید یونگ باید گفت، ماندالای قرآنی، تصویریست که ناخودآگاه از وضع درون دارد. این تصویر به ناخودآگاه جمعی سپرده می‌شود و دست به دست می‌گردد. آیا نمی‌تواند براحتی با حذف مرکزش، به تثلیث بیانجامد؟ این اتفاقی است که روی داده. باید همهٔ معانی متفاوتی را که یونگ در رابطه با صلیب گفت مد نظر داشت:

- **ارتباط با عدد مقدس چهار، نماد باروری، طلسم مبارزه با شیطان، نماد نامیرایی.**

اینها همه ویژگی‌های آن نهادی هستند که یونگ در تشریح روان انسان آن را «خود» می‌نامد.

شیطان شناسی

دوست داشتم بدانم حالت انسان چطور بود وقتی که خداوند از فرشتگان خواست به انسان سجده برند. روشن است که انسان در چنین صحنه‌ای حضور داشته، معنایی نمی‌دهد که فرشتگان در غیاب انسان سجده ببرند. ولی قرآن چیزی در وصف حالت انسان در این ماجرا نمی‌گوید. چه حالتی داشته؟ آیا غرور برش داشته؟ یا حضورش آکنده از فروتنی بوده؟ نمی‌توانسته به این مسئله بی‌تفاوت بوده باشد. جالب است که ما تصوری از حالت فرشتگان داریم. می‌دانیم که ابلیس سر ناسازگاری گذاشته. در او چه می‌گذشته که از فرمان آفریدگار سرپیچیده؟ قطعا می‌دانسته که این سرپیچی عاقبت خوبی نخواهد داشت. پس این سرپیچی پیآمد سرشت او بوده. حاصل اندیشه و استنتاج نبوده گرچه می‌کوشد تا دلیل و استدلالی اقامه کند.

تفاوت انسان و شیطان در اعتقاد یا عدم اعتقاد به خداوند نیست. تفاوت این دو در باور به مقام والای انسان است. تفاوت آن‌ها در ارزش نهادن بر علم است. شیطان برای علم ارزشی قائل نیست و سر سجده بر علم ندارد. **انسان مظهر علم است**. تنها به همین یک دلیل بر فرشته ممتاز است. وگرنه، اگر گفتگو بر اعتقاد و باور به خداوند باشد، چه بسا که فرشته در این امر بر انس برتری داشته باشد.

کدامیک فروتر از دیگریست: کافر یا شیطان؟ به اعتقاد من بی تردید کافر فروتر است.

در سوره ۷ @اعراف خواندیم که شیطان گفت:

"آنگاه از BY و از پشت سرشان و از طرف راست و از طرف چپشان بر آنها می تازم و بیشترشان را شکرگزار نخواهی یافت (۱۷)"

در اینجا این پرسش مطرح می‌شود که شیطان چگونه انسان را اینقدر خوب می‌شناسد که در تهدید او به چهارگاه او اشاره می‌کند. یعنی مثلا نمی‌گوید از بالا و پائین، بلکه تدبیر خود در نفوذ به انسان را با دقت نظری بی‌مثال تشریح می‌کند: او در حمله به انس، به چهارگاهِ انسان نظر دارد. پرسش‌های زیر بطور چاره ناپذیر مطرح می‌شوند:

۱- آیا این دانش در عالم غیب، بر همه کس پیدا و در دسترس است؟

۲- نظر به برخورداری از این دانش، آیا می‌توان نتیجه گرفت که شیطان بر انسان اشراف دارد؟

۳- نظر به اینکه شیطان اسمای الهی را نمی‌داند، این دانش شیطان از چه جنس و سرشتی است؟

۴-اگر عالم بودن انس به اسماء، مورد اختلاف انسان و شیطان است، پس باید پرسید این علم چه برتری بر دانش شیطان دارد که در نهایت شیطان بر انس می‌تواند احاطه داشته باشد؟

یک جواب کاملا محتمل از این قرار است که این دانش ابزار کارِ شیطان است. نباید فراموش کرد که فرشته برای کاری آفریده گشته است. و مفروضات کار فرشته باید فراهم باشد. کار فرشته چیست؟ کار فرشته وساطت در امر مدیریت جهان است. اگر جهان را مثل یک نظام کامپیوتری مجسم کنیم، فرشته‌ها مانند اینتراپت‌هایی (Interrupt) هستند که در مدیریت نظام عالم دخالت دارند. آنها میان آفریدگار و جهان خلقت وساطت می‌کنند. لاجرم شیطان باید ضرورتاً از این چهارگاه آگاه باشد که بتواند کاری را که برای آن آفریده شده به انجام برساند.

این موضوع منحصر به ابلیس نمی‌شود. ما در گفتگوی فرشتگان با خداوند نیز می‌بینیم که آنها با آگاهی از توانایی‌های انسان در خونریزی و جنایت‌های آتی، از گزینش خداوند در شگفت هستند. لاجرم این پرسش مطرح می‌شود که علم فرشته چه نوع علمیست که اسما را نمی‌داند ولی خیلی چیزهای دیگر را می‌داند؛ در آیه‌های زیر از بقره دقت کنید:

و چون پروردگار تو به فرشتگان گفت من در زمین جانشینی خواهم گماشت گفتند **آیا در آن کسی را می گماری که در آن فساد انگیزد و خونها بریزد** و حال آنکه ما با ستایش تو را تنزیه می‌کنیم و به تقدیست می‌پردازیم فرمود من چیزی می‌دانم که شما نمی‌دانید (۳۰)

و **همه نامها را به آدم آموخت** سپس آنها را بر فرشتگان عرضه نمود و فرمود اگر راست می‌گویید از اسامی اینها به من خبر دهید (۳۱)

گفتند منزهی تو **ما را جز آنچه به ما آموخته‌ای هیچ دانشی نیست** تویی دانای حکیم (۳۲)

فرمود ای آدم ایشان را از اسامی آنان خبر ده و چون ایشان را از اسماء شان خبر داد فرمود آیا به شما نگفتم که من نهفته آسمانها و زمین را می‌دانم و آنچه را آشکار می‌کنید و آنچه را پنهان می‌داشتید می‌دانم (۳۳)

و چون فرشتگان را فرمودیم برای آدم سجده کنید فرشتگان بجز ابلیس که سر باز زد و کبر ورزید و از کافران شد به سجده در افتادند (۳۴)

حافظ عشق را یک وجه تمایز انس و فرشته برمی‌شمارد وقتی می‌گوید " فرشته عشق نداند که چیست ای ساقی". اینکه علم و دانش فرشته از چه نوع علمیست، فقط به حدس و گمان می‌توان متوسل شد. شاید در یک وجه اختلاف بین علم انسان و علم فرشته بتوان این یک چیز را گفت:

علم انسان، به دلیل آگاهی به اسماء، خصلت زایشی دارد ولی علم فرشته خصلت زایشی ندارد. به این مفهوم، دانش فرشته مثل اطلاعات ضبط در کامپیوتر است. این دانش نمی‌تواند بخودی خود، بر خودش بیافزاید. این دانش از آغازش تا کنون، همان هست که هست. در مورد انسان، آگاهی به اسماء موجب این است که انسان بتواند از صفر شروع کند و به مرور زمان بر دانش خویش بیافزاید. یعنی درواقع باید این وجه اختلاف را بدینصورت بیان کرد که علم فرشته بر خودش احاطه ندارد درحالیکه در مورد انسان، همه چیز، از جمله خودِ علم می‌تواند موضوع علم قرار بگیرد. علم انسان به دلیل آگاهی به اسماء، به آن خصلت موبیوسی می‌بخشد درحالیکه در مورد علم فرشته چنین نیست.

هر چه هست، اختلاف فرشته و انس در همین سرشت متفاوت علم است. فرشته با بردباری به سخن خداوند گوش می‌دهد. ولی برای نوع علمی که فرشته دارد، درک برهان خداوند ساده نیست. شاید هم اصلا محال باشد (مگر اینکه خداوند، این وجه اختلاف را هم صرفا بصورت یک اطلاعات افزوده، بر دانش دسترس فرشته قرار داده باشد) ولی سکوت می‌کند. با خداوند بیش از این مجادله نمی‌کند. وقتی صحبت سجده به میان می‌آید، همگان سجده می‌برند بجز ابلیس. چرا؟ آیا ابلیس دارای شخصیت منحصر به فرد در میان فرشتگان است؟ آیا هوشمندتر از دیگر فرشتگان است؟ یا متعصب‌تر؟ مغرورتر؟ یا وفادارتر به خداوند که حاضر نمی‌شود به غیر از خدا بر کسی سجده برد؟

هوشمند نیست. اگر بود در این دام نمی‌افتاد. در هر حال، برای نوع انسان، مهم است که تفاوت‌های خودش را با کسی که قرآن وی را دشمن بشر خوانده بداند. نباید در دشمن تراشی افراط کنیم تا هر آنچه پلیدی در جهان است به شیطان نسبت دهیم. تا جایی که بر افق دید ما پیداست (و این افقی است که قرآن برای ما گشوده است)، فرشته و انس صرفا یک اختلاف دارند

و این اختلاف در نوع علمی است که سرشت هر یک از آن دو را تبیین می‌کند. فرق ابلیس با دیگر فرشتگان این است که وی دقیقا همین وجه امتیاز انس را برنمی‌تابد. ابلیس دشمن علم است! و این گشوده‌ترین پنجره‌ای است که شیطان برای نفوذ به ذهن انس دارد. هر کجا که انسانی، ندای علم ستیزی سر می‌دهد، آنجا صدای ابلیس را می‌توان شنید.

به عبارت دیگر، من برخلاف یونگ، نیازی نمی‌بینم که شیطان را واحدی از هستی انس برشمارم ولی در همخوانی با قرآن می‌گویم که ابلیس، با شناختی که از چهارگاه انسان دارد، از همهٔ فرصت‌های خویش بهره خواهد جست تا وسوسهٔ علم ستیزی را در انسان برانگیزد.

خود

برخی منتقدان بر یونگ خرده گرفته‌اند که وی با ذهنی و مصنوعِ جنبی تلقی کردنِ خداوند، از ارزش خداوند کاسته است. الن واکر[1] در پاسخ به این انتقاد گوشزد می‌کند که این منتقدان قادر به دیدن این نیستند که یونگ، روان انسان را آنقدر عظیم می‌پندارد که خداوند را در مرکز آن قرار می‌دهد!

یکی از نمادهای رؤیا که همواره توجه مرا بخود جلب کرده است موضوع «خود» در رؤیاها است که خیلی اوقات در شکل دریا و آب بروز می‌کند. مثال گویای آن نماد آب در داستان قدیمی "راز حمام بادگرد" است که فون فرانتس آن را چنین نقل می‌کند:

"جنبهٔ دوگانهٔ «خود» به گونه ای جالب در یك داستان قدیم ایرانی به نام «راز حمّام بادگرد» به چشم می خورد:

پادشاه به حاتم طایی نجیب زادهٔ عالیمقام خود دستور می دهد به راز حمّام بادگرد (قصری که وجود نداشت) دست یابد. وقتی حاتم پس از گذار از دشواری های فراوان به آن نزدیك می‌شود متوجّه می‌گردد هیچکس تاکنون از آن جازنده باز نگشته است. امّا با این همه تصمیم می‌گیرد مأموریت خود را انجام دهد و سرانجام وارد بنای عظیم دایره مانندی می‌شود و دلّاکی آیینه به دست او را به درون خزینه می‌برد. به محض آن که وارد خزینه می‌شود صدایی رعدآسا می‌شنود و تاریکی همه جا را فرا می‌گیرد. در این بین دلّاك ناپدید می‌شود و آب شروع می‌کند به بالا آمدن.

حاتم نومیدانه در محیط بسته شنا می‌کند تا سرانجام آب به سقف گنبدی خزینه می‌رسد.

۱ رجوع کنید به [A1] صفحهٔ ۲۰۰

او که خود را از دست رفته می بیند دعایی می خواند و سنگ میانی گنبد را می چسبد. صدای تندرآسای دیگری برمی خیزد و او به ناگاه خود را در یك بیابان می یابد.

حاتم پس از مدّتها سرگردانی به باغی که در میان آن مجسّمه هایی دایره وار کنار یکدیگر قرار دارند می رسد. او در میان حلقهٔ مجسّمه ها به یك طوطی که در میان قفس قرار دارد برمی خورد و صدایی غیبی به او می گوید: «ای مرد قهرمان! شاید تو از این حمّام زنده بیرون نروی. بدان که مدّت ها پیش از این کیومرث (نخستین انسان) یك الماس درشت درخشان تر از خورشید و ماه یافت و تصمیم گرفت آن را جایی که دست تابنده‌یی به آن نرسد پنهان کند و برای همین این حمّام اسرار آمیز را برای پنهان کردن آن بنا کرد. این طوطی که در برابر تو قرار دارد نیز بخشی از اسرار این حمّام است. تو در کنار آن یك کمان طلایی با یك تیر که به زنجیری طلایی وصل است را می بینی. تو می توانی با این تیر و کمان سه بار طوطی را هدف قرار دهی. اگر توانستی در این سه بار طوطی را بکشی طلسم شکسته می شود، در غیر این صورت تو هم به مانند این مجسّمه‌های پیش رویت سنگ خواهی شد.» حاتم نخستین تیر را پرتاب می کند امّا به پرنده نمی خورد و پاهایش سنگ می شوند. دومین تیر را پرتاب می کند و تا سینه‌اش سنگ می شود. سومین بار چشمان خود را می بندد و فریاد برمی آورد «پروردگار بزرگ» و چشم بسته تیر را رها می کند. این بار تیر به طوطی اصابت می کند. صدای تندر بر می خیزد و غبار فضا را می پوشاند. وقتی همه چیز آرام می گیرد به جای طوطی الماسی درشت قرار دارد و تمامی مجسّمه‌ها دوباره جان می گیرند و از او به خاطر رهایی خود سپاسگزاری می کنند. "

فون فرانتس ناپدید شدن دلّاك آینه را به دست نماد نیروی اندیشه‌ای می‌داند که حاتم درست در لحظه‌ای که بیشترین نیاز به آن را دارد از دست می دهد. علاقهٔ من در این حکایت بویژه در نماد آب است که نشان دهندهٔ «خود» است و علیرغم اینکه آب نشانهٔ حیات است ولی انسان همواره در رویارویی با آن در خطر غرق شدن قرار دارد. فون فرانتس از " خطر غرق شدن در ناخودآگاه و گم شدن در هیجان های خود" گفتگو می‌کند، و بیش از هر چیز این هشدار را از این حکایت برمی‌گیرد که "اگر بخواهیم به نشانه های نمادین ناخودآگاه خودمان دست یابیم باید مراقب باشیم از «خود» خارج نشویم و از «خود» بیخود نشویم و از لحاظ هیجانی با «خود» باشیم."

چرا آب نماد خود قرار می‌گیرد؟ آیا دوگانگی حیات-بخشیدن و خطر غرق-گشتن، نباید ما را به یاد عرفا بیاندازد وقتی که آنها دقیقا از خطر مشابهی، در سیر و سلوک معنوی بسوی خداوند، گفتگو می‌کردند؟ به اعتقاد من این موضوع در همخوانی با برداشت های عرفان از وحدت وجودی

فصل دوم ۹۹

انسان با کل کائنات است. یعنی ظاهرا تعبیر «خود» بمثابه دایره‌ای که در آن نبایستی شریک گرفت، با نماد آب حیات-بخش در دریایی که براحتی جان می‌ستاند، همخوان است. این تعبیر از نماد آب، ما را بیشتر به تعبیر قرآنی که قبلا از موضوع «خود» و «شرکاء» ارایه دادیم نزدیک می‌کند.

یونگ عیسی مسیح را نماد یا کهن الگوی «خود» قلمداد می‌کند. به گفتهٔ او[۱] عیسی قهرمان مسیحیت است که مستقل از وجود تاریخی‌اش، دربرگیرندهٔ اسطورهٔ کهن انسان مقدس، یعنی آدم است. اوست که در مرکز ماندالای مسیحی قرار گرفته، وی خدایگان تترامورف است، یعنی چهار حواریونی که بمثابه چهار ستون اورنگ او هستند. به گفتهٔ یونگ، مسیح درون ماست و ما درون او هستیم. مسیحیت او را آدم ثانی می‌نامد ولی وی را در مقامی والاتر از حضرت آدم قرار می‌دهد، زیرا که حضرت آدم توسط تصویرنگاریِ شکل خدا بر روح آدم ساخته شده، تصویری از یک تصویر، درحالیکه مسیح گویای تصویر حقیقی خداوند است که انسان درون ما در شباهت با او ساخته شده[۲]، نامریی، مجرد، فسادناپذیر و نامیرا.[۳]

به همین دلیل است که یونگ میان نماد خود یا تمامیت، با تصویر خداوند تمایز قایل نمی‌شود. وی می‌گوید همانطور که خدایان باستان یادآور آنیما و آنیموس هستند، به همین سان نیز مسیح، نزدیکترین مفهومی است که می‌توانیم به «خود» جستجو کنیم. وی می‌نویسد:[۴]

"تنها از راه ادراک می توانیم پی ببریم به اینکه خدا در وجود ما فعال و موثر است؛ اما نمی‌توانیم تشخیص دهیم که این فعالیت ناشی از خداست یا از ضمیر ناخودآگاه. به بیان دیگر نمی‌توانیم به طور قطع معین کنیم که آیا خدا و ضمیر ناخودآگاه دو عامل اثرگذار متفاوت‌اند یا نه. هر دو مفهوم‌هایی‌اند مربوط به عالم فوق محسوسات که خود در سر حد بین محسوس و غیر محسوس قرار دارند. اما اینرا می‌توان با اطمینان کافی به تجربهٔ محسوس دریافت که در ضمیر ناخودآگاه یک صورت مثالیِ نمایندهٔ تمامیت، وجود دارد که خودبه‌خود در خواب‌ها و غیرِ آن نمایان می شود و نیز تمایلی فارغ از ارادهٔ خودآگاه وجود دارد به اینکه صورت مثالی دیگر را به این مرکز ربط دهد. بنابراین بعید نیست که صورت مثالیِ تمامیت، دارای مرکزیتی باشد که آن را به تصور خدا نزدیک کند. "

---

۱ رجوع کنید به [J4]

۲ این موضوع در اسلام کاملا به شکل دیگری مطرح گشته. قرآن در ۵۹@آل عمران می‌گیوید: در واقع مثل عیسی نزد خدا همچون مثل آدم است او را از خاك آفرید سپس بدو گفت باش پس وجود یافت (۵۹)

۳ رجوع کنید به [J4] صفحهٔ ۳۹

۴ رجوع کنید به [J7]

همین مرکزیت است که هوش از سر عرفای جهان برده. یونگ به نکته‌ای اشاره می‌کند که به نظر من بیش از هر چیزی گواه بر وجود چنین مرکزیتی است: "من فقط چیزی را واقعی و حقیقی می‌دانم که در وجود من کارگر باشد. آنچه در من اثری نداشته باشد، بود و نبودش یکسان است." این گفتهٔ یونگ، تصادفا با ویژگی موبیوسی انسان همخوانی دارد. انسان فقط حقیقت وجود چیزی را می‌پذیرد که آن را در وجود خودش بیابد زیرا جهان همهٔ آن چیزیست که انسان درون خودش بازمی‌یابد. چیزی بیرون انسان، اگر هم وجود داشته باشد، بود و نبودش برای انسان تفاوتی نخواهد داشت. خداوند نیز از این قائده مستثنی نیست، اگر خداوند خواسته باشد که انسان مفهوم وجود او را دریافت کند، باید ترتیبی داده باشد که درون انسان حضور بهم برساند.

این مفهوم از «خود» در دفتر عرفان ایرانی نیز شناخته شده است. مولوی در رجوع به همین مولفه است که گفته "وه چه بی‌رنگ و بی‌نشان که منم، کی ببینم مرا چنان که منم". همین معنی را در شعر حافظ می‌خوانیم: "تو خود حجاب خودی حافظ از میان برخیز". در این شعر البته کلمهٔ "خود" را باید به تعبیر «من» در کانتکست یونگ گرفت.

و اما بحث پیرامون «خود»، یونگ را به بحث فلسفی "شر" می‌کشاند. همانگونه که وی اشاره می‌کند، فهم موضوع شر برای بشر، هیچگاه لقمهٔ آسانی نبوده است، نه برای اندیشمندان مسیحی و نه برای متفکران مسلمان. یونگ از سن باسیل و درگیری او با موضوع شر نقل می‌کند که نهایتا نه تنها خدا را آفریدگار شر قلمداد نمی‌کند بلکه اصلا منکر «وجود» شر می‌شود به این معنی که «شر» بیش از اینکه «موجود» باشد عبارت از «شرایط» یا «حالت» یا "«وضعیت» است، لاجرم هر انسانی به نوبهٔ خودش مصنف یا سازندهٔ «شر» است. ولی یونگ هشدار می‌دهد که ارجاع یک چیز به شرایط روحی-روانی، به هیچ روی آن چیز را عدمی نمی‌سازد بلکه آن را صرفا به سطوحی می‌راند که آن را تجربه پذیرتر می‌کند. تجسمِ واقعیت «شر»، که توسط بشر خلق نگشته و بنا بر منابع دینی، حتی پیش از آفرینش انسان وجود داشته به این آسانی در دسترس، و لاجرم تجربه پذیر نیست. چنانچه ابلیس به اختیار خودش از خداوند فاصله گرفته باشد، پس، اولا نمی‌تواند مصنوع یا ساخته پرداختهٔ انس باشد، و ثانیا باید دارای روحی، گیرم ناقص، باشد که ما باید برای آن علتی واقعی قایل شویم[۱]. یونگ در اینجا اشاره به این نکته دارد که انگیزهٔ اصلی آبای مسیحیت (کلیسا) درواقع نفی اندیشهٔ دوگانگی بود که مانویان مطرح کرده بودند. بویژه نفی جوهر «شر» در رویارویی با تفکر مانوی صورت می‌گرفت و نهایتا به این مانیفست ختم می‌شد که "چیزی تحت عنوان شر وجود ندارد". سن آگوستین نیز در جدلش با این موضوع به این می‌رسد که «شر» را به فقدان خیر یا محرومیت از خیر کاهش می‌دهد.

---

۱ همانجا صفحهٔ ۴۸

نظر به اینکه همهٔ این جدال برخاسته از رویارویی با مانویت صورت گرفته، ضرورت دارد که مرور مختصری بر مانویت داشته باشیم. در دین مانی، که بعدا منشاء بینش‌های عرفانی[1] در شرق و غرب گشت، این جهان، بطور چاره ناپذیر با شر آمیخته است و زندگی ناگزیر با رنج همراه است. مانی این دین را ادامهٔ منطقی بودا، زرتشت و مسیح می‌دانست و بر این باور بود که وی دینی جهانی را یافته است که از همهٔ ادیان نامبرده کامل‌تر است. بنا بر آموزه‌های مانی، روح انسانی که از سرشت الهی برخوردار است به جهان شرور مادّی سقوط کرده. او رستگاری انسان را صرفا در گروی دانش و معرفت می‌داند، دانشی که بر اساس آن به «خود» برسد زیرا که این «خود» به دلیل آمیختن به مادّه و بدن، از دسترس دور شده. رسیدن به «خود» مایهٔ صعود فرد به ملکوت می‌شود زیرا «خود» اساسا سرشتی الهی دارد. جهان بینی مانی سه دورهٔ تفاوت در تاریخ هستی می‌شناسد: دورهٔ پیشینی که طی آن روح و مادّه، نور و تاریکی، خیر و شر منفک و مجزا بودند؛ دورهٔ کنونی که همهٔ این اقلام دوگانه در هم آمیخته‌اند و دنیای پسینی که در آن همان جدایی نخستین برقرار می‌شود.

مانویت در شرق و غرب ایران نفوذ عالم‌گیری داشت؛ در شرق تا به چین رسید و در غرب نیز تا آفریقای شمالی و اروپا پیشروی داشت. رم در دورهٔ خاصی در برابر گزینش میان مانویت و مسیحیت قرار گرفت، به گزینهٔ دوم چسبید و چیزی نگذشت که به قلمع و قمع مانویان پرداخت. گورهای دسته جمعی از مانویان در فرانسه و دیگر نقاط اروپا گویای جدالی است که به نابودی مانویت در اروپا منتهی گشت. امروز فقط آثار ناچیزی از مانویت بجا مانده که عمدهٔ آنها یافته‌های تاجیکستان است. این نکته نیز خالی از لطف نیست که نقاشی و تصویرگری در مانویت اهمیت ویژه داشت[2]. مانی بر محدودیت ادیان پیشین به دلیل اتکاء بر زبان (بویژه زبان‌های محلی) تکیه داشت و بلندپروازی یک دین جهانی را در سر داشت. اتکاء او به نقاشی می‌تواند گویای نیاز به درهم شکستن همین محدودیت داشته باشد. باید متوجه باشیم که این موضوع بخودی خود سنخیت آن را با رویکرد ناخودآگاه نشان می‌دهد. همانگونه که پیش از این اشاره کردم، ناخودآگاه برای انتقال معانی بیشتر به نمادها و تصاویر اتکاء می‌کند تا کلمه و زبان. به این نکته نیز اشاره داشتم که استعاره‌ها غالبا رویکرد بصری به معانی دارند. و می‌دانیم که در گسترهٔ زبان، سرچشمهٔ استعاره را باید در نیمکرهٔ راست (قلمروی همزاد) دید[3]. با این اوصاف، رویکرد مانی به

---

1 Gnosticism

۲ در ایران او را پیامبر نقاش می‌نامند. کتاب مقدس او را ارژنگ می‌نامیدند که دربردارندهٔ تصاویر زیبا بود.

۳ در این مورد بحث مفصلی در کتاب "همزاد شوخ است" ارایه دادم. مشخصات کتاب: همزاد شوخ است، بیژن کریمی، نشر پنجره

تصویر گویای وفاداری بیشتر او به ناخودآگاه است که فارغ از محدودیت‌های خودآگاهی، با زبانی جهانی آشناست.

موضوع خیر و شر، با سودایی که آبای کلیسا در سر داشتند، حل نمی‌شود. این بیان که "شر فاقد جوهر و مادّه است" و اینکه "شر صرفا فقدان خیر است" هیچ گره‌ای از کار نمی‌گشاید. یونگ بر سن توماس خرده می‌گیرد که با توسل به ارسطو، که سپیدی را با «آمیزش کمتری از سیاهی» توضیح می‌دهد، بطور مشابه در توصیف شر توسط خیر می‌کوشد. یونگ بر این نکته تاکید دارد که معکوس این رویکرد به همان اندازه معتبر است، مضاف بر اینکه معادل منطقیِ آن رویکرد اولیه هم هست. یعنی می‌توان خیر را به مفهوم کمبود شر توصیف کرد[1]. یعنی نه فقط تاریکی را می‌توان به کمک نور شناخت بلکه نور نیز به همین سان توسط تاریکی قابل شناخت است.

در این رابطه، دیدگاه اندیشمندان اسلامی نیز چندان دور از انتقاد تیز و تند یونگ نمی‌افتد. زیرا اندیشمندان اسلام نیز در این زمینه دیدگاه مشابهی ارایه داده‌اند. محمد بهرامی در این باره می‌نویسد:[2]

"شماری از فلاسفه چون افلاطون، ابن سینا، و صدرالمتألهین و... خیر را امری وجودی و شر را امر عدمی می‌دانند. نویسنده المیزان پس از گزارش دیدگاه افلاطون درباره عدمی بودن شر می‌نویسد:

«شرور موجود در عالم به جهت ارتباط و پیوندی که با دیگر حوادث جهان هستی دارند عدم مضاف خواهند بود نه عدم مطلق. بنابراین شرور بهره‌ای از وجود و وقوع دارند؛ چنان که فقدان‌ها، نقص‌ها و مرگ‌ها و... سهمی از وجود دارند. به این اعتبار شرور در قضای الهی قرار می‌گیرند اما این داخل بودن شرور در قضای الهی، بالعرض است نه بالذات. زیرا آنچه ما به عنوان عدم می‌شناسیم دو صورت بیش ندارد: یا آن چیز عدم مطلق است که نقطه مقابل وجود مطلق است و یا مضاف به ملکه، یعنی عدم کمال وجود از چیزی که شأن آن وجود است چون نابینایی که عدم بصر است.»[3]"

پیداست که مساوق پنداشتن شر با عدم شبیه همان رویکرد سن باسیل و سن آگوستین و دیگران است و به هیچ روی از تیغ انتقاد یونگ رهایی نمی‌یابد.

---

۱ همانجا صفحهٔ ۵۱

2 http://jqr.isca.ac.ir/article_4434.html

۳ طباطبایی، محمدحسین، المیزان فی تفسیر القرآن، قم، اسماعیلیان

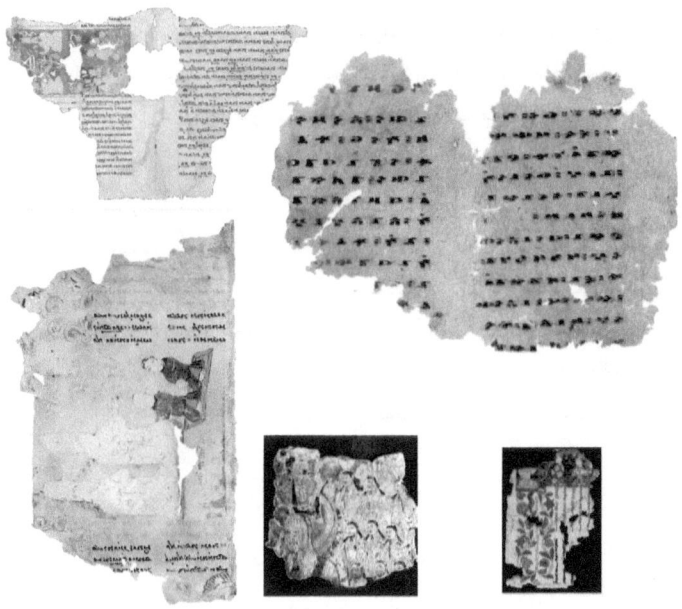

شکل ۱۸آثاری بجا مانده از مانویت

یونگ می‌نویسد:[1]

"روشن است که شر را می‌توان توسط فقدان خیر توضیح داد، ولی با منطقی مشابه می‌توان نیز گفت: دمای زمستان قطب شمال، که موجب یخ زدن بینی و گوش ما می‌شود، بطور نسبی فقط کمی پائین‌تر از حرارت نواحی استواست. زیرا دمای قطب شمال به ندرت به زیر ۲۳۰ درجهٔ سلسیوس بالای صفر مطلق[2] می‌رسد. همه چیزها روی زمین گرم هستند به این معنی که هیچگاه حتی بطور تقریبی به صفر مطلق نمی‌رسد. به همین سان همه چیزها کم و بیش "خوب" هستند، و همانطور که هیچ چیز به آن سردی نیست بلکه صرفا با فقدانی از گرما همراه است، شر نیز با کمبود خیر همراه است. استدلال "محرومیت از خیر" یک مصادره به مطلوب خیرخواهانه است ... همانگونه که ما در دمای ۲۳۰ درجه بالای صفر مطلق هنوز بطرز ناگواری می‌لرزیم، به همان سان چیزها و انسان‌هایی توسط خداوند آفریده شده‌اند که بطرز حداقلی خوب و بطرز حداکثری بد هستند."

---

۱ همانجا صفحهٔ ۵۲

۲ صفر مطلق برابر با ۲۷۳- است. لاجرم مثال یونگ معادل با ۴۰- درجه است.

یونـگ در عبـارت بالا خیر و شـر را، همچون سـرما و گرما بمثابه پدیده‌هـای ممتزج در یکدیگر عنوان می‌کند. اینکه ما سـرما را فقدان گرما تلقی کنیم، از موجودیتِ "امر عدمیِ سـرما" نمی‌کاهد. اینکه کسـی درِ گوش ما سـرما را انکار کند، تغییری در وضعیت ما نمی‌دهد، بلکه گوش ما هنوز از سرما یخ خواهد زد.

در رابطه با موضوع خیر و شـر، تنها راهی که من پیش پای بشر می‌بینم، اندیشـه‌ای اسـت که با قرآن همخوانی دارد. من برای توضیح «شـر» به دوگانگی «محکم» و «متشـابه» متوسل می‌شوم. بـه گفتـهٔ خـود قـرآن، پدیده‌هـا در این جهان در پیـروی از قرآن، کـه آیه‌هایش به دوسـتهٔ محکم و متشـابه تقسیم می‌شـوند، نیز از دو جنس متفاوت محکم و متشابه می‌باشند. متشابه بودنِ یک امر، به معنی نبود یا عدمی بودن آن نیست. یک امر متشابه به همان اندازه واقعی و موجود است که یک امر محکم واقعی است. تمایز این دو دسته فقط در پرتوی نظریهٔ شبیه‌سازی بودنِ جهان روشن می‌شود.

در مجموع دو نوع «شر» در جهان می‌توان تمییز داد:

۱- شری که مستقل از اراده و اختیار انسان در جهان هست

۲- شری که با گزینش خود انسان به جهان می‌آید

در هـر دوی ایـن حالت‌هـا، «شر» پدیـده‌ای متشـابه اسـت در حالیکه خیـر همـواره پدیده‌ای محکم است. اکنون بگذارید شرح مختصری بر نظریهٔ شبیه‌سازی بودن جهان ارایه دهم[۱].

تعابیـر و برداشـت‌های گوناگونـی کـه تاکنـون از جهـان شبیه‌سـازی شـده ارایـه شـده عمومـا برخاسـته از تجربهٔ مهندسـی مدارهـای الکترونیـک در دوران معاصر اسـت. در عالـم الکترونیک، در طراحـی مدارهـای الکترونیک یک بخش شبیه‌سـازی نیز ضروری گشـته به ایـن معنی که ابتدا طرح مدار کشیده شده و اتصالات آن برقرار شده و در پردازشگر (یا مدار مجتمع قابل برنامه‌ریزی) برنامـه مـورد نظـر را قرار می‌دهنـد. برای اینکـه خطاهای احتمالی سـاخت مدار که بـرای بعضی از مدارهـا گـران اسـت و هزینه‌بـر اسـت کاهش یابـد، در محیط شبیه‌سـازی، مـدار و عملکـرد مدار را مورد بررسی قرار می‌دهند و خطاهای احتمالی را رفع می‌کنند. مهمترین وجه تکنیک شبیه‌سازی در مهندسـی الکترونیک این اسـت که معمولا تکنیک شبیه‌سـازی، زمانی مطرح می‌شود که یک برنامـه یـا مـدار الکترونیـک قـرار باشـد در تعامل بـا برنامه‌ها یـا مدارهای دیگـر کار کنـد. از آنجا که خطـای ایـن مـدار می‌تواند پُـر هزینه باشـد، این برنامـه را در محیط شبیه‌سـازی قـرار می‌دهند تا

---

۱ در نوشتهٔ مستقلی، تحت عنوان "مشروح نظریهٔ جهانِ شبیه‌سازی شده"، به تفصیل به موضوع شبیه‌سازی بودن جهان پرداخته‌ام.

تعامل و کارکرد آن برنامه یا مدار را در رابطه با تغییرات محیط زیر ذره بین ببرند. یعنی یک برنامه یا مدار که قرار باشد صرفا متکی بر خودش و بی نیاز از تعامل با دیگر مدارها کار کند نیازی به شبیه‌سازی ندارد. با رجوع به شکل زیر، فرض می‌گیریم که یک سامانهٔ الکترونیکی به نام "الف" داریم متشکل از مؤلفه‌های گوناگون:

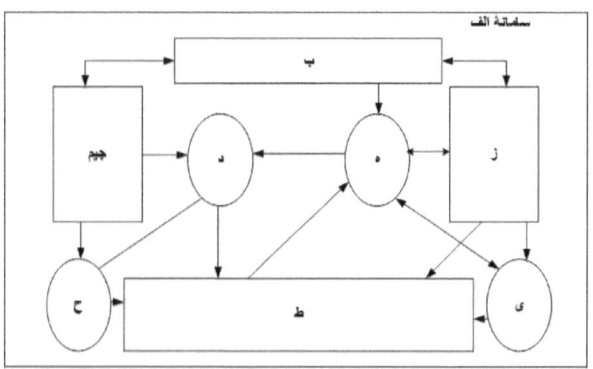

شکل ۱۹ **سامانهٔ الکترونیکی "الف"**

در شکل بالا فرض بر این داریم که سامانهٔ الکترونیکی الف متشکل از مدارهای الکترونیکی "ب"، "جیم"، "دال"، "ه"، "ز"، "ح"، "ط" و "ی" می‌باشد. این مؤلفه‌های "ب"، "ج"، "د"، "ه"، "ز"، "ح"، "ط" و "ی" با یکدیگر اتصال دارند. مقصود از اتصال این است که با یکدیگر پیوند الکترونیک دارند که با استفاده از آن پیوند با همدیگر داده‌هایی را رد و بدل می‌کنند. برخی از این پیوندها یکطرفه است و برخی دو طرفه که در شکل بالا توسط پیکان نمودار شده.

هر یک از این مؤلفه‌های "ب"، "جیم"، "دال"، "ه"، "ز"، "ح"، "ط" و "ی" می‌توانند با استفاده از تکنیک شبیه‌سازی، آزمایش شوند. فرض کنیم برای مثال مؤلفهٔ "جیم" قرار است با تکنیک شبیه‌سازی زیر ذره بین گرفته شود. مدار "جیم" یک پیوند دو طرفه با "ب" دارد و یک پیوند یکطرفه با "ح" دارد و یک پیوند یکطرفه با "د". برای آزمایش "جیم" به تکنیک شبیه‌سازی متوسل می‌شویم. برای این کار باید محیط شبیه‌سازی فراهم کنیم. این محیط باید بقدر کافی هوشمند باشد که انتظارهای جیم را از محیط برآورد.

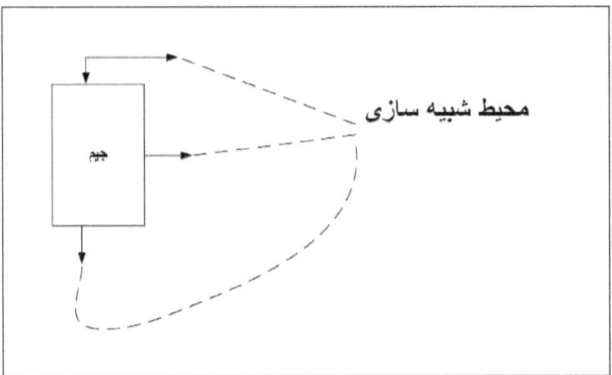

شکل ۲۰ شبیه‌سازی مولفهٔ جیم

در شکل بالا ما تکنیک شبیه‌سازی برای مدار یا برنامهٔ جیم را به تصویر کشیده‌ایم. در این تکنیک همهٔ کوشش معطوف بر فراهم ساختن "محیط شبیه‌سازی" است. این "محیط" باید جای خالی همهٔ آن مؤلفه‌هایی را که با "جیم" داد و ستد دارند، پُر کند. از آنجا که "جیم" فقط با سه مؤلفه داد و ستد دارد، "محیط" نیز محدود به پُر کردن جای خالی همین سه مؤلفه خواهد بود. سیگنال‌هایی که جیم از محیط دریافت می‌کند سیگنال واقعی نیستند بلکه امر را بر جیم مشتبه می‌کنند که سیگنالی واقعی دریافت کرده. برای اینکه میان این دو نوع سیگنال تفاوت قایل شویم تعریف زیر را ارایه می‌دهیم:

تعریف: سیگنال‌هایی که یک مؤلفه در حالت واقعی در سامانهٔ واقعی دریافت می‌کند را سیگنال **محکم** می‌نامیم. سیگنال‌هایی را که یک مؤلفه در محیط شبیه‌سازی دریافت می‌کند **متشابه** می‌نامیم.

با این اوصاف می‌توان گفت مهم ترین وجه تکنیک شبیه‌سازی عبارت از این است که یک مؤلفه از میان چندین مؤلفه را برکشد و زیر ذره بین بگیرد. به عبارت دیگر، اینکه ما همهٔ سامانهٔ "الف" را شبیه‌سازی کنیم معنای چندانی ندارد زیرا می‌توان خود الف را بصورت "واقعی" بکار گرفت. شبیه‌سازی در مورد کل یک نظام، در مهندسی الکترونیک معنا ندارد.

پس در الگوی شبیه‌سازی که ما در این نوشته به آن می‌پردازیم این نکته حائز اهمیت است که نظامی که قرار است تکنیک شبیه‌سازی برایش بکار رود باید تجزیه پذیر باشد تا بتوان آن را بر دو بخش تقسیم کرد:

فصل دوم

۱. مؤلفه‌ای که حالت واقعی‌اش لحاظ می‌شود
۲. نظام منهای مؤلفهٔ واقعی که بطور مجازی توسط "محیط شبیه‌سازی" نمودار می‌شود

یعنی در رجوع به مثال پیشین، داریم:

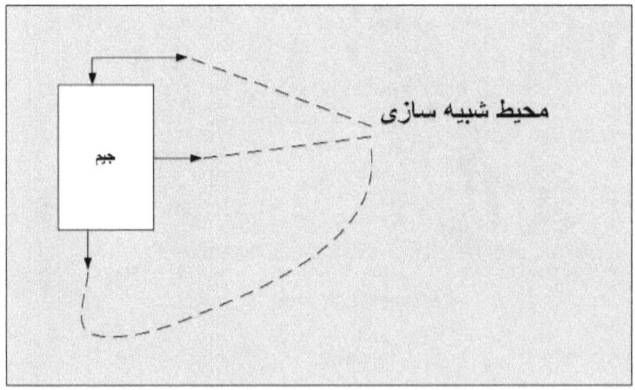

شکل ۲۱ شبیه‌سازی مولفهٔ جیم متشکل از محیط شبیه‌سازی و موضوع مرکزی

در شکل بالا سامانهٔ الف بر دو بخش شده: مؤلفهٔ جیم (که به رنگ سفید است) و سامانه منهای جیم (که به رنگ خاکستری تصویر شده). مؤلفه‌ای که حالت واقعی‌اش لحاظ می‌شود در واقع **موضوع مرکزی** شبیه‌سازی است. یعنی کانون توجه شبیه‌سازی معطوف به همین مؤلفه است.

تعریف: تکنیک شبیه‌سازی، یک سامانه را به دو بخش تقسیم می‌کند: یک بخش از این سامانه در حالت واقعی‌اش لحاظ می‌شود و بخش دیگر صرفا توسط "محیط شبیه‌سازی" نمودار می‌شود. بخش اول را **موضوع مرکزی** شبیه‌سازی می‌نامیم و بخش دوم را **محیط شبیه‌سازی** یا **موضوع پیرامونی**.

حالا جهانِ انسان را در نظر می‌گیریم. بگذارید ببینیم در اینجا، شبیه‌سازی کردن چه معنا و فایده‌ای دارد؟ اینگونه تصور کنید که یک **جهانِ اصلی** داریم که جهان مطلوب است، جهانی است که موضوع و هدف غایی آفرینش است. آفرینش انسان به هدف (غایی) قرار گرفتن در آن جهانِ اصلی صورت می‌پذیرد ولی درست همان سان که ما برای مدارهای الکتریکی، پیش از معرفی آنها به محیط واقعی، آنها را در محیط شبیه‌سازی شده قرار می‌دهیم تا برآوردی از کارکرد

آن‌ها داشته باشیم، در مورد انسان نیز، پیش از قرار دادن او در جهانِ اصلی، خداوند وی را در جهانی شبیه‌سازی شده قرار می‌دهد تا توانایی و کارکرد او را، برای خودش به نمایش بگذارد[1].

در بازگشت به مثال پیشین، جهان انسانی را مجسم می‌کنیم:

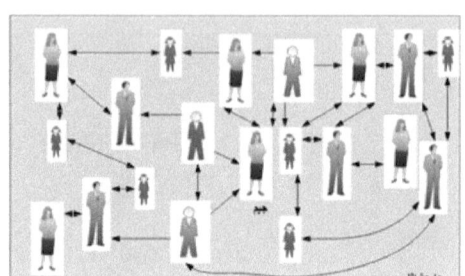

شکل ۲۲ نمودار خیالی از جامعهٔ الف

بگذارید خانم "جیم" را که در مرکز این تصویر قرار دارد، بعنوان موضوع مرکزی این جهان برگزینیم.

شکل ۲۳ شبیه‌سازی با موضوع مرکزی خانم جیم

در شکل بالا خانم جیم موضوع مرکزی شبیه‌سازی واقع شده. یعنی جامعهٔ الف را بر دو بخش کرده‌ایم: خانم جیم و محیط. همانگونه که در شکل پیداست خانم جیم دو پیوند دو سویه و دو پیوند یکسویه با دیگران دارد. حالا باید دید چه قوانینی می‌توان وضع کرد که چنین الگوی شبیه‌سازی در مورد انسان بامعنی شود. همانگونه که پیداست، بدون وضع هیچ قائده‌ای راه

---

۱ خداوند نیاز به چنین برآوردی ندارد. هدف این است که انسان به ارزش‌های واقعی خودش برسد و به ارزشگذاری خداوند دربارهٔ خودش تسلیم شده و ایمان بیاورد.

برای بینهایت تعبیر باز است. مثلا یک نظریه‌پرداز می‌تواند مدعی شود: جهانی که خانم جیم تجربه می‌کند سراسر مستقل از دیگران است به این معنی که دیگران اصلا واقعیت ندارند. این جهان، یک جهانِ "یکبار مصرف" است. این جهان برای آزمایش خانم جیم خلق شده. چنین جهانی، طنین همان جهان کافکایی را خواهد داشت که در داستان "جلوی قانون[1]" تصویر شده.

روشن است که چنین الگویی مدنظر ما نیست. پس در همین راستا ما باید با وضع قوانینی این الگو را هدفمند سازیم و آن را از این حالت کافکایی بیرون آوریم. بگذارید گام به گام جلو برویم. در نخستین گام می‌گوئیم:

- **جهان شبیه‌سازی شده، جهانی است متشکل از امور محکم و متشابه**

تفاوت امور متشابه و محکم در میزان واقعیت آنهاست مشروط بر اینکه ما واقعیت را بر اساس **جهانِ اصلی** تعریف کنیم. همانطور که در مثال مدارهای الکترونیکی گفتیم، سیگنال‌های متشابه می‌توانند کاملا غیر واقعی باشند به این معنی که در جهانِ اصلی هیچگاه روی ندهند یا احتمال وقوع آنها نزدیک به صفر باشد. لاجرم نکتهٔ بالا را می‌توان به این معنی نیز گرفت و گفت:

- **"جهانِ شبیه‌سازی شده" جهانی است که در آن همه چیز به یک اندازه "واقعیت" ندارد. برخی چیزها "واقعی" تر از باقی چیزها هستند.**

در اینجا من تعریف خاصی از واقعیت ارایه می‌دهم: واقعیت عبارت از سیگنال‌ها، رویدادها و شرایطی است که صرفا در جهان اصلی می‌توانند روی دهند. می‌توانیم به همهٔ آنچه که در جهانِ شبیه‌سازی شده رویدادنی است، تحت عنوان "واقعیت متشابه" رجوع کنیم. پس بنا بر این تعریف، برخی واقعیت‌ها درجهانِ کنونی (که جهانی شبیه‌سازی شده است)، محکم هستند یعنی واقعی (قابل اطلاق به جهان اصلی) هستند و برخی دیگر "واقعیت متشابه" هستند یعنی قابل اطلاق به جهان اصلی نیستند. بر حسب چنین تعریفی می‌گوئیم برخی چیزها واقعی تر از برخی دیگر هستند. تعبیهٔ نکتهٔ بالا ما را از خطر تعبیر کافکایی برحذر خواهد داشت زیرا

- اینگونه نیست که همهٔ امور متشابه "غیر واقعی" باشند. برخی سیگنال‌ها و پدیده‌ها در جهانِ شبیه‌سازی شده همترازی در عالم اصلی ندارند در حالیکه برخی از این سیگنال‌ها و پدیده‌ها در جهانِ شبیه‌سازی شده، همترازی در جهان اصلی دارند. بعبارت دیگر

---

۱ خلاصهٔ داستان: مردی می‌خواهد وارد عمارت "قانون" شود ولی دربان جلویش را می‌گیرد و با طرح بهانه‌ای راهش نمی‌دهد. مرد در کنار در می‌نشیند و همهٔ عمر در انتظار بسر می‌برد. بالاخره مرگ فرا می‌رسد. پیش از مردن می‌بیند دربان، برخاسته درِ عمارت را می‌بندد. مرد پیش از مرگ، از دربان علت این کار را می‌پرسد، دربان می‌گوید این در فقط برای ورود تو به عمارت منظور شده بود. حالا که می‌میری دیگر این در را باید بست.

برخی از "واقعیت‌های متشابه" ما به ازایی در جهان اصلی دارند و برخی هیچ همتایی در جهانِ اصلی ندارند.

در گام بعدی می‌گوئیم نسخه‌های گوناگونی از این جهان‌های شبیه‌سازی شده داریم. هر یک از این نسخه‌ها مربوط به یک شخص معین است که در آن نسخه، وی موضوع مرکزیِ جهان است. نسخه‌های متفاوت از جهانِ شبیه‌سازی شده رویهم گذاشته می‌شوند. برای تجسم این وضع، هر یک از جهان‌ها را همچون ورقه‌ای شفاف در نظر بگیرید. از رویهم‌گذاری این ورقه‌های شفاف، ما مفهوم کلی جهان را بدست می‌آوریم. در این رویهم گذاری، هر یک از این نسخه‌ها با نسخه‌های دیگر تعامل دارد. این نسخه‌های متفاوت در حین اینکه با همدیگر تعامل دارند، برای همدیگر استقلال نیز قائل هستند. مثلا آقای الف موضوع مرکزی جهانی شبیه‌سازی شده است و خانم جیم هم موضوع مرکزی جهانِ شبیه‌سازی شدهٔ دیگری است. وقتی این دو نسخه از جهان‌های شبیه‌سازی شده رویهم گذاشته می‌شوند، آقای الف و خانم جیم از همدیگر تاثیر می‌گیرند و بر همدیگر اثر می‌گذارند. پندار، گفتار و کردار هر موضوع مرکزی در هر یک از این جهان‌های شبیه‌سازی شده، در زندگی (پندار، گفتار و کردار) دیگری اثرگذار است.

در این گستره، هر انسانی با هسته‌ای که در همخوانی به جهانِ اصلی طراحی شده به دنیای شبیه‌سازی شده می‌آید. این هستهٔ اصلی همان توشه‌ای است که یونگ آن را «خود» می‌نامد. این هستهٔ مرکزی جوهر اصلی فرد را در بر دارد. او را به جهانی فراسوی این محیط شبیه‌سازی شده وصل می‌کند. انسان با گزینش‌هایی که در زندگی صورت می‌دهد می‌تواند به «خود» امکان شکوفایی ببخشد یا بعکس، شمع «خود» را خاموش سازد. بر همین حسب می‌توان از «شدت هستی» یک فرد گفتگو کرد.

با این اوصاف اکنون می‌گوئیم:

۱. نیکی یک امر محکم است در حالیکه پلیدی یک امر متشابه است

۲. هر انسانی در جهانِ شبیه‌سازی شدهٔ خودش، در برابر امور متشابه و محکم قرار می‌گیرد

۳. انسان با گزینش‌هایی که در جهانِ خودش بروز می‌دهد، یا به سوی امور متشابه می‌رود یا به سوی امور محکم

۴. علم، دانش، فرهنگ و دین امور محکم هستند در حالیکه مرگ و دروغ امور متشابه هستند

۵. اثرِ یک انسان (که در جهانِ خودش موضوع مرکزی است) در جهانِ دیگران می‌تواند مثبت یا منفی باشد، بسته به اینکه این انسان تا چه اندازه محکم یا متشابه بوده باشد

هر جهانِ شبیه‌سازی شده‌ای دارای یک انسان در مقام موضوع مرکزی است. به این معنی «من» در جهانِ من، بیشترین شدت وجود را دارد در حالیکه جهانِ دیگران سایهٔ وجودِ من است که در آن شدتِ هستی‌ام کمتر است (به نسبت فاصله‌ای که آن جهان از جهانِ من دارد). به این ترتیب، جهانِ یگانه‌ای که یونگ آن را اونوس موندوس می‌نامد، جهانی است که از رویهم گذاری مجموعه‌ای از جهان‌های شبیه سازی شده به وجود می‌آید.

همخوانی قرآن با شبیه‌سازی بودنِ جهان محدود به موضوع محکم و متشابه نمی‌شود. بگذارید مروری سریع بر دیگر پاره‌های این همخوانی قرآنی اشاره گذرا داشته باشم. "شبیه‌سازی" اصطلاح تازه‌ای است که در عصر رایانه به وجود آمده. مفهوم "بازی" نزدیک ترین مفهوم به "شبیه‌سازی" است که می‌توان در متن مقدس قدیمی سراغ گرفت زیرا در بازی، انسان دقیقا همان قوائد شبیه سازی را بکار می‌برد. مثلا وقتی کودکان "جنگ بازی" می‌کنند، وضعیت جنگ را شبیه سازی می‌کنند. لاجرم، اونوس موندوس عرصهٔ بازی وجودی ماست که تا قیامت ادامه خواهد داشت.

در برخی آیه‌ها خداوند دنیا را بازی و سرگرمی قلمداد می‌کند و انسان را متوجه این می‌کند که سرای واقعی (بخوانید جهان محکم) جهان آخرت است و این جهان و زندگی دنیا از دید انسانی جز بازی و سرگرمی نیست (مثلا ۳۲@الانعام یا ۸۳@الزخرف یا ۹۱@الانعام یا ۶۴@عنکبوت یا ۱۱@الجمعه). یک دسته دیگر از آیه‌ها با استفاده از همین مفهوم، معنایی کاملا مخالف ارایه می‌دهند، به این معنی که دنیا از دید خداوند بازی و سرگرمی نیست (مثلا۵۱@الاعراف یا ۱۶@الانبیاء و ۱۷@الانبیاء). این دو آیهٔ انبیاء بویژه مهم هستند زیرا روی این نکته تکیه دارد که این جهان برای خداوند جنبه بازیگوشی ندارد بلکه این کارش هدفمند است (گرچه برای آفریدگان می‌تواند تجلی بازیگوشانه داشته باشد). تضاد این دو دسته از آیه‌ها در پناه نظریهٔ جهان شبیه‌سازی شده قابل فهم است: این جهان با همهٔ مناسباتش همانند یک بازی، انسان را از حقیقت (و اصل) دور می‌کند. خصلت این جهان همین است. یعنی اگر بطور متقاعد کننده‌ای انسان را نفریبد، به هدف خود نرسیده. بازیگری هوشیار است که با مشاهدهٔ سایه‌های این جهانی، حقیقتی را که ورای آن‌هاست دریابد. ما در این جهان با پدیده‌های متشابه و محکم روبرو و درگیر بازی می‌شویم. قرآن نیز که خود الگوی آفرینش قلمداد می‌شود، همین دوگانگی محکم و متشابه را در خودش مستتر دارد. بگواه خودش، قرآن متشکل از آیه‌هایی است که برخی

متشـابه و برخی دیگر محکم هسـتند. قرآن شـناخت و تمییز متشـابه و محکم را برای راسـخون در علم ممکن و مجاز می‌داند.

اکنون با این اوصاف می‌بینیم که موضوع خیر و شر، گره ناگشـودنی نیسـت. در پرتوی چنین نظـری می‌بینیـم کـه خلقِ شـر فقـط زمانـی می‌تواند یـک گرهٔ فلسـفی تلقی شـود که آفرینـشِ آن، بی‌هـدف صـورت گرفتـه باشـد. یعنی پیـش از آنکه خلـقِ «پلیدی» موضـوع بحث و جدال باشـد، هدف از خلقِ «پلیدی» باید موضوع تامل و بحث باشد.

در رجوع به مثال یونگ می‌توان گفت، سـرما یا تاریکی امور متشـابه هسـتند. ما در این جهان شبیه‌سازی شده با واقعیت سرما یا تاریکی روبرو می‌شویم و ناگزیر می‌لرزیم و لرزان لرزان، راه خود را در تاریکی می‌جوئیم. جهانْ مترصد گزینه‌های ما است.

تحلیل یونگ از سورهٔ کهف

یونگ تحلیل موشکافانه‌ای از سورهٔ کهف ارایه می‌دهد[1]. او در این تحلیل، اشاره بر نقش خضر[2] در عرفان اسـلامی دارد. و موضوع کلیدی در سـورهٔ کهف را "تولد دوباره" می‌داند. غار در نمادشناسی یونـگ نمـاد تولد اسـت و غار کهف نیز از این مسـتثنی نیسـت زیـرا غار عبارت از حفره‌ای اسـت که انسان در آن به دور از تاثرات محیط پیرامونی در خوابی که بستر رشد و بالندگی است فرو می‌رود. در ۱۷@کهف آمده:

"و آفتاب را می بینی که چون برمی آید از غارشـان به سـمت راسـت مایل اسـت و چون فرو می شـود از سـمت چـپ دامن برمی‌چینـد در حالی که آنـان **در جایی فراخ از آن‌اند** این از نشـانه های خداسـت خـدا هـر کـه را راهنمایی کند او راه‌یافته اسـت و هر کـه را بی راه گذارد هرگـز برای او یاری راهبر نخواهی یافت (۱۷)"

یونگ در رجوع به ترجمهٔ انگلیسـی اشـاره به "در وسـط قرار داشتن" آنها در غار دارد. عبارت پر رنـگ "در جایـی فراخ از آن‌اند" در دو ترجمهٔ انگلیسـی و آلمانی بجای "فراخ" به "وسـط غار" ترجمه شـده اسـت. "در وسط قرار داشتن" برای یونگ حالت کلیدی دارد زیرا به تعبیر یونگ، «خود» در وضعیتی مشابه «بین یدیه»، در حالتی مرکزی قرار دارد.

یونـگ می‌گویـد ورود هـر فـردی بـه غـار، همـان غـاری کـه درون هـر فـردی موجـود اسـت، به معنـی ورود بـه یـک فرآینـدِ ناخودآگاه دیگرگونی اسـت. زیـرا وقتی فرد وارد ناخودآگاهش می‌شـود

---

۱ رجوع کنید به [J6]، صفحهٔ ۱۳۵

۲ خضر به معنی "پوشیده از سبزه" است و همین معنی برای دیدگاه یونگ برای تعبیر او اهمیت ویژه می‌بخشد.

با محتوای ناخودآگاه تماس پیدا می‌کند که می‌تواند موجب یک تغییر مهم، مثبت یا منفی، در شخصیت‌اش شود. این دگردیسی معمولا به تعبیر افزایش طول عمر، یا بمثابه بیعانه‌ای از جاودانگی، گرفته می‌شود. یونگ از پاراسلسوس[۱] بعنوان شاهد اولی، و از اسرار الوزینیا[۲] بعنوان شاهد دومی مثال می‌زند.

از نظر او، اصحابِ غار، به خاطر تقدس عددشان، نمادی از هفت خدا بودند که حین خواب دگردیسی یافته و از جاودانگی و جوانی لذت می‌بردند. این یعنی از همان آغاز بدانیم که با افسانهٔ اسرارآمیزی روبرو هستیم. قصهٔ اصحاب کهف، سورهٔ هجدهم با مشاهداتی اخلاقی ادامه می‌یابد که ظاهرا ربطی به آن قصه ندارد. ولی این بی‌ربطی فقط ظاهر فریبنده‌ای دارد. این مشاهداتِ آموزنده، در حقیقت چیزهایی هستند که افرادی که قادر به تولد دوبارهٔ خود نیستند به آن نیازمندند؛ یعنی باید به رفتار اخلاقی، یعنی تبعیت از قانون خشنود باشند. پس از این مشاهدات آموزنده، قصهٔ موسی و شاگرد جوانش دنبال می‌شود. مقصود یونگ آیه‌های ۶۰ به بعد در کهف است که چنین هستند:

"و [یاد کن] هنگامی را که موسی به جوان [همراه] خود گفت دست بردار نیستم تا به محل برخورد دو دریا برسم هر چند سالها سیر کنم (۶۰) "
و هنگامی که [از آنجا] گذشتند [موسی] به جوان خود گفت غذایمان را بیاور که راستی ما از این سفر رنج بسیار دیدیم (۶۲)
گفت دیدی وقتی به سوی آن صخره پناه جستیم من ماهی را فراموش کردم و جز شیطان [کسی] آن را از یاد من نبرد تا به یادش باشم و به طور عجیبی راه خود را در دریا پیش گرفت (۶۳)
گفت این همان بود که ما می جستیم پس جستجوکنان رد پای خود را گرفتند و برگشتند (۶۴)
تا بنده ای از بندگان ما را یافتند که از جانب خود به او رحمتی عطا کرده و از نزد خود بدو دانشی آموخته بودیم (۶۵)
موسی به او گفت آیا تو را به شرط اینکه از بینشی که آموخته شده ای به من یاد دهی پیروی کنم (۶۶)
گفت تو هرگز نمی توانی همپای من صبر کنی (۶۷)
و چگونه می توانی بر چیزی که به شناخت آن احاطه نداری صبر کنی (۶۸)
گفت ان شاء الله مرا شکیبا خواهی یافت و در هیچ کاری تو را نافرمانی نخواهم کرد (۶۹)

---

1 Paracelsus

۲ این فرقه معروف به Eleusinian آئین‌های اسرار آمیزی داشتند.

گفت اگر مرا پیروی می کنی پس از چیزی سؤال مکن تا [خود] از آن با تو سخن آغاز کنم (۷۰)

پس رهسپار گردیدند تا وقتی که سوار کشتی شدند [وی] آن را سوراخ کرد [موسی] گفت آیا کشتی را سوراخ کردی تا سرنشینانش را غرق کنی واقعا به کار ناروایی مبادرت ورزیدی (۷۱)

گفت آیا نگفتم که تو هرگز نمی توانی همپای من صبر کنی (۷۲)

[موسی] گفت به سبب آنچه فراموش کردم مرا مؤاخذه مکن و در کارم بر من سخت مگیر (۷۳)

پس رفتند تا به نوجوانی برخوردند [بنده ما] او را کشت [موسی به او] گفت آیا شخص بی گناهی را بدون اینکه کسی را به قتل رسانده باشد کشتی واقعا کار ناپسندی مرتکب شدی (۷۴)

گفت آیا به تو نگفتم که هرگز نمی توانی همپای من صبر کنی (۷۵)

[موسی] گفت اگر از این پس چیزی از تو پرسیدم دیگر با من همراهی مکن [و] از جانب من قطعا معذور خواهی بود (۷۶)

پس رفتند تا به اهل قریه ای رسیدند از مردم آنجا خوراکی خواستند و[لی آنها] از مهمان نمودن آن دو خودداری کردند پس در آنجا دیواری یافتند که می خواست فرو ریزد و [بنده ما] آن را استوار کرد [موسی] گفت اگر می خواستی [می توانستی] برای آن مزدی بگیری (۷۷)

گفت این [بار دیگر وقت] جدایی میان من و توست به زودی تو را از تاویل آنچه که نتوانستی بر آن صبر کنی آگاه خواهم ساخت (۷۸)

اما کشتی از آن بینوایانی بود که در دریا کار میکردند خواستم آن را معیوب کنم [چرا که] پیشاپیش آنان پادشاهی بود که هر کشتی [درستی] را به زور می گرفت (۷۹)

و اما نوجوان پدر و مادرش [هر دو] مؤمن بودند پس ترسیدیم [مبادا] آن دو را به طغیان و کفر بکشد (۸۰)

پس خواستیم که پروردگارشان آن دو را به پاکتر و مهربانتر از او عوض دهد (۸۱)

و اما دیوار از آن دو پسر [بچه] یتیم در آن شهر بود و زیر آن گنجی متعلق به آن دو بود و پدرشان [مردی] نیکوکار بود پس پروردگار تو خواست آن دو [یتیم] به حد رشد برسند و گنجینه خود را که رحمتی از جانب پروردگارت بود بیرون آورند و این [کارها] را من خودسرانه انجام ندادم این بود تاویل آنچه که نتوانستی بر آن شکیبایی ورزی (۸۲)

یونـگ می‌گویـد ایـن قصه درواقـع روشن‌سـازی و تقویت افسـانهٔ هفت یار غار اسـت کـه درگیر تولدی دوباره هستند. موسی، مردی پرسشگر است، مردی که او را "طالب" می‌نامیم. در این سیر و سلوک، شاگرد، جوان یا خدمتکاری او را همراهی می‌کند. این جوان، نقش "سایه" را برای موسی دارد، بخشی فروتر، ناپخته‌تر. نمی‌دانم چرا یونگ اصلا عبارت "جوان" را دربارهٔ این همراه از قلم انداخته است، ولی این کلمه قطعا برای آن بخش دیگر از موسی، قابل توجه‌تر و برازنده‌تر است.

هـدف از ایـن سـفر، رسـیدن به نقطهٔ مرکز اسـت، جایی کـه دو دریا به هـم می‌پیوندند. این را به گفتهٔ یونگ به تعبیر کانال سوئز می‌گیرند، جایی که دو دریای شرق و غرب به همدیگر نزدیک می‌شوند، یعنی باز همان نقطهٔ وسط، چیزی که در آغاز قصهٔ کهف نیز شنیدیم. آن‌ها ماهی خود را فرامـوش می‌کننـد، کـه از نظر یونگ، نماد خوراک اسـت. یونـگ ماهی را با جـوان همراه مرتبط می‌سـازد. بـرای ایـن ارتبـاط به روایاتی پنـاه می‌آورد کـه من نمی‌شناسـم (بنا بر این روایات، اسـم جوان جوشـوا پسـر نون اسـت و نون نام دیگری برای ماهی است، بنابراین جوشوا اصالتا به اعماق دریا مرتبط می‌شـود). باری، از نظر یونگ، ماهی رجوع به "نون" دارد که پدر "سـایه" اسـت، یعنی نماد انسـان نفسـانی اسـت که از جهانِ تاریک آفریدگار می‌آید. زیرا ماهی دوباره زنده شـده از سید می‌گریـزد و بـه موطـن خودش یعنی دریا باز می‌گردد. یعنی نیای حیوانی و آفریدگار حیات خود را از انسان خودآگاه رها می‌سازند، رویدادی که به از دست دادن روانِ غریزی می‌انجامد.

موسـی و خدمتـکار زود در می‌یابنـد چـه روی داده اسـت. موسـی خسـته و فرسـوده و گشـنه نشسـته بوده. پیداسـت که موسی احسـاس کمبود یا نارسایی داشـته که به فرسودگی و خستگی تعبیر فیزیولوژیکی شـده. خسـتگی یکی از رایج ترین عوارضِ از دسـت دادن انرژی لیبیدو اسـت[1]. همـهٔ ایـن فرآینـد گویـای حالـت خیلـی نوعـی (تیپیـکال) اسـت: "ناکامی در شـناخت یـک لحظهٔ بحرانـی". این حالت، مایهٔ اصلی بسـیاری از افسانه‌هاسـت. موسـی می‌فهمد کـه بطور ناخودآگاه منبـع حیـات را پیـدا کـرده ولی دوباره آن را گم کرده اسـت. ایـن نکته، این فهم، یک شـهود قابل ملاحظه اسـت. آن ماهی که قصد خوردنش را داشـتند محتوایی از ناخودآگاه بوده که توسـط آن، وصل و ارتباط با اصل و سرچشمهٔ حیات برقرار می‌شود. موسی دوباره متولد شده، به یک زندگی نوینـی بیـدار شـده. این رویداد طی تماس بـا آب حیات صورت گرفته: ماهی با سُـر خوردن بدرون دریا، دوباره تبدیل به محتوای ناخودآگاه شده.

پـس از ایـن خضر بجـای دریـا، یعنـی در همـان موقعیـت وسـط، حضور پیـدا می‌کنـد. به نظر می‌رسد که اصلا خضر همان ماهی بوده. چنین فرضی با تفسیر مفسرانی تقویت می‌شود که منبع حیـات را بـه قعر ظلمات مرتبـط می‌کنند. خضر می‌توانـد نماد «خود» باشـد. ویژگی‌هایش او را به

---

۱ که در رابطه با سایه، آنیما و آنیموس است.

چنین نمادی نزدیک می‌کنند: می‌گویند او درون غار به دنیا آمده. عمری دراز داشته و بطور مداوم متولد می‌شود. همانند الیاس است. یونگ او را با حضرت آدم ثانی تشبیه می‌کند، کسی که با دوباره زنده گشتن ماهی شناسایی می‌شود. موسی این حضور مقدس را بمثابه مرحلهٔ بالاتری از آگاهی می‌پذیرد و می‌خواهد در رکابش باشد و رفتار و افعال غیر قابل فهم او را تعقیب کند، که با پیچ و تاب‌های سرنوشت، نشان دهندهٔ چگونگی برخورد خودآگاهیِ «من» با هدایت‌های متعالی «خود» است. برای آن کس که قادر به دیگرگونی و تولد دوباره است، برای خضر، این داستانی آرامش بخش است ولی برای مومن مطیعی چون موسی این یک پند است که یعنی نباید دربرابر قدرت مطلق خداوند غر زد.

هر کس این قصه را می‌شنود بیدرنگ خودش را با موسیِ طالب و جوشوای فراموشکار شناسایی می‌کند و این قصه نشان می‌دهد که چگونه جاودانگی از تولدی دوباره سرچشمه می‌گیرد. این نیز نکتهٔ شاخصی است که موسی و جوان متولد نمی‌شوند بلکه این خود ماهیِ فراموش گشته است که دوباره متولد می‌شود. جایی که ماهی ناپدید می‌شود، خضر به دنیا می‌آید.

یونگ در فهم نمادهای این قصه یادآور می‌شود که نماد ماهی گویای "نقش خوراکی" برای محتویات ناخودآگاه است که حیاتِ خودآگاهی را با بارش مداوم انرژی تامین می‌کنند، زیرا خودآگاهی بخودی خود فاقد انرژی است[۱]. چیزی که قادر به دگردیسی است همین ریشهٔ خودآگاهی است که با همهٔ کمرنگی و نامریی بودن (یعنی ناخودآگاه بودن‌اش) خودآگاهی را با همهٔ انرژی‌اش فراهم می‌آورد. از آنجا که ناخودآگاه حس بیگانه‌ای برای «منِ»-خودآگاه دارد، کاملا طبیعی است که در هیئت شخصی بیگانه جلوه کند.

اکنون با توجه آنچه رفت، سورهٔ کهف ظاهرا متوجه موضوع دیگری می‌شود:

"و از تو در باره ذوالقرنین می پرسند بگو به زودی چیزی از او برای شما خواهم خواند (۸۳)

ما در زمین به او امکاناتی دادیم و از هر چیزی وسیله ای بدو بخشیدیم (۸۴)

تا راهی را دنبال کرد (۸۵)

تا آنگاه که به غروبگاه خورشید رسید به نظرش آمد که [خورشید] در چشمه ای گل‌آلود و سیاه غروب می کند و نزديك آن طایفه ای را يافت فرموديم ای ذوالقرنين [اختيار با توست] يا عذاب می کنی يا در ميانشان [روش] نيكويی پيش می گيری (۸۶)

گفت اما هر که ستم ورزد عذابش خواهیم کرد سپس به سوی پروردگارش بازگردانیده می شود آنگاه او را عذابی سخت خواهد کرد (۸۷)

---

۱ این انرژی در ارتباط با همان چیزی است که یونگ از آن تحت عنوان لیبیدو گفتگو می‌ند.

و اما هر که ایمان آورد و کار شایسته کند پاداشی [هر چه] نیکوتر خواهد داشت و به فرمان خود او را به کاری آسان واخواهیم داشت (۸۸)

سپس راهی [دیگر] را دنبال کرد (۸۹)

تا آنگاه که به جایگاه برآمدن خورشید رسید [خورشید] را [چنین] یافت که بر قومی طلوع میکرد که برای ایشان در برابر آن پوششی قرار نداده بودیم (۹۰)

این چنین [می رفت] و قطعا به خبری که پیش او بود احاطه داشتیم (۹۱)

باز راهی را دنبال نمود (۹۲)

تا وقتی به میان دو سد رسید در برابر آن دو [سد] طایفه ای را یافت که نمی توانستند هیچ زبانی را بفهمند (۹۳)

گفتند ای ذوالقرنین یاجوج و ماجوج سخت در زمین فساد می کنند آیا [ممکن است] مالی در اختیار تو قرار دهیم تا میان ما و آنان سدی قرار دهی (۹۴)

گفت آنچه پروردگارم به من در آن تمکن داده [از کمك مالی شما] بهتر است مرا با نیرویی [انسانی] یاری کنید [تا] میان شما و آنها سدی استوار قرار دهم (۹۵)

برای من قطعات آهن بیاورید تا آنگاه که میان دو کوه برابر شد گفت بدمید تا وقتی که آن [قطعات] را آتش گردانید گفت مس گداخته برایم بیاورید تا روی آن بریزم (۹۶)

[در نتیجه اقوام وحشی] نتوانستند از آن [مانع] بالا روند و نتوانستند آن را سوراخ کنند (۹۷)

گفت این رحمتی از جانب پروردگار من است و[لی] چون وعده پروردگارم فرا رسد آن [سد] را درهم کوبد و وعده پروردگارم حق است (۹۸)"

در اینجا یونگ باز اشاره به این دارد که ظاهرا قرآن بیان موضوعی را شروع کرده که به مطلب قبل بی‌ربط است. این همان چیزیست که عمدهٔ مفسران و خوانندگان قرآن، آن را پریشانی قرآن می‌نامند. ولی یونگ در اینجا از نو تاکید می‌کند که موضوع ذوالقرنین نیز به موضوع پیشین بی‌ربط نیست. خضر و ذوالقرنین جفت همدیگر هستند. یونگ ارتباط روانشناختی آن‌ها را اینگونه توصیف می‌کند: موسی تجربهٔ تکان دهنده‌ای با «خود» داشته. ذوالقرنین در راه جاییست که خورشید در آن غروب می‌کند و پس از آن، جایی که خورشید برای طلوع برمی‌خیزد. این وصف تجدید حیات خورشید است که در سیاهی فرومی‌رود و بعد از نو قیام می‌کند. همهٔ این ماجرا اشارهٔ دوباره به حضور خضر دارد که در کنار انسان ایستاده تا برای رسیدن به رستاخیز، او را کمک کند قرآن حقیقتا در گفتارش میان الله که اول شخص جمع است و خضر تمایزی قایل نمی‌شود.

یونـگ در مقایسـهٔ خضر و ذوالقرنین به موضوع یاجوج ماجوج اشـاره می‌کنـد و دیوار و بارویی که وی برای قوم محصور میان دو کوه بنا می‌کند. یونگ یادآور آخرین کار خضر در حکایت پیشین می‌شود، زمانی که خضر دیواری را فرو ریخت، اکنون در مقام ذوالقرنین، دیواری برمی‌افرازد. این را نیـز بـه یاد داشـته باشـیم کـه در وصف قـوم یاجوج و ماجـوج، قرآن آنهـا را بمثابـه "طایفه‌ای که نمـی توانسـتند هیـچ زبانـی را بفهمند“ توصیـف می‌کند. پیش از این اشـاره کرده بودم کـه زبان از وجـه تمایزهـای همزاد و من‌زاد اسـت. جایی که مـن‌زاد برای انتقال معانی به زبـان روی می‌آورد، همـزاد بـه نمـاد و تصویر متوسـل می‌شـود. پـس تصویری که قـرآن از این قـوم ارایـه می‌دهد آن‌ها را بـه محتـوای ناخودآگاه نزدیک می‌کنـد. ذوالقرنین با پذیرفتن نقش خضر، به برسـاختن بارویی مسـتحکم بـرای حفاظـت از قومی که میـان این دو کوه بسـر می‌برند می‌پردازد. ایـن همان مکان واقع در وسـط اسـت که باید از هجوم تودهٔ بی‌شـکل یاجوج و ماجوج محافظت شود. قهرمان این قصه «خود» است که در فرآیند زایش دوباره‌اش توسط نیروهای جمعی تهدید می‌شود.

این نکته نیز شـایان ذکر اسـت: دوسـت عارفی در این بحث به من یادآور گشت که شاید بتوان ذوالقرنیـن را نمـاد انسـانی گرفت که توانسـته هـر دو نیرو و هر دو طرف مغز را بـه کار بندد. چون در برخی روایات هم ذوالقرنین را از اولیا می‌داند. و حتی مراد از "قرن" را "شکافته شدن سر از وسط" دانسـته‌اند و یـا "دارا بـودن دو نیـرو". برای مثال ذوالقرنین در تصاویر ایرانی دارای دو شـاخ اسـت که شـاخ نیرو تلقی شـده اسـت. و به قدرت این نیرو توانسـته دو سـوی عالم را فتح نماید. بعبارت دیگر در مبحث «خود» و «زایش دوباره»، قرآن در پایانِ کهف اشاره به مردی دارد که اولا دو وجهی بودن او از شـاخص‌هایش اسـت، ثانیا این دوگانگی به سـرِ او مربوط شـده که می‌تواند اشاره به دو نیمکره داشـته باشـد، ثالثا برجسته سـاختن دوگانگی در مورد او می‌تواند به این معنی گرفته شود که او نمونهٔ برتری از تبلور این دوگانگی است؛ شاید به این دلیل که هر دو سرِ او در هماهنگی کامل کار می‌کنند.

در پایان، یونگ تاکید دوباره دارد که سورهٔ کهف علیرغم ظاهرِ منفصل، تصویر تقریبا کاملی از دگردیسی روانی یا تولد دوباره ارایه می‌دهد.

تعبیری دیگر از کهف

پـس از آشـنایی بـا تعبیر تکان دهندهٔ یونگ از سـورهٔ کهف، دوسـت دارم به تعبیـر دیگری از خودم بر همیـن سـوره اشـارهٔ گذرایی داشته باشم. متوجه باشید که این دو تعبیر نافی همدیگر نیستند. یونگ از بینش روانشناسـی به سـورهٔ کهف پرداخت، من اکنون می‌خواهم از دیدگاه خاص خودم به کهف بپردازم.

۱۱۹ فصل دوم

در آیه ۱۸@کهف شرحی از وضعیت اصحاب کهف می‌رود که شاید گویای یک رویداد فیزیولوژیکی باشد. در این آیه می‌خوانیم:

"و آنان را بیدار می‌انگاشتی و حال آنکه خفته بودند، و ایشان را به راست و به چپ می‌گرداندیم و سگشان بازوانش را بر درگاه غار گشوده بود، چون به ایشان می‌نگریستی، پشت می‌کردی و می‌گریختی و از ایشان هراسان می‌شدی."

در این آیه چند نکته هست که توجه انسان را جلب می‌کند:

۱- از ظاهر یاران کهف، به نظر هر مشاهده‌گر خیالی، چنین می‌رسد که بیدارند. ظاهر خفتگان را ندارند. پس می‌توان نتیجه گرفت که دچار حرکتی هستند زیرا فقط حرکت چنین توهمی ایجاد می‌کند. ولی خواب هستند. پس این حرکت یک حرکت غیرارادی است زیرا نمی‌شود که انسان دچار حرکتی باشد و در عین حال بیدار نباشد.

۲- اینکه می‌گوید "آنان را به جانب راست و جانب چپ می‌گردانیم" نکتهٔ غریبی است. یعنی اعلام می‌کند که فاعل یا منشاء حرکتی که یاران غار دچارش هستند، بیرون از خود آن‌ها است. ولی از طرف دیگر اشاره به حضور فیزیکی کسی که آن‌ها را بچرخاند نشده و از حال و هوای آیه هم روشن است که این "چرخاندن" نمی‌تواند به تعبیر فیزیکی "جابجایی" گرفته شود.

۳- از سوی دیگر این آیه چیزی می‌گوید که باز به نوبهٔ خودش نکتهٔ قابل تاملی است: "اگر به ایشان می‌نگریستی، پشت می‌کردی و می‌گریختی". یعنی اصحاب کهف دچار حالتی بودند که هر تماشاگری را به هراس می‌اندازد.

خب، بگذارید ما این قطعات معما را کنار هم بگذاریم ببینیم از مجموعهٔ این تصاویر، معنایی حاصل می‌شود یا نه. یاران کهف بیدار نیستند در عین حال دچار حرکتی هستند که انسان از تماشایش به هراس می‌افتد. آیا چپ و راست شدن در این حرکت نقشی دارد؟ آیا ممکن است چپ و راست در این آیه ارتباطی با همزاد (راست) و من‌زاد (چپ) داشته باشد؟ این چه حرکتی است که آدم از تماشای آن می‌هراسد؟ آیا می‌تواند شبیه به رعشهٔ صرع باشد؟ به گمانم همینطور است. اگر ما چیزی شبیه به حملهٔ صرع را کانون تعبیر خود بگیریم در آنصورت هم برای "چپ و راست شدن" توضیحی خواهیم داشت، هم برای ترسِ ناشی از تماشا و هم برای "سفر در زمان" که کل قصهٔ کهف بر آن اشاره دارد. ضمن اینکه برای سرچشمه و علت حرکت نیز می‌توان توضیحی محتمل ارایه داد.

در اینجا باید به بحثی بازگردم که پیش از این به آن اشارهٔ گذرایی داشتم. در ساختار دوگانهٔ نظام عصبی، گفتیم که نیمه‌ای در اختیار همزاد و نیمهٔ دیگر تحت کنترل من‌زاد است. طبعا از آنجا

که این دو واحدِ هستی، در یک بدن حضور دارند، باید تدبیری در مشارکت این دو وجود داشته باشد. مثلا برخی نظریه‌پردازان نورولوژی، وجود کلیدی را مفروض داشته‌اند که فعال‌سازی دو نیمکرهٔ راست و چپ در پیروی از آن صورت می‌گیرد. این کلید را اصطلاحا "کلید میانْ کره‌ای"[1] می‌نامد و در اختصار از آن تحت عنوان IHS یاد می‌کنند. چنین کلیدی ناظمِ این است که اختیار از یک نیمکره به نیمکرهٔ دیگر پاس داده شود. پیداست که چنین کلیدی معرّف یک ساعت بیولوژیکی خواهد بود که زمانِ کنترلِ بدن را میان دو نیمکره تقسیم می‌کند. از سوی دیگر این نیز پیداست که همزاد و من‌زاد سهمی مساوی از زمان نبرده‌اند. شواهد گویای این هستند که سهم همزاد حدودا بیست بار بیشتر از سهم من‌زاد است. یا به عبارتی می‌توان گفت، پنجرهٔ توجه همزاد وسیع‌تر از پنجرهٔ توجه من‌زاد است. همهٔ فرآیندهای ناخودآگاهی از فرآیندهای مرتبط با خودآگاهی سریع‌تراند. یعنی اگر وجود چنین ساعتی را فرض بگیریم، در اینصورت باید این ساعت را –که از این پس آن را **سوزن** می‌نامیم – به طریق زیر تصویر کنیم:

سوزن باید دارای دو عقربه باشد، که یکی گاه شمارِ همزاد است و دیگری گاه شمار من‌زاد. این موضوع، سوزن را شبیه ساعت‌های معمولی می‌کند که دارای دو عقربهٔ دقیقه شمار و ساعت شمار هستند. عقربهٔ همزاد، همچون "دقیقه شمار"، سریع می‌دود و عقربهٔ من‌زاد مثل "ساعت شمار" آهسته می‌دود. برای تناسب میان آن دو عقربه نیز گفتیم که حرکت عقربهٔ من‌زاد حدودا بیست بار سریع‌تر از حرکت عقربهٔ من‌زاد است. من در نوشتهٔ مستقلی، شواهد و استدلال‌های خود را همراه با نظامی پیش‌نهاده‌ام که خطوط کلی چنین ساعت مفروضی را بتواند با دانسته‌های بیولوژی نزدیک و همخوان سازد. طبعا از آنجا که همزاد و من‌زاد در بدن واحدی دخل و تصرف می‌کنند، باید مکانیسمی میان دو گاه‌شمار وساطت کند. گاه‌شمار همزاد می‌تواند مستقل از گاه‌شمار من‌زاد باشد ولی گاه‌شمار من‌زاد مستقل از آن دیگری نخواهد بود. این موضوع باز هم مثل ساعتی معمولی است: دقیقه شمار می‌تواند مستقل از ساعت شمار باشد ولی ساعت شمار وابسته به دقیقه شمار است: فقط وقتی که دقیقه شمار یک دور کامل می‌زند، ساعت شمار یک تیک می‌کند. در مورد سوزن نیز، فقط وقتی که عقربهٔ همزاد دور کاملی بزنند، عقربهٔ من‌زاد یک تیک می‌کند.

مهم ترین وجه تمایز میان همزاد و من‌زاد، تجربهٔ متفاوت آنها از زمان است: ساعت یا عقربهٔ همزاد تقریبا بیست بار سریع‌تر از ساعت یا عقربهٔ من‌زاد تیک می‌کند. یعنی من‌زاد در یکسالگی همزادی بیست ساله دارد به این معنی که او زمان بیشتری را تجربه کرده است. اینکه همزاد سهم بالاتری از حیات دارد، بخودی خود شارح بسیاری از ویژگی‌های اوست. مثلا کودکان مدت‌ها

---

1 Interhemispheric switch (IHS)

پیش از آنکه زبان بگشایند، با موسیقی آشنا می‌شوند. به این نکته نیز اشاره داشتم که ما در برخی حالات با همزمانی همزاد و من‌زاد روبرو می‌شویم. مثلا همزمانیِ همزاد و من‌زاد، پیش فرضِ تجربهٔ رؤیاست، که طی آن من‌زاد و همزاد وارد گفتگویی مستقیم می‌شوند. مثال دیگر از همزمانی، حالت صرع است. طی یک حملهٔ صرع، موجی الکتریکی از یک نیمکره به نیمکرهٔ دیگر انتقال می یابد. از آنجا که در این حالتِ ناهنجار، ما هنوز با تعامل میان دو نیمکره روبرو هستیم که طی آن فرد چیزهایی را به کمند تجربه می‌کشد، نمی‌توان آن را یک حالت هرج و مرج تلقی کرد یا با حالت اغماء مشابه دانست.

از طرف دیگر، همهٔ مکانیسم‌های بدن، از سوخت و ساز گرفته تا فرآیندهای متعالی ذهن، تابع کارکرد همین سوزن هستند. از جمله موضوع "پیر شدن"[1] تابع همین ساعت است. یعنی با دستکاری در همین سوزن، می‌توان در فرآیند کهولت دست برد. بگمانم این دقیقا همان اتفاقی است که در کهف روی می‌دهد. چنانچه در فرآیند کهولت دقت کنید، می‌بینید که این فرآیند باید از تیک عقربهٔ همزاد پیروی دربست داشته باشد زیرا این عقربهٔ همزاد است که بیشترین سهم از فرآیندها را تبیین می‌کند. یک جابجایی در این مناسبت می‌تواند این فرآیند را کش دهد: کافیست که نقش این دو عقربه یا مناسبت میان آن دو را جابجا کنید. برای اینکه متوجه مقصودم شوید، ساعتی معمولی را مجسم کنید که در آن بطور معمول پس از اینکه عقربهٔ دقیقه شمار یک دور کامل می زند، عقربهٔ ساعت شمار یک تیک می‌کند. حالا فرض کنید شما شکم ساعت را گشوده‌اید و چرخ دنده‌ها را دستکاری کرده‌اید: درست وقتی که "دقیقه شمار" یک دور کامل می‌زند شما جلوی انتقال اثرش را بر چرخ دندهٔ "ساعت شمار" می‌گیرید بقسمیکه چرخ دندهٔ "دقیقه شمار" نقش "ساعت شمار" را به عهده می‌گیرد و چرخ دندهٔ "ساعت شمار" نقش "دقیقه شمار" را. اکنون همین دخالت را از نو ترتیب می‌دهید وقتی که چرخ دندهٔ ساعت شمار (که حالا نقش دقیقه شمار را گرفته) یک دور کامل می‌زند. به اینسان، ساعت شما علیرغم اینکه کار می‌کند، گذران بسیار کُندی از زمان را ثبت خواهد کرد.

چنین فرضیه‌ای با قصهٔ اصحاب کهف جور در می‌آید زیرا:

۱- دستکاری در سوزن، اصحاب غار را به حالتی می‌برد که هوشیاری و تعامل با جهان پیرامون را از کف می‌دهند.

۲- در عین حال، طی چنین دستکاری، اصحاب غار دچار حالتی شبیه به رعشهٔ صرع می‌شوند.

---

۱ در زبان انگلیسی واژهٔ aging را داریم که جایش در فارسی خالی است. شاید بهترین برگردان "سالخوردن" باشد که مصطلح نیست.

۳- مشاهدهٔ این حالت، همچون مشاهدهٔ حملهٔ صرع، هر تماشاگری را به هراس می‌اندازد.

۴- دستکاری در سوزن، با جابجایی چپ و راست مطابقت معنوی دارد به این معنی که عقربهٔ من‌زاد (چپ) و عقربهٔ همزاد (راست) نقش عوض می‌کنند. یعنی لزومی ندارد که این جابجایی چپ و راست را به معنی فیزیکیِ پهلو به پهلو کردن بگیریم. تعبیر فیزیکیِ حرکت، نه تنها کمکی به فهم ماجرا نمی‌کند بلکه حالا باید در غیاب فاعل چنین حرکتی، به مشکلات فهم این آیه بیافزائیم.

۵- دستکاری در سوزن، اصحاب غار را نمی‌کشد بلکه آن‌ها را در خواب فرو می‌برد. طی این فرآیند که ساعت آن‌ها کُند شده، همهٔ مکانیسم‌های فیزیولوژیکی، از جمله فرآیند کهولت کُند می‌شوند.

۶- شمار سال‌های سپری شده نیز با تناسب میان این دو عقربهٔ ساعت همخوانی تقریبی دارد. قرآن همواره در گفتگو از سن و سال، از دو عدد استفاده می‌کند که این خود تامل برانگیز است زیرا نظر به گذر متفاوت زمان بر همزاد و من‌زاد، باید دو سن متفاوت برای آن‌ها فرض گرفت. در مورد سن نوح از "هزار الا پنجاه" می‌گوید و در مورد اصحاب کهف نیز می‌گوید "و سیصد سال در غارشان درنگ کردند و نه سال افزودند". در مورد سن نوح، میان هزار و پنجاه تناسب یک به بیست بیشتر مشهود است تا در مورد سیصد و نه. لیکن، در مورد اصحاب کهف باید این را مد نظر داشت که ساعت ایشان دستکاری شده لاجرم دور از انتظار نیست که با تناسب یک به بیست همخوان نباشد.

فصل سوم

گامی بسوی علمی سازی

وقتی یونگ دربارهٔ «خود» گفتگو می‌کند، یاد منصور حلاج را در ذهن زنده می‌کند که بخاطر سخنی مشابه سر بر باد داد. وقتی گفته‌های یونگ را با عرفای پیشین مقایسه می‌کنیم متوجه می‌شویم که انسان گام بلندی برداشته. نه صرفا به این دلیل که امروزه یونگ را بخاطر نظرش به محاکمه نمی‌کشند، بلکه به این دلیل که کانتکست بحث، بالیده و پیشرفت قابل ملاحظه‌ای داشته. "اناالحق" گفتن حلاج، یک بیانیهٔ صرف بود خالی از ملاحظات و مشاهداتی که بتوان بر اساس‌اش بحث و تبادل نظر داشت. ولی ما امروز هایدگر را داریم که هستی انسان را در اصطلاح "دازاین" منحصربفرد ساخته با این وصف که این تنها نوع هستی است که در آن، خود هستیْ موضوع تامل و تفکر قرار می‌گیرد. هایدگر می‌گوید از این نظر، جهان با تمامیت‌اش درون دازاین قرار دارد. یونگ اکنون بر همین تعبیر می‌افزاید و می‌گوید "من فقط چیزی را واقعی و حقیقی می‌دانم که در وجود من کارگر باشد. آنچه در من اثری نداشته باشد، بود و نبودش یکسان است." آنچه هایدگرگفت صرفا بر اساس یک ملاحظهٔ فلسفی بود ولی باید متوجه باشیم که یونگ این اندیشه را به قلمرویی دیگر کشانده است: قلمروی روانشناسی. شما می‌توانید منکر جهان ماورای محسوسات یا جهان ماورای طبیعی شوید ولی نمی‌توانید منکر ضمیر ناخودآگاه شوید زیرا برای اینکار (و خیلی کارهای دیگر)، به همان ضمیر ناخودآگاه نیاز دارید. یونگ می‌نویسد:[1]

"آنچه غالبا اشخاص به آن توجه نمی‌کنند یا نمی‌توانند بفهمند، این است که من برای روحیهٔ انسان موجودیت حقیقی قائلم. عموما اشخاص فقط به محسوسات اعتقاد دارند و بنابراین، مثلا ناچار به این نتیجه می‌رسند که اورانیوم به خودی خود بمب اتمی را اختراع

---

۱ رجوع کنید به [J7]

کرده است یا دست‌کم، آلات و وسایل آزمایشگاه این کار را صورت داده‌اند. این همان اندازه مضحک است که تصور کنیم روحیه‌ای نامحسوس مسئول این اختراع است. واضح است که خدا حقیقتی روانی است، نه محسوس و مادی. حقیقتی است که از طریق روانی درک می‌شود نه از طریق حسی."

قائل گشتن به موجودیت حقیقی برای روحیهٔ انسان چه معنایی دارد؟ روی این موضوع باید دقت بویژه بخرج داد. باید متوجه باشیم که یونگ با تکیه بر مشاهداتش برای جهان ناخودآگاهی فاعلیت قائل است. او می‌نویسد:

"به خوبی می‌دانیم که آنچه از ضمیر ناخودآگاه برمی خیزد، به آسانی ممکن است پندار و فریب یا آرایی بی‌منطق باشند؛ اما مسلما این تصور دربارهٔ تظاهرات روان آدمی مصداق ندارد. این تجلیات روانی همیشه خارج از محیط عقل ما ظاهر می‌شوند و از حقایقی حکایت می‌کنند که مکان آن‌ها ورای ضمیر خودآگاه است. این حقایق یا موجودات، عبارت از صور مثالِ ضمیر ناخودآگاه جمعی هستند که آنچه صورت مجسم به خود می‌گیرد، از آن‌ها منبعث می‌شود و این تجسمات در قالب مضامین اساطیری جلوه‌گر می‌شوند. این تجسمات ساخته پرداختهٔ دست انسان نیستند؛ بلکه همین طور قائم‌به‌خود در ادراک درونی ما ظاهر می‌شوند؛ مثلا در خواب. این‌ها پدیده‌های خودرویی هستند که تابع ارادهٔ ما نبوده و بنابراین می‌توانیم نوعی خودمختاری به آن‌ها نسبت دهیم. اگرچه نباید آن‌ها را صرفا موضوع تلقی کرد، بلکه باید دانست این‌ها واجد صفت فاعلیت و دارای قوانین مخصوص به‌خودند. بدیهی است که از منظرِ ذهن خودآگاه می‌توان آن‌ها را موضوع دانست و تا حدی هم تشریح کرد؛ اما در این صورت، باید خودمختاری آن‌ها را به حساب نیاورد. اگر بخواهیم حق این خودمختاری را ادا کنیم، مجبوریم این تجسمات را فاعل یا عامل بدانیم. به عبارت دیگر باید تصدیق کنیم که این‌ها دارای اراده، ابتکار و نوعی خودآگاهی‌اند؛ درآن صورت، رفتارشان را مشاهده می‌کنیم و جلوه‌های آن را درنظر می‌گیریم."

در این راه باید هشیار باشیم که ما همواره با یک پیشداوری "درونی" روبرو هستیم که با جلوهٔ وجوه ناخودآگاهی سرستیز دارد. در کتاب "همزاد شوخ است" اصطلاح "همزادستیزی" را برای این پدیده وضع کردم. همزاد ستیزی دامنهٔ وسیعی دارد و اگر در تاریخ نگاه کنیم می‌بینیم که پدیده‌های مرتبط با همزاد همواره مورد سوء‌داوری قرار گرفته‌اند. مثلا در سطحی بسیار عمومی، همواره بر این نکته تاکید شده که "آدم نباید به عواطف اجازهٔ دخالت در داوری‌هایش قرار دهد". ما می‌دانیم که عواطف منسوب به همزاد هستند و در اکثر اوقات، به مراتب قابل اطمینان‌تر از

داوری‌هایی هستند که بر اساس عقل صورت می‌پذیرد[۱]. اگر کمی عمیق‌تر برویم، می‌بینیم در اکثر جوامع با پدیدهٔ "چپ دستی" رفتار خشن و ناپسندی با کودکان چپ‌دست صورت می‌گیرد. این رفتار ناپسند با هیچ عقل و منطقی سازگار نیست. از آنجا که دست چپ در کنترل نیمکرهٔ راست (همزاد) است، ستیز با پدیدهٔ چپ‌دستی فقط در زیر چتر "همزادستیزی" قابل فهم است. این نکته آنقدر جاافتاده که اصطلاحی تحت عنوان «شوونیسم نیمکرهٔ چپ» وضع گشته. "شوخی ستیزی" به معنی کم ارزش قلمداد کردن شوخی و خنده در اکثر جوامع در طول تاریخ نیز جلوهٔ دیگری از همین همزاد ستیزی است زیرا شوخی نیز اساسا یکی از کنش‌های همزاد در اثرگذاری بر من‌زاد است. عین این موضوع برای «موسیقی‌ستیزی» به تعبیر کم ارزش دانستن آن صادق است. در دوران معاصر می‌بینیم که رویکرد جوامع نسبت به دو موردشوخی و موسیقی بطرز بارزی دگردیسی یافته است. در سطوح عمیق‌تری همین همزاد ستیزی را در روان‌نژندی‌های گوناگونی می‌بینیم، مثلا در ناهنجاری‌هایی همچون میسوپلیژیا[۲]. ماس[۳] و تورنبول[۴] در شرح آسیب مغزی در نیمکرهٔ راست می‌نویسند که چنین آسیبی عموما به آنوسوگنوسی می‌انجامد، ولی برخی مواقع ممکن است به فلج شدن یک عضو و نفرت از آن عضو بینجامد که این حالت را میسوپلیژی می‌نامند. چنین بیمارانی معمولا به عضو فلج شخصیتی مجزا می‌دهند و با آن رفتاری دارند که با یک موجود زندهٔ نفرت‌انگیز داریم. آنوسوگنوسی (بی‌تفاوتی نسبت به عارضه در پی آسیب به نیمکرهٔ راست) و آناسودینافوری[۵] (نوعی دیگر از بی‌تفاوتی نسبت به بیماری) و آناسوماتوگنوسی[۶] (عدم آگاهی از یک عضوِ بدن) و سوماتوپارافرنی[۷] (فقدان حس تملک نسبت به عضوِ فلج)، شخصیت مستقل بخشیدن به یک عضو و میسوپلیژی، نمونه‌هایی از عوارضِ آسیب در نیمکرهٔ راست هستند. خفیف‌ترین حالات میسوپلیژی خشونت لفظی در برابر یک عضو است ولی معمولا رفتار از خشونت لفظی فراتر رفته و کتک زدن و آسیب رساندن به عضو را نیز در بر می‌گیرد. همزاد ستیزی را نمی‌توان برخورد آگاهانهٔ من‌زاد تلقی کرد ولی شاید بتوان این موضوع

۱ آنتونیو داماسیو در کتاب «خطای دکارت» اشاره به نکته‌ای دارد که شاید گویای دامنهٔ وسیع‌تری از «همزاد ستیزی» باشد. وی می‌گوید ما همه با این اندرز قدیمی بزرگ شده‌ایم که آدم باید عقل‌اش را به دور از تأثرهای عاطفی نگه دارد و تصمیم‌های‌اش را برمبنای عقل بگیرد نه احساس و عاطفه. در بیشتر فرهنگ‌ها عقل و عاطفه را به‌مثابه آب و روغن تلقی می‌کنند و کفهٔ عقل را وزین‌تر از عاطفه می‌پندارند.

2 . misoplegia

3 . Moss

4 . Turnbull

5 . anosodiaphoria

6 . asomatognosia

7 . somatoparaphrenia

را نمونه‌ای از وسوسهٔ شیطانی تلقی کرد. این موضوع بویژه زمانی توجه آدم را جلب می‌کند که بیاد آوریم تعالی انسان در گروی آگاهی به ناخودآگاه است.

با این اوصاف، بهتر است ما در گسترهٔ پژوهش خود، به پیشداوری‌های خودآگاهی (من‌زاد و نیمکرهٔ چپ) آگاه باشیم و اجازهٔ دخالت ندهیم. باید این اندیشهٔ یونگ را ارج نهیم و برای مولفه‌های ناخودآگاه، اعم از شخصی یا جمعی، فاعلیت قائل شویم. همهٔ این صور مثالی به همان اندازه‌ای واقعیت دارند که «من» دارد. یونگ (و روانشناسی من حیث المجموع) گام‌های نخستین را برداشته‌اند. ما امروز می‌دانیم که سوای جهانِ فیزیکی بیرونی، ما درون «جهانی دیگر» بسر می‌بریم که با قواعد و قوانین خاص خودش، ما را دستخوش نیروهایی می‌کند که دگردیسی ما و جهانِ بیرونی را در پی دارند. پس شناخت آن جهانی که من آن را «جهانی دیگر» نامیدم عمدهٔ هدفی است که تاریخ بلافصل پژوهش‌های بشر را متوجه خویش خواهد کرد. با بخشی از این جهان به همت روانشناسی آشنا گشته‌ایم ولی هنوز چارچوب اصلی آن مفهوم نگشته. مقصودم از چارچوب اصلی چیست؟ ما در جهانِ بیرونی می‌دانیم با چگونه فضایی روبرو هستیم. بیشترین ویژگی‌های آن فضا را از طریق فیزیک آموخته‌ایم. ولی در مورد فضای «جهانِ دیگر» ما هنوز هیچ چیز نمی‌دانیم. هدف من در فصل بعدی تعریف و تبیین فضای جهان دیگرست. جهانی که یونگ آن را اونوس موندوس می‌نامد. برای این فضا اصطلاح "فضای ذهن" را برگزیدم. روشن است که "فضای ذهن" توصیف بستر و بافتِ اونوس موندوس، جهانی است که سرچشمهٔ هر دو جهان خاکی و ذهنی است.

مفهوم شناسی

با بنای "وجود شناسی"[۱] که ما پی ریخته‌ایم، اکنون قادر هستیم که بحث نوینی را در دفتر علم بگشائیم. من عنوان آن را "مفهوم شناسی" می‌گذارم. بگذارید مختصری رئوس "وجود شناسی" را مرور کنیم:

ما در همه حال، با چهار مفهوم خاص وجود روبرو هستیم. در عالم بیرونی ما با سازه‌ای چهار بُعدی روبرو هستیم که خود را در چهار بُعد نشان می‌دهد. این ابعاد را فضا-زمان می‌نامند و ما در اینجا چنین بحث کردیم که در توافق با فیزیک ذره‌ای، باید این ابعاد را همسو با چهار نیروی بنیادی ترجمه کرد. و گفتیم که هر بُعدی درواقع گویای مفهومی وجودی است. لاجرم این چهار بُعد را بر اساس تعاریف ما باید چنین تعبیر کرد:

---

۱ "وجود شناسی" رجوع به مفاهیم متعدد "وجود" دارد.

مفهوم وجودی	بُعد	نیروی بنیادی
وجود گرانشی	طول	نیروی گرانشی
وجود قوی (مرتبط با نیروی قوی)	عرض	نیروی قوی
وجود ضعیف (مرتبط با نیروی ضعیف)	ارتفاع	نیروی ضعیف
وجود نوری (مرتبط با نیروی الکترومغناطیسی)	زمان	نیروی الکترومغناطیس

جدول ۴ جدول ابعاد و مفاهیم چهارگانهٔ وجودی

در این نوشته ما دربارهٔ این عدد بسیار گفتگو کردیم و یونگ به نوبهٔ خود بیشتر از ما دربارهٔ اهمیت عدد ۴ گفتگو کرده است. کسی چه می‌داند، شاید تقدس فیثاغورثی عدد ۴ در ارتباط با همین چهارگانگی جهان (ذهنی و فیزیکی) باشد.

دکتر یونگ می‌نویسد:[۱]

"وقتی عدد چهار رمزی پیتاگوراس و فلاسفه‌ی یونانی را در رؤیا می‌بینیم طبیعتاً این پرسش پیش می‌آید که این چهار چه چیزی است؟ امروزه تنها می‌توان به راحتی گفت که چهار به چهار خویشکاری مرتبط است اما هزار سال آینده دریافتهای بیشتری وجود خواهد داشت. ممکن است مفهوم آن چیزی باشد که امروزه ما قادر به درک آن نباشیم. چهار در اصل نشانگر چهار پسر هورس (۲۷) بود. بعدها نماد چهار راوی انجیل شد و در قرن بیستم نماد چهار خویشکاری. "

خب، اگر چهارگانگی ویژگی بنیادین جهان ما است، طبیعی است که ذهن انسان نیز همین ویژگی بنیادین را داشته باشد، یعنی چهار بُعدی باشد. هر چه هست ما درون ۴ اسم از اسمای الهی بمثابه یک سازهٔ ۴ بُعدی، یک چهارگاه بسر می‌بریم، وقتی مفاهیم دیگر را درون این سازه تحقق می‌بخشیم، طبعا آن مفاهیم، اقلامی چهار بُعدی خواهند بود. نتیجهٔ مستقیم سودایی که در این مرحله در سر می‌پزم از این قرار است:

کلمات و مفاهیم بُعدیت دارند. مثلا کلمه[۲] and یک بُعدی است، کلمه on دو بُعدی است و ..... یعنی فضای ذهن ما یک فضای چهار بُعدی است و هر مفهومی نسبت به این ابعاد مختصاتی دارد. این دیدگاه دریچهٔ نوینی است که می‌کوشم به روی ذهن بشر بگشایم. بگمانم پیشگویی یونگ درست بود ولی به هزار سال نکشید که این توفیق دست داد.

---

۱ رجوع کنید به [J2]

۲ در اینجا مطالعه‌ام به دو دلیل بر انگلیسی استوار خواهد بود: اولا آوردن یک زبان دوم، بحث را ساده می‌کند ثانیا در دهه‌های گذشته مقدار زیادی محتوای انگیسی (corpora) در دسترس پژوهش گذاشته شده که من این بخش از مطالعاتم را بر آن اساس قرار داده‌ام. چنین ماخذ و منابعی برای فارسی نداریم.

باید متوجه باشیم که این فضای ذهنی که از آن گفتگو می‌کنیم چه پیش سابقه‌ای دارد. فون فرانتس می‌نویسد:[۱]

"همانگونه که یونگ پیش از این خاطر نشان ساخته شباهت غیرمنتظره‌ی میان مفاهیم روانشناسی و فیزیک، یگانگی نهایی ممکن که در قلمروی واقعیت پژوهش‌های هر دو علم وجود دارد را می طلبد. یعنی یگانگی پسیکو-فیزیک که تمامی پدیده‌های زندگی. یونگ حتی مجاب شده بود که آنچه ناخودآگاه نامیده، با ساختار ماده‌ی غیر آلی بی ارتباط نیست —و شاید همین مسئله بیانگر چگونگی بیماری های "روان تنی" هم باشد. یونگ این مفهوم یگانگی واقعیت (که هم پائولی و هم اریک نیومن آن را پذیرفتند) را اونوس موندوس[۲] (دنیای "یگانه"یی که در آن ماده و روان هنوز نه از یکدیگر متمایز شده بودند و نه هر کدام جداگانه شکل گرفته بودند) نامید."

جهانِ یکتایی که یونگ آن را اونوس موندوس نامیده، جهانی است که ما در سراسر این نوشته مفروض داشته‌ایم: متوجه باشید که یگانگی دو جهان ذهنی و مادی، مستتر در همان تصویر موبیوسی است که ما از هستی داریم؛ یعنی همان چیزی که هایدگر آن را دازاین نامیده است. اونوس موندوس همان چیزیست که من در نوشته‌ای دیگر[۳]، آن را تحت عنوان "اسم انس" لحاظ داشتم.

نظر به همین یگانگی است که می‌گوئیم کشف قانونمندی این جهان نباید چندان دوراز دسِت باشد. قوانین چنین جهانی باید هم قابل اطلاق به عالم فیزیکی بیرونی باشند و هم به عالم ذهنی درونی. اگر چهارگانگی یک اصل بی برو برگرد از عالم فیزیکی بیرونی است، پس چهارگانگی باید عین همین نقش را در عالم ذهنی داشته باشد. اگر چهارگانگی عالم بیرونی، منتج از سه مفهوم وجودی "وجود گرانشی"، "وجود قوی"، "وجود ضعیف" و "وجود نوری" است، پس عین این موضوع دربارهٔ جهان ذهنی ما نیز باید صادق باشد. اینها ویژگی‌های بنیادین اونوس موندوس هستند، و لاجرم باید به جمله عوالم قابل اطلاق باشند.

با این اوصاف، ما درصدد این هستیم که در مفاهیم (واژه‌ها) نظر کنیم ببینیم:

- اولا مبنایی داریم که بر اساس آن، بتوانیم به واژه‌ها و مفاهیم بُعدیت ببخشیم؟
- ثانیا، بر فرض چنین مبنایی، آیا اصلا تصوری از کم و کیف "بُعد" در فضای ذهنی اِنس می‌توان داشت؟

---

۱ رجوع کنید به [J3]

۲ Unus mundus عبارت از جهانی که همه چیز از آن سرچشمه گشته و به آن نیز باز می‌گردد.

۳ نوشته‌ای تحت عنوان "هایدگر در جستجوی قرآن"

مبنای رویکرد جدید به مفاهیم

البته اینجا کلمهٔ "بخشش" گزینهٔ مناسبی نیست، بلکه باید از "کشف یا شناسایی بُعدیت در مفاهیم" گفتگو کرد. ناگفته پیداست که پاسخ من به هردو پرسش بالا مثبت است. ما هیچوقت در مفاهیم از زاویه‌ای نظر نکرده‌ایم که باید می‌کردیم. کافیست به این مثال ساده بپردازید: دربارهٔ واژهٔ انگلیسی "on" چه می‌توان گفت؟ اگر به لغتنامه رجوع کنید در وصف واژهٔ "on" چنین می‌خوانید:

preposition
1.physically in contact with and supported by (a surface).
"on the table was a water jug"
2.forming a distinctive or marked part of the surface of.
"a scratch on her arm"
adverb
1.physically in contact with and supported by a surface.
"make sure the lid is on"
2.indicating continuation of a movement or action.

اگر دقت کنید متوجه می‌شوید که موضوع "قرار داشتن بر روی یک سطح" از ویژگی‌های معنی واژهٔ "on" است، لاجرم می‌پرسید آیا این موضوع به ما نمی‌گوید که واژهٔ "on" در معنای خودش دو عدد بُعد را مفروض انگاشته است؟ یا بهتر است بگوئیم، معنای این واژه حداقل دو بُعد می‌طلبد. در جهانی تک بُعدی واژهٔ "on" معنی نخواهد داشت.

اکنون که مقصود مرا از بُعدیت در مفاهیم (واژه‌ها) دریافتید، می‌توانید تصور کنید که با هر مفهومی می‌توان چنین برخوردی داشت.

کم و کیفِ "بُعد" در فضای ذهنی

همانگونه که پیش از این گفتم، فضای ذهنی، پیروی مطلق از اونوس موندوس ما خواهد داشت: هم چهار بُعدی خواهد بود و هم اینکه ابعادش از چهار اسم الهی که همتای چهار مفهوم وجودی هستند پیروی خواهند داشت. یعنی فضای ذهن دارای ۴ بُعد مرتبط با کیفیات زیر است:

۱- وجود گرانشی
۲- وجود قوی
۳- وجود ضعیف
۴- وجود نوری

این کیفیات، کم و بیش راهنمای ما در شناسایی کم و کیفِ بُعدیت خواهند بود.

اکنون اگر در گسترهٔ مفاهیم با این دید، مجدد بنگریم، متوجه چند نکته خواهیم شد:

۱- برخی از مفاهیم فقط یک بُعدی هستند، برخی حداقل دو بُعد، برخی سه بُعد و برخی ۴ بُعد لازم دارند.

۲- مستقل از اینکه ما چه تعداد مفهوم در هر بُعد داشته باشیم، بسآمد رویداد آن‌ها باید از این قائدهٔ کلی پیروی کند:

- مفاهیم یک بُعدی، طبعا باید با بسآمد بیشتری روی دهند تا مفاهیم دو بُعدی و به همین سان مفاهیم دو بُعدی باید با بسآمد بیشتری روی دهند تا مفاهیم سه بُعدی و باز به همین ترتیب مفاهیم سه بُعدی باید با بسآمد بیشتری روی دهند تا مفاهیم چهار بُعدی.

این اصول را چگونه باید تعبیر کرد؟ خیلی ساده، به شرح زیر:

وقتی ما سازهٔ چند بُعدی را با نظام مختصات دکارتی مقایسه می‌کنیم باید متوجه یک تفاوت عمده باشیم. یک نظام مختصات دو بُعدی را مجسم کنید مثل شکل زیر.

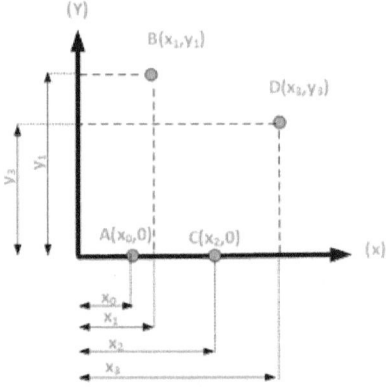

شکل ۲۴ **نظام مختصات چند بُعدی**

در این نظام، برای مثال ما چهار نقطهٔ A، B، C و D را به نمایش گذاشتیم. نقاط A و C نقطه‌های یک بُعدی هستند یعنی روی محور X نشسته‌اند و مختصات آن‌ها نسبت به محور Y برابر صفر است. اگر این نظام دکارتی باشد ما شبیه چنین نقاطی را روی محور Y هم خواهیم داشت یعنی

نقطه‌هایی که روی محور Y نشسته‌اند و مختصات آن‌ها نسبت به محور X برابر صفر است. وقتی در نظام دکارتی از نقاط یک بُعدی گفتگو می‌کنیم مقصودمان نقاط روی هر یک از محورها است.

ولی ما چنین حالتی در نظام مختصات وجودی نداریم زیرا همانطور که از پیش گفتیم در طیف مفاهیم وجودی ما با یک سلسله مراتب روبرو هستیم به این معنی که دومین مفهوم وجودی دربرگیرندهٔ اولی است، یا بهتر است بگوئیم آن را مفروض می‌انگارد و قائم بر آن است. هر مفهوم دو بُعدی، بطور چاره ناپذیری دربرگیرندهٔ نخستین بُعد است. به عبارت دیگر در مختصات وجودی، نقاط تک بُعدی محدود به همان نخستین بُعد می‌شوند. درواقع شکل بالا را برای نظام مختصات وجودی باید چنین بکشیم:

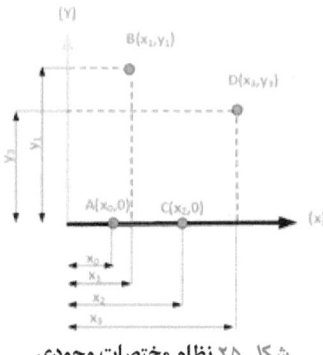

شکل ۲۵ **نظام مختصات وجودی**

همانگونه که در این شکل پیداست، در نظام مختصات وجودی، خودِ بُعد دوم محو گشته یعنی ما نقطه‌ای (روی بُعد دوم) سراغ نداریم که مختصاتش نسبت به نخستین بُعد صفر باشد.

نتیجهٔ چنین خاصیتی این است که در این نظام، مختصات X در همهٔ نقطه‌هایی که حادث می‌شوند و این ظرف چند بُعدی را پُر می‌کنند بالاترین بسآمد را دارد. زیرا X بطور مداوم در ابعاد بالاتر از خودش (در اینجا Y) تکرار می‌شود.

نظر به اینکه نخستین بُعد از ابعاد چهارگانهٔ ما بُعد گرانشی است، و نظر به اینکه بسآمد چنین بُعدی باید بالاتر از باقی ابعاد باشد، ما در فضای مفاهیم بشر نگاهی تازه می‌اندازیم تا شاید چیزی را که در جستجویش هستیم پیدا کنیم.

یکی از نتایج بسیار مثبت رایانه در عصر حاضر این است که فضای مفاهیم را برای بشر دسترس‌پذیرتر ساخته است. از این فضا تحت عنوان "فضای مجازی" هم گفتگو می‌رود. روزانه میلیون‌ها صفحهٔ جدید به اوراق اینترنت افزوده می‌شود، میلیاردها ایمیل و پیامک ساخته، فرستاده و ضبط می‌شوند. یعنی ما هر روز تصویر روشن‌تری از فضای ذهنی انسان پیدا می‌کنیم و نیز ابزارهای تازه، این امکان را برای ما فراهم می‌آورند که ما به تحلیل این فضا بپردازیم. سازمان‌ها و نهادهای گوناگونی به جمع‌آوری انبار کلمات برآمده‌اند (از جمله گوگل). این انبار را اصطلاحا کورپوس[1] می‌نامند (جمع آن کورپورا[2] است). یک فرآوردهٔ مستقیم کورپورا این است که می‌توان

---

1 corpus

2 corpora

براساس‌اش جدول بسآمد واژه‌ها را ارایه داد. در رابطه با کورپورا، باید متوجه باشیم که بسته به اینکه انسان تا چه اندازه دقت نظر احتیاج داشته باشد گزینه‌های متعددی وجود دارد. مثلا نهاد "کورپوس ملی بریتانیا" کورپوسی ارایه داده متشکل از ۸۶۸۰۰ تعداد کلمه‌ای که بیشترین استفاده (بسآمد) را دارد. این تعداد برای مثالِ مورد نظر ما در این بحث خوب است ولی چنانچه قصد ما از یک مثال فراتر رود باید به کورپوراهایی مانند کورپورای گوگل روی آورد که میلیاردها کلمه را در بر می‌گیرد. مثالی که من در این نوشته می‌زنم براساس "کورپوس ملی بریتانیا" است و می‌توان از نشانی wordcount.org به آن دسترسی داشت.

جدول زیر را از همان نشانی بالا برساخته‌ام که صد واژهٔ نخستین را با بالاترین بسآمد نشان می‌دهد.

rank	word	rank	word	rank	word	rank	word
1	the	31	which	61	into	91	where
2	of	32	or	62	its	92	back
3	and	33	we	63	then	93	how
4	to	34	an	64	two	94	get
5	a	35	there	65	out	95	most
6	in	36	her	66	time	96	way
7	that	37	were	67	like	97	down
8	it	38	one	68	only	98	our
9	is	39	do	69	my	99	made
10	was	40	been	70	did	100	got
11	i	41	all	71	other	101	much
12	for	42	their	72	me	102	think
13	on	43	has	73	your	103	work
14	you	44	would	74	now	104	between
15	he	45	will	75	over	105	go
16	be	46	what	76	just	106	years
17	with	47	if	77	may	107	er
18	as	48	can	78	these	108	many
19	by	49	when	79	new	109	being
20	at	50	so	80	also		
21	have	51	no	81	people		
22	are	52	said	82	any		
23	this	53	who	83	know		
24	not	54	more	84	very		
25	but	55	about	85	see		
26	had	56	up	86	first		
27	his	57	them	87	wee		
28	they	58	some	88	after		
29	from	59	could	89	should		
30	she	60	him	90	than		

شکل ۲۶ **جدول متشکل از حدوداً صد واژهٔ نخست با بسآمد بالا**

در شکل بالا از هر دو ستون، نخستین آنها گویای رتبه و دومین ستون گویای خود واژه است. همانگونه که پیداست واژهٔ انگلیسی "the" بالاترین بسآمد را دارد. پس از آن حرف اضافهٔ "of" است که رتبهٔ دوم را دارد و پس از آن واژهٔ "and" است که رتبهٔ سوم را دارد و ...

قائدهٔ پخش

در جدولی که در ضمیمه آورده‌ام کوشیده‌ام بُعدیت مفاهیم را بر اساس رنگ (طیف خاکستری) نشان دهم. در این طیف هر چقدر یک مفهوم کم رنگ تر باشد یعنی به بُعد پائین‌تری منسوب است. پس خاکستری خیلی کم رنگ یعنی نخستین بُعد، یک درجه پُر رنگ تر یعنی بُعد دوم، باز پُر رنگ تر یعنی بُعد سوم و ....

مفاهیم یک بُعدی که از مفهوم ۱ تا ۱۰ را دربر می‌گیرد کم رنگ ترین طیف خاکستری هستند. مفاهیم دو بُعدی را پُر رنگ تر نمودار کرده‌ام که عمدتا از ردیف ۱۱ شروع شده و تا ردیف ۳۳ می‌رود. مفاهیم سه بُعدی باز پُر رنگ تر هستند که عمدتا از رتبهٔ ۳۵ شروع می‌شوند. مفاهیم چهار بُعدی پُر رنگ ترین هستند که از ردیف ۶۶ شروع می‌شوند (با استثناء ۴۸).

اگر در جدول نگاه کنید می‌بینید ما در پخش با امور استثنائی نیز روبرو هستیم، به این معنی که پخش‌ها همیشه بقسمی نیستند که گویای مرز روشن ابعاد باشند. چنین مرز روشنی وجود ندارد. مثلا مفهوم سه بُعدی his در ردیف ۲۷ یعنی در میان مفاهیم دو بُعدی ظاهر شده است چون بسامد بالایی داشته؛ یا فرضاً، مفهوم چهار بُعدی when در ردیف ۵۰ در میان مفاهیم سه بُعدی ظاهر گشته است.

این استثناءها به این معنی هستند که پخش بسآمد مفاهیم، مرزهای صلب و ثابتی معرفی نمی‌کند بلکه آن را باید صرفا به معنی اشاره‌ای گرفت که بطور تقریبی تعبیر بُعدیت مفاهیم را تایید می‌کند. لاجرم پیدایش مفهومی مثل me، که مفهومی سه بُعدی است در میان مفاهیم چهار بُعدی نباید ما را دچار تردید در تعبیر بُعدیت بکند.

اکنون در زیر به استدلال پیرامون پخش بسآمد این مفاهیم می‌پردازم.

نقش The

کلمهٔ The نقش ویژه‌ای دارد. بنابر لغتنامه این واژه، به معنی حرف تعریف معین است که معمولا پیش از یک اسم می‌آید و وظیفه‌اش تعین بخشیدن به آن اسم است؛ برخلاف حروف تعریف نامتعین همچون a و an که هدفشان عمومیت بخشیدن، یا عام ساختن است. از آنجایی که "اسم" دلالت بر یک موجود می‌کند، حرف تعریف The مثل اشاره‌ای بر موجود است، یا بهتر است بگوئیم چوب جادویی است که به یک مفهوم (عام) موجودیت و تعین می‌بخشد.

وقتی از این منظر به واژهٔ The نگاه می‌کنید، آنوقت می‌فهمید که چرا باید این واژه بسآمد بالایی داشته باشد. اولا از آنجا که The نقش "چوب جادوی وجود" را دارد، باید در نخستین بُعد حضور داشته باشد. این واژه، این مفهوم، یک واژه یا مفهوم معمولی نیست بلکه ابزاریست که توسط آن قرار است همهٔ بستر فضای ذهن، نقطه به نقطه، تعین بیابد. به عبارت دیگر، The یک واژهٔ یک بُعدی است به این معنی که حتی در یک فضای یک بُعدی هم می‌تواند حضور به هم برساند (حضورش حتی در یک بُعد هم، اجباری است).

برای ما فارسی زبان‌ها که حرف تعریف نداریم، تصورش سخت است. اگر شما the را از یک انگلیسی زبان بگیرید، مثل این است که دست و پای او را بسته‌اید یا بهتر بگوییم، مثل این است که دهانش را بسته‌اید. عین این نقش را "ال" در عربی بازی می‌کند. همین بسآمد بالا را برای "الف لام" در قرآن مشاهده می‌کنید (حتی در حروف مقطعهٔ قرآن نیز شما همین بسآمد بالا را برای "الف لام"[1] مشاهده می‌کنید).

» نقش TH

شاید بارِ وجودی واژهٔ the، چوب جادوی وجود در زبان انگلیسی، موجب این شده باشد که اصلا th نقش و بار خاصی بعهده بگیرد. این نقش خاص را در چند حالت می‌توان دید:

۱- حروف اشاره نیز از th بی‌بهره نیستند: this, that, those

۲- بسآمد th در اسامی اساطیری بالاست مثل فهرست مختصر زیر، گذشته از اینکه اصلا خود کلمهٔ اسطوره myth نیز از th بی نصیب نمانده.

Hickathrift, Tom: A mythical giant-killer, The yeth hound: also called the yell hound, is a black dog found in Devon folklore, The Tuath (a) Dé Danann: also known by the earlier name Tuath Dé = goddess, Scáthach: She is a legendary Scottish warrior woman

۳- از این نقش th در ژانر فیلمهای تخیلی نیز استفاده می‌شود. مثلا پرسوناژ فیلم جنگ ستاره‌گان، Darth Vader نام دارد یا فرضاً شهر افسانه‌ای فیلم‌های بَتمَن Gotham نام دارد.

۴- علاوه بر این، استفاده از th برای برساختن صفت (از یک اسم) همچون length یا width تاکید مجددی بر نقش خاص th در زبان انگلیسی است.

۵- برخی واژه‌ها که برای برساختن کوچکترین واحد اجتماعی، یعنی خانواده نقش داشته‌اند نیز از همین ویژگی استفاده می‌کنند. مثل Father, Mother, Brother

---

۱ الم، الر، المر، المص، چهار کلمه از ۱۴ کلمهٔ مقطعهٔ قرآن متشکل از الف و لام هستند.

۶-واژه‌هایی که در رابطهٔ مستقیم با معنای هستی و نیستی هستند نیز از th بهره می‌برند: death, birth

۷- برخی معانی که مشخصا درگیری فضایی دارند مثل "از میان" (یا در فضای ذهن "بواسطهٔ") through، یا کلمهٔ "گرچه" although که مشابه همان درگیری فضایی را نمایش می‌دهد، از th استفاده می‌کنند.

۸- کلمهٔ with که در بخش بعدی به آن می‌پردازیم نیز احتمالا به همین دلیل از th بهره جسته.

نقش And

واژهٔ بعدی که خودش را با بسآمد بالا در جدول نشان می‌دهد کلمهٔ And است. حالا با حسی که در بالا به دست آوردیم، از خود می‌پرسیم: واژهٔ And برای تحقق‌اش به چند بُعد احتیاج دارد؟ روشن است که این واژه حتی در یک فضای ۱-بُعدی هم باید بتواند حضور داشته باشد چرا؟ زیرا برای ترکیب مفاهیم، حتی در یک فضای تک بُعدی، ما نیازمند به And هستیم. از طرف دیگر ما در خود And هم هیچ دلیل یا ضرورتی برای تعدد ابعاد نمی‌بینیم. حتی در یک دنیای خطی هم باید بتوان دو نقطه را با همدیگر And کرد. یا به عبارت دیگر، اصلا خود خط، چیزیست که از And کردن دو نقطه با همدیگر حادث می‌شود. پس یک خط، آکنده از And است. یعنی یک جهان یک بُعدی هم از And بی‌نیاز نیست.

اگر the در حکم چوب سحرآمیزِ وجود است، مفهوم And در حکم چسب گرانشی است که مفاهیم را برهم می‌دوزد تا مفاهیم نوین برسازد. وجود در این فضای ذهنی، خصلت زایشی خودش را مدیون And است.

اگر از موقعیت یک خالق به فضا بنگریم می‌بینیم که ما برای برساختن یک فضا نیازمند به دو چیز هستیم:

۱- ابزاری که توسط آن بتوان هر نقطه‌ای را بمثابه مقوله‌ای متعین تحقق داد. این کار را به کمک چوبدست سحرآمیز the انجام می‌دهیم.

۲-ابزاری که توسط آن بتوان فرش این فضا را بردوخت. این کار را ما به کمک And انجام می‌دهیم. این مفهوم برای ما حکم چسب گرانشی را دارد. And در بستر فضای ما همان مادهٔ جادویی است که نقاط را به هم پیوند می‌دهد. مگر فضا، که مفهوم عمومیت یافتهٔ خط است، چیزی غیر از ترکیب And شدهٔ نقاط گوناگون آن است؟

با احتساب این نکته‌ها می‌گوئیم که برای بسآمد بالای And می‌توان تفاهم داشت. And برای ما حکم گرانش را دارد، مفاهیم را به هم می‌دوزد. درواقع از این زاویه می‌توان فهمید چرا

گرانش (از نظر فیزیکی) باید نخستین بُعد از ابعاد وجود باشد: هر چیزی، هر رویداد یا هر موجودی، بستری برای تحقق می‌خواهد. مفاهیم وجودی پسین، روی همین مفهومِ نخستین وجودی سوار می‌شوند. گرانش به همان علتی نخستین بُعد است که "عدد طبیعی" نخستین نوع عدد است.

پس ما به کمک the و And صاحب نخستین بُعد از فضای ذهن می‌شویم. این بُعد از فضای ذهنی، مثل بُعد گرانشی است.

اگر به جدول کورپورا (رجوع کنید به کورپورا در ضمیمه) نگاه کنید، متوجه می‌شوید که من در بارهٔ برخی مفاهیم همچون of چیزی نگفته‌ام و بلکه از روی آن جهیده‌ام. البته قرار نیست هر مفهومی در این جدول را به بحث بگیرم. سکوت من یا به دلیل سادگی موضوع است یا به دلیل پیچیدگی موضوع (یعنی چیز دندانگیری برای گفتن ندارم). در مورد of بگمانم موضوع ساده باشد: این یک مفهوم تک بُعدی است. این اضافهٔ تملّکی می‌تواند حتی در یک بُعد معنی داشته باشد گرچه دو عملوند دارد (چیزی متعلق به چیزی دیگر) ولی همچون مثال And ضرورت آگاهی همزمان به دو نقطه را پیش نمی‌کشد (خروجی of یک مفهوم است و نه دو مفهوم). درواقع of کارکردی مشابه ولی خفیف تر از And دارد.

به همین سان مفاهیم to و a و in را می‌توان یک بُعدی تلقی کرد. اشارهٔ دور that نیز مثل to در یک بُعد معنا دارد. متوجه باشید که ما در یک جهان تک بُعدی نمی‌توانیم دو اشارهٔ مختلف (دور و نزدیک) داشته باشیم. در چنان فضایی که اصلا تعدد گزینه در کار نیست، درواقع ما یا اشاره به چیزی داریم یا اصلا نداریم. در این تک بُعد، فاصله معنی ندارد. دور و نزدیک نداریم. مهم نیست یک نقطه در چه فاصله‌ای از ما قرار گرفته باشد، هرچقدر هم که دور باشد افق دید ما را پُر می‌کند. پس در جهان یک بُعدی "اشارهٔ دور" و "اشارهٔ نزدیک" نداریم، بلکه فقط اشاره داریم.

در مورد ضمیر it فکر می‌کنم که هر نقطه از این فضای ذهنی را می‌توان it نامید. در اینجا مهم است بیاد داشته باشیم که it ضمیر سوم شخص (بیجان) است. این مفهوم تک بُعدی در مورد سوم شخص جاندار نیازمند به دو بُعد خواهد بود که در پایین به آن خواهم پرداخت. به همین دلیل حتی در یک خط نیز مفهوم it معنی خودش را حفظ می‌کند.

مفهوم is در این تک بُعدِ وجود سلطنت می‌کند. مفهوم was صرفا گذشتهٔ is است، یعنی به سوی دیگر محور مختصات اشاره دارد.

نقش I، منیت

در مورد واژهٔ i باید با قاطعیت گفت که این مفهوم دو بُعدی است و محال است که معنی آن در یک بُعد تحقق بیابد. خصلت موبیوسی حیات، در کمتر از دو بُعد نطفه نمی‌بندد. این دوگانگی هم در زمینهٔ فیزیولوژیکی پیداست و هم در زمینهٔ روانی. خودآگاهی نیازمند به دو بُعد است تا با تکیه بر یک بُعد بتواند بازتاب (مختصات) خودش را در بُعد دیگر ببیند. شعوری که در یک جهان تک بُعدی بسر می‌برد مُحال است که به خودآگاهی دست بیابد.

قرآن نیز روی این نکته از زاویهٔ دیگری تایید دارد: خداوند طی فرآیند وحی از "فاصلهٔ" خود با پیامبر می‌کاهد. این کاهش فاصله به مفهومی که ما از "فاصله" می‌شناسیم اتکاء ندارد بلکه در اینجا مفهومی از فاصله مورد نظر است که نخستین بار توسط عین‌القضات مطرح شد. ما در ظرف وجود بسر می‌بریم ولی خداوند بیرون از این ظرف است. فاصلهٔ همه محتویات این ظرف با خداوند عبارت از خود ظرف است، یعنی ابعادی که این محتویات در آن‌ها تحقق یافته‌اند. لاجرم "کاهش فاصله" در اینجا به این معنی است که از تعداد ابعاد کاسته شود. فاصلهٔ ما با خداوند، خودِ چهارگاهِ وجود است.

در سورهٔ نجم به فرآیند وحی اشارهٔ نسبتا دقیقی شده است. در این سوره طی فرآیند وحی، فرشته یا فرستاده‌ای که از او تحت عنوان "شدید القوی" یاد می‌شود به پیامبر نزدیک و نزدیکتر می‌شود تا به اندازهٔ دو کمان به او می‌رسد. در این توصیف، شدید القوی با همان مفهوم "نیروی بنیادی قوی" در فیزیک ذره‌ای منطبق می‌شود که من آن را با بُعد دوم، و "وجود قوی" مرتبط دانستم. از سوی دیگر موضوع نزدیکی به اندازهٔ دو کمان نیز با تعبیر نوینی که من از ابعاد بصورت قوسی از وجود ارایه دادم جور در می‌آید[1]؛ یعنی دو کمان، عینا به دو بُعد برگردانده می‌شود. به عبارت دیگر، برای فرآیند وحی، فرشته باید فاصله با پیامبر را به دو بُعد کاهش می‌داده. یعنی دو بُعد، حداقلی از ابعاد است که در گسترهٔ آن، "منیت" پیامبر محفوظ می‌ماند و کمتر از آن، این منیت از دست می‌رود. این برداشتی است که من از قرآن دارم. تصادفا این موضوع با آیهٔ ۳۵، باب اول انجیل لوقا نیز جور در می‌آید:

"۲۶ و در ماه ششم جبرائیل فرشته از جانب خدا به بلدی از جلیل که ناصره نام داشت، فرستاده شد. ۲۷ نزد باکره‌ای نامزد مردی مسمی به یوسف از خاندان داود و نام آن باکره مریم بود. ۲۸ پس فرشته نزد او داخل شده، گفت: «سلام بر تو ای نعمت رسیده، خداوند با توست و تو در میان زنان مبارک هستی.» ۲۹ چون او را دید، از سخن او مضطرب شده،

---

۱ در کتاب "فیزیک فرامونی" به تفصیل درباره این موضوع نوشته‌ام.

متفکر شد که این چه نوع تحیت است. ۳۰ فرشته بدو گفت: «ای مریم ترسان مباش زیرا که نزد خدا نعمت یافته‌ای. ۳۱ و اینک حامله شده، پسری خواهی زایید و او را عیسی خواهی نامید. ۳۲ او بزرگ خواهد بود و به پسر حضرت اعلی، مسمی شود، و خداوند خدا تخت پدرش داود را بدو عطا خواهد فرمود. ۳۳ واو بر خاندان یعقوب تا به ابد پادشاهی خواهد کرد و سلطنت او را نهایت نخواهد بود.»

۳۴ مریم به فرشته گفت: «این چگونه می شود و حال آنکه مردی را نشناخته‌ام؟» ۳۵ فرشته در جواب وی گفت: «روح‌القدس بر تو خواهد آمد و قوت حضرت اعلی بر تو سایه خواهد افکند، از آن جهت آن مولود مقدس، پسر خدا خوانده خواهد شد. ۳۶ و اینک الیصابات از خویشان تو نیز در پیری به پسری حامله شده و این ماه ششم است، مر او را که نازاد می خواندند. ۳۷ زیرا نزد خدا هیچ امری محال نیست.» ۳۸ مریم گفت: «اینک کنیز خداوندم. مرا برحسب سخن تو واقع شود.» پس فرشته از نزد او رفت. "

همانگونه که در بالا پیداست فرآیند باردار سازی مریم توسط روح‌القدس، با مفهومی از قوت، یعنی بُعد دوم، ارتباط پیدا کرده.

نقش Or

برخلاف And، مفهوم Or نیازمند به دو بُعد است. این واژه، تناوب در وجود را ضروری می‌کند. بیاد دارید که ما جهان خطی را جهانی نقطه‌آگاه خواندیم؟ در جهان خطی، یک نقطه به تنهایی افق ناظر را پُر می‌کند و مفهوم Or آگاهی همزمان به (حداقل) دو نقطه را می‌طلبد. در مورد And ما دو نقطه را با یکدیگر ترکیب می‌کنیم و نقطهٔ واحدی از این ترکیب به دست می‌آوریم در حالیکه در مورد Or ما با چنین خروجی متعینی مواجه نیستیم. خروجی Or باید هنوز میان دو مفهوم نوسان کند. درواقع ما عملکرد Or را پیش از این در ریاضی یرکیب نامیدیم[1] و گفتیم یرکیب عبارت است از تقسیم وجود میان دو چیز. مثلا ترکیب "سیب Or گلابی" میوه‌ای است انتزاعی که از تقسیم وجود میان "گلابی" و "سیب" حادث می‌شود. یک سیب همواره سیب است. یک گلابی همیشه گلابی است. ولی " سیب Or گلابی " میوهٔ عجیبی است که گاه سیب است و گاه گلابی. چنین ترکیبی وجود سیب و گلابی را ضروری می‌سازد؛ به این معنی که برای تحقق معنی "سیب Or گلابی"، آگاهی همزمان به سیب و گلابی ضرورت پیدا می‌کند. در مقایسه، ترکیب "سیب And گلابی" میوهٔ عجیبی نیست؛ یعنی این میوه از ترکیب و پیوند این دو حادث می‌شود بدون اینکه

۱ به کتاب "سایه روشن در ریاضی" رجوع کنید. در آنجا یرکیب را ترکیبی بکمک "or" (یعنی یا) دانستم و به همین دلیل آن را یرکیب نامیدم درحالیکه ترکیب بکمک "And" (یعنی و) را ورکیب نامیدم.

آگاهی همزمان به هردو این مفاهیم را ضروری سازد (در مثل مناقشه نیست؛ سیب و گلابی مقولات یک بُعدی نیستند ولی در مثال حاضر به آن دو همچون دو نقطهٔ متفاوت و متعین نگاه می‌کنیم). مفهوم Or به این ترتیب فقط در جهانی معنی پیدا می‌کند که حداقل دو بُعد داشته باشد؛ زیرا فقط در جهانی دو بُعدی می‌توان همزمان به دو نقطه آگاه بود.

ضمایر شخصی

همهٔ ضمایر شخصی، همچون you ، he ، she ، they ، دو بُعدی هستند. این نکته در پخش بسآمد واژه‌ها پیداست، تنها استثناء کلمه me است زیرا چشمداشت این هست که واژهٔ me دست‌کم به اندازهٔ دیگر ضمایر شخصی پر بسآمد باشد. ولی برای فهم این استثناء‌ها باید رجوع به مطلب قائدهٔ پخش کنیم که در بالا نوشتم.

ضمایر ملکی، your ، my ، her ، his ، its ، their ، به نظر سه بُعدی می‌رسند.

نقش With

پیش از این بطور جسته گریخته اشاره به نقش With کردم. به نظر می‌رسد که With بار واژه‌ای چون And را به دوش می‌کشد یعنی حکم چسب را در دو بُعد برعهده دارد. ما به کمک With دو مفهوم را به همدیگر می‌چسبانیم در عین اینکه هر دو مفاهیم استقلال خود را حفظ می‌کنند. With فاقد نقشی است که And در منطق بازی می‌کند (مقصودم ترکیب عطفی است). همانگونه که ما And را به معنی چسب گرانشی گرفتیم، می‌توانیم With را به معنی تجسم "نیروی بنیادی قوی" بگیریم که دو مفهوم را، بمثابه دو کوآرک، به همدیگر پیوند می‌دهد. مفهوم With نمی‌تواند در یک بُعد پیدایشی داشته باشد زیرا این مفهوم معیت و همراهی حداقل دو مفهوم را نیاز دارد. گفتم حداقل، زیرا معمولا With در رابطه با یک فعل مطرح می‌شود. مثلا "حسن With حسین به سینما رفتند." یعنی این مفهوم صرفا در "نهاد" یک جمله کارگر است که نیازمند یک گزاره هم هست. در تک بُعد ما چنین ساختاری برای یک جمله نداریم. در جهان یک بُعدی ما می‌توانیم صرفا مفاهیم را برسازیم و بدانها اشاره کنیم. یک جمله در جهان یک بُعدی از این فراتر نمی‌رود.

مفاهیم زیر نیز همه دو بُعدی هستند:

مفهوم For دارای دو جنبه است، یکی مقصود از فعالیت یا کنشی را می‌رساند و همین نکته، این مفهوم را دو بُعدی می‌سازد.

مفهوم As مفهوم قیاس است و لاجرم باید حداقل دو بُعد در میان باشد تا بتوان چیزی را با چیزی دیگر قیاس کرد.

لغتنامه برای مفهوم By سه معنی ارایه می‌دهد:

1. near to or next to
2. over the surface of, through the medium of, along, or using as a route: He came by the highway.
3. on, as a means of conveyance

هر سه این معانی دو بُعد را ضروری می‌سازند.

مفهوم At هم می‌تواند معنی زمانی "گاه" بدهد و هم برای موقعیت یک جسم روی سطح بکار رود لاجرم باید حداقل دو بُعدی باشد.

مفهوم اشارهٔ نزدیک This نیاز به بُعد دوم را ضروری می‌سازد. همانطور که اشاره کردم اشارهٔ دور در یک بُعد هم معنی دارد ولی وقتی ما اشارهٔ دومی، یعنی اشارهٔ نزدیک را معرفی می‌کنیم، طبعا برای تفکیک این دو اشاره نیازمند به دو بُعد هستیم.

مفهوم Not یعنی نفی، حداقل دو بُعد احتیاج دارد. در جهان یک بُعدی چه چیزی را می‌خواهیم نفی کنیم؟ متوجه باشید که جهان یک بُعدی نقطه‌آگاه است یعنی یک نقطه، افق آگاهی انسان را پر می‌کند. نفی چنین نقطه‌ای به معنای نفی جهان است.

مفهوم But یک مفهوم فرقانی است، یعنی توسط آن تفکیک صورت می‌گیرد. همهٔ مفاهیم فرقانی دست‌کم دو بُعد لازم دارند.

مفهوم Which به معنی "کدام"، می‌تواند به نقاط اطلاق شود پس مفروض بر نقطه آگاهی است یعنی ۲ بُعد احتیاج دارد.

مفاهیم سه بُعدی

لغتنامه دربارهٔ مفهوم There می‌نویسد:

"1. in, at, or to that place or position." "we went to Paris and stayed there ten days"
2. used in attracting someone's attention or calling attention to someone or something.

همانگونه که پیداست، There اشاره به مکان (at) دارد، یعنی سطح آگاهی می‌طلبد پس باید ۳ بُعدی باشد.

گذشته از ضمایر ملکی که پیش از این بدانها اشاره کردم، مفهوم جالب توجه بعدی در میان مفاهیم سه بُعدی، مفهوم If است. این مفهوم دست‌کم سه بُعد احتیاج دارد. لغتنامه If را از جنس Whether می‌داند. تصمیم گیری در مورد If کار آسانی نیست، یعنی شاید بتوان برای چهار بُعدی بودن آن نیز دلیل اقامه کرد. قطعا برخی کاربردهای آن چهار بُعد نیاز دارند.

جملهٔ "اگر باران ببارد، زمین خیس می‌شود" ساده‌ترین شکل کاربرد If است. این شکل ساده از دو مولفهٔ "باران ببارد" و "زمین خیس می‌شود" ساخته می‌شود. خیس شدن زمین، یک رویداد است که مشروط به رویدادی دیگر، یعنی بارش باران، می‌شود. این رابطهٔ شرطی نمی‌تواند در دو بُعد تحقق بیابد. یعنی می‌توانیم حداقل بگوئیم که If حداقل سه بُعد می‌طلبد ولی اینکه سه بُعدی است یا چهار بُعدی، بگمانم تامل بیشتری نیاز دارد.

مفهوم About هم یک مفهوم سه بُعدی است. لغتنامه در مورد آن می‌نویسد:

1. On the subject of; concerning.:
    1. 'I was thinking about you', 'a book about ancient Greece', 'it's all about having fun'
2. So as to affect.
    1. 'there's nothing we can do about it'
3. Used to indicate movement within a particular area.
    1. 'she looked about the room'
4. Used to express location in a particular place.
    1. 'rugs were strewn about the hall'
    2. 'he produced a knife from somewhere about his person'
5. Used to describe a quality apparent in a person.
    1. 'there was a look about her that said everything'
6. ADVERB
7. Used to indicate movement within an area.
    1. 'men were floundering about'
    2. 'finding my way about'
8. Used to express location in a particular place.
    1. 'there was a lot of flu about'
9. used with a number or quantity, approximately.
    1. 'reduced by about 5 per cent'
    2. 'he's about 35

همانگونه که پیداست در رابطه با مفهوم About ما به آگاهی به حرکت در سطح نیازمند هستیم لاجرم این یک مفهوم سه بُعدی است.

پیداست که مفهوم Up که به ارتفاع رجوع دارد یک مفهوم سه بُعدی است. مفهوم Down هم باید سه بُعدی باشد گرچه با بسامدی بسیار پائین‌تر در جدول کورپورا ظاهر می‌شود.

مفاهیم چهار بُعدی

اگر در جدول کورپورا دقت کنید می‌بینید که مفاهیم چهار بُعدی با "مفاهیم زمانی" آغاز می‌شوند. روشن است که همهٔ مفاهیمِ زمانیِ زیر چهار بُعدی هستند زیرا هر چه هست، زمان حتی از نظر ما که آن را بُعد تلقی نمی‌کنیم، با بُعد چهارم، که بُعد نور است، در رابطهٔ تنگاتنگ قرار دارد:

When ،Time ،Now ،Over ،Just ،May ،New ،After، Between ،Before ، Years

از آنجا که ما بُعد چهارم را بُعد نور می‌انگاریم (که همهٔ کیفیت‌های الکترومغناطیسی در آن تحقق می‌یابند)، هیچ مفهومی به اندازهٔ مفهوم See چهار بُعدی نیست! دیدن البته اتکاء به نور دارد.

جالب توجه است که مفهوم شدن، Being، نیز در میان مفاهیم چهار بُعدی در کورپورا قرار گرفته است.

اینکه اندیشیدن، Think، و دانستن، Know، نیز در میان مفاهیم چهار بُعدی پیدا می‌شوند مایهٔ دلگرمی است زیرا در تایید تعبیر بُعدیت مفاهیم است.

مفهوم Any نقش جوکر را در صحنه یا ظرف وجود دارد، باید بتواند به هر موجودی اشاره کند لاجرم باید به تعداد ابعاد عالم اشراف داشته باشد. یعنی این مفهوم ۴ بُعدی است.

در مورد مفهوم Very در لغتنامه می‌خوانیم:

1. used for emphasis:
    1. synonyms: extremely, exceedingly, exceptionally, especially, tremendously, im-mensely, vastly, hugely;

adjective

2. actual; precise. used to emphasize the exact identity of someone or something. "those were his very words".
    1. synonyms: exact, actual, precise, particular, specific, distinct
    2. emphasizing an extreme point in time or space. "from the very beginning of the book"

به نظر می‌رسد که آخرین توصیف بالا که گویای کاربرد زمانی آن است، این مفهوم را چهار بُعدی ساخته.

در مورد مفهوم Wee نیز با حالت مشابهی روبرو هستیم. لغتنامه نوشته:

little.

""when I was just a wee bairn""

comes in Wee hours meaning the early hours of a day, or the period immediately after midnight. They are called so because the word 'wee' in present-day English means 'very small or tiny'.

به نظر می‌رسد که کاربرد زمانیِ این واژه، آن را به مفهومی چهار بُعدی تبدیل کرده.

فصل چهارم

بافتِ اونوس موندوس

پس تا کنون می‌توان گفت فضای ذهن ساختاری مشابه با فضای عالم بیرونی دارد بر این حسب که

۱- فضای ذهن، یک فضای چهار بُعدی است

۲- چهار بُعد در فضای ذهن، شبیه چهار بُعد در عالم بیرونی هستند یعنی اولی گرانشی است، دومی مربوط به نیروی قوی، سومی مربوط به نیروی ضعیف است و چهارمی مربوط به نیروی الکترومغناطیس که ما زمان را از آن اخذ می‌کنیم.

بگذارید در اینجا برای اختصار، در رجوع به عالم بیرونی از عنوان «عالم خاکی» و در رجوع به دیگری از همان «اونوس موندوس» استفاده کنم. پس هر دوی این عوالم چهار بُعدی هستند و ابعاد این دو عالم از همین سلسله مراتب

۱- گرانشی

۲- قوی

۳- ضعیف

۴- نور

پیروی دارند. هر دوی عالم‌ها در بُعد نور اشتراک دارند. درواقع باید گفت:

> **عالم خاکی درون اونوس موندوس است، به عبارت دیگر اونوس موندوس کُل است و عالم خاکی زیرمجموعهٔ آن است.**

پس اگر کسی بگوید که قانونمندی‌های فضای ذهن هم شبیه قانونمندی‌های عالم خاکی هستند، نباید شگفت‌زده شویم. اگر از وجه تفاوت این‌دو بخواهیم بگوئیم شاید در این خلاصه شود: جهان خاکی فضایی متریک دارد ولی به نظر نمی‌رسد فضای ذهن یک فضای متریک باشد. فضای متریک فضایی است که در آن هر نقطه تعین خاص و ثابت خودش را دارد. دو نقطه فقط زمانی فاصله‌ای برابر با صفر دارند که در حقیقت یک نقطه باشند. بگمانم فضای ذهن چنین محدودیتی نداشته باشد. مفاهیم، نقطه‌های فضای ذهن، می‌توانند روی هم بیافتند، مثل نور (یعنی فوتون) که می‌تواند روی فوتونی دیگر بیافتد. فضای متریک، اصل طرد پاولی[1] را مطرح و اجباری می‌کند. اصل طرد پاولی، "اصلی در مکانیک کوانتومی است که ولفگانگ پاولی فیزیک‌دان اتریشی/سوئیسی در سال ۱۹۲۵ بیان کرد. این قاعدهٔ بسیار مهم می‌گوید که در یک سیستم کوانتومی، دو یا چند فرمیون[2] همسان (مثلاً دو الکترون) نمی‌توانند همزمان حالت کوانتومی یکسانی داشته باشند. برای الکترون‌های یک اتم، این اصل می‌گوید که چهار عدد کوانتومی هیچ دو الکترونی یکی نیست، یعنی مثلاً اگر n, l و m_l دو الکترون یکی باشد، m_s به ناچار برای آن دو متفاوت خواهد بود (یعنی دو الکترون اسپینهای مخالف خواهند داشت)."[3]

در عالم بیرونی، هرآنچه ما بعنوان مادّه تلقی می‌کنیم، ساخته از فرمیون است. ولی اصل طرد پاولی قابل اطلاق به بوزون‌ها[4] نیست. ذره‌های نور، فوتون‌ها، یک نوع بوزون هستند. مفاهیم، رفتاری مثل بوزون‌ها دارند و نه چون فرمیون‌ها.

اگر بتوان اصلی همتراز اصول بقاء فیزیک در عالم ذهن تعبیه کرد، این اصل خواهد بود:

۱. یک مفهوم نابود نمی‌شود. هیچگاه یک مفهوم، نامفهوم نمی‌شود.

ما در سراسر زندگی خود فقط با همین مفاهیم زندگی می‌کنیم، در فضای مفاهیم به دنیا می‌آئیم، نفس می‌کشیم، عاشق می‌شویم و می‌میریم. مفاهیم به دست انسان‌ها ساخته می‌شوند ولی همه کس قدرت یا قابلیت مفهوم‌سازی ندارد. این قابلیت در کف نادر افراد بشر است.

یک فرد بشر، در نوبهٔ خودش، یک مفهوم است. اسمش را بگذاریم اِنس. یک انس بمثابه یک مفهوم، مجموعه‌ای از مفاهیم است. ما می‌توانیم وزن یک انس را بر همین اساس تعریف کنیم.

---

1 Pauli exclusion principle

2 fermion

3 https://fa.wikipedia.org/wiki/%D8%A7%D8%B5%D9%84_%D8%B7%D8%B1%D8%AF_%D9%BE%D8%A7%D9%88%D9%84%DB%8C

4 boson

مثلا انسِ من، بر حسب آموخته هایم در زندگی، متشکل از مفاهیمی است که یا آن‌ها را از اونوس موندوس به خودم جذب کرده‌ام یا آن‌ها را خلق کرده و به فضای اونوس موندوس پرتاب کرده‌ام.

نظر به اینکه هیچ مفهومی نابود نمی‌شود، یک اِنس نیز در مقام یک مفهوم هیچگاه نمی‌میرد. یک اِنس همیشه در اونوس موندوس هست (مادامیکه اونوس موندوس هست). به عبارت دیگر نابودی یکی، دلیل بر نابودی دیگری است. یک اِنس فقط زمانی می‌میرد که اونوس موندوس نابود شود. به همین سان پایان یک اِنس، پایان اونوس موندوس خواهد بود. یک عنصرِ اونوس موندوس یا مستقیما در عالم بیرونی تظاهر دارد یا بطور غیر مستقیم اثر گذار است. پس به این تعبیر می‌توان گفت:

۲. عالم خاکی، زیرمجموعهٔ اونوس موندوس است.

بیانیهٔ بالا از نقطه نظر ریاضی نیز سازگار است. زیرا فضای عالم بیرونی فضای متریک است که فضای بسیار خاصی است و می‌تواند بعنوان یک فضای خاص، زیرمجموعهٔ فضای عام‌تر اونوس موندوس باشد.

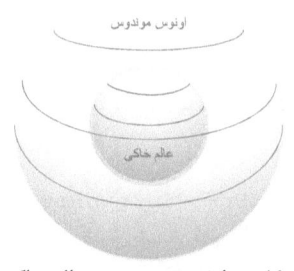

شکل ۲۷ اونوس موندوس و عالم خاکی

بیشترین وجه اشتراک دو عالم اونوس موندوس و عالم خاکی در سومین و چهارمین بُعد فضا یعنی در ظرف نور و ظرف ضعیف است. به نظر می‌رسد که دخالت‌های عناصر اونوس موندوس نیز از طریق همین ابعاد صورت می‌گیرد. یعنی اینگونه نیست که این دو عالم از یکدیگر منفک و جدا باشند. این دو جهان، دست‌کم از طریق این دو بُعد (بویژه بُعد چهارم) با همدیگر اشتراک دارند. یک اِنس، بمثابه یک عضو از اونوس موندوس می‌تواند دو حالت داشته باشد:

۱- یا این اِنس در عالم بیرونی تظاهر دارد، که در اینصورت وی زنده است و مستقیما با عالم خاکی تعامل دارد.

۲- یا این اِنس در عالم بیرونی تظاهر ندارد، که در اینصورت زنده نیست و فقط غیر مستقیم با عالم خاکی تعامل دارد.

درواقع ما اونوس موندوس را می‌توانیم مثل پوسته‌ای نورانی مجسم کنیم که نه فقط همهٔ عالم خاکی را دربرگرفته، بلکه در تاروپود آن ریشه دوانده است.

اینکه من بُعد سوم و چهارم را فصل مشترک این دو عالم تلقی می‌کنم، بیشتر به این دلیل است که من حیات را اصلا پدیده‌ای الکترومغناطیسی قلمداد می‌کنم. در این رابطه من مطالعات

و افکار هانس دریش [1] را الگوی خوبی برای درانداختن طرحی برای تعامل اونوس موندوس و عالم خاکی می‌بینم. دریش دانشمند آلمانی در آزمایشی روی جوجه تیغی دریایی، وقتی بلاستومر متشکل از جنین دو سلولی را به دو بلاستومر تجزیه نموده و آن دو را از همدیگر ایزوله کرد متوجه شد که هر یک از آن دو به یک نوزاد کامل تبدیل شد. وی طی آزمایش‌های پیچیدهٔ دیگری متوجه شد که:

۱- توان شکوفایی یک بلاستومرِ ایزوله شده (انواع گوناگون سلول‌هایی که توان برساختنش را دارد) بالاتر از شکوفایی مقدّر آن است (یعنی انواع سلول‌هایی که در حالت عادی بدون دستکاری مقدر به برساختن می‌بود).

۲- جنین یک جوجه تیغی دریایی، یک "نظام همگون هم‌قوه" [2] است زیرا هر جزء آن قادر به شکل دادن به کل یک ارگانیسم است.

۳- سرنوشت یک سلول صرفا به مکان آن در جنین بستگی دارد.

مجموعهٔ این دریافت‌ها موجب روی‌گرداندن دریش از علم بیولوژی گشت. از دیدگاه او، این حقیقت که هر جزء از جنین قادر به تشکیل همهٔ ارگانیسم بود گویای این بود که دیگر نمی‌توان جنین را همچون یک دستگاه فیزیکی قلمداد کرد. یعنی فرآیند رشد، بر حسب نیروهای فیزیکی قابل توصیف نبود. به همین دلیل وی به مفهوم «انتلیکا» [3] متوسل شد که توسط ارسطو وضع شده بود.

بیولوژی از دورهٔ دریش تا کنون پیشرفت‌های خیره کننده‌ای داشته و شاید برخی پرسش‌های دریش اکنون پاسخ خود را یافته باشند. ولی هنوز پرسش‌های اساسی بی‌جواب مانده‌اند که گزینهٔ دریش را برای قائل گشتن به «جان» بمثابه واحدی خردمند که تسخیر و دخل و تصرف در ماده را با هوشمندی به پیش می‌راند، کماکان کارآ می‌سازد. آنچه من بر تعبیر دریش می‌افزایم، این است که یک تعبیر الکترومغناطیسی از «جان» یا «انتلیکا» می‌تواند بسیار بجا و با مسمی باشد. دلایل و شواهد گوناگونی در دست هست که تعبیر الکترومغناطیسی از حیات را پشتیبانی می‌کند. رابرت بکر در کتاب "بدن الکتریکی" [4] همین تعبیر از حیات را ارایه می‌دهد. رویکرد او به این موضوع بسیار کاربردی است. وی توجه خود را بر مارمولک، بخاطر ویژگی و توانایی ترمیم

---

1 Hans Driesch

2 harmonious equipotential system

3 Entelechy

۴ رجوع کنید به [RB1]

پذیری اعضاء معطوف می‌کند. با توجه به الگوی الکترومغناطیسی، وی کوشیده است تا از تعامل بدن با الکترومغناطیس برای تسریع فرآیند ترمیم بافت در پی زخم استفاده کند.

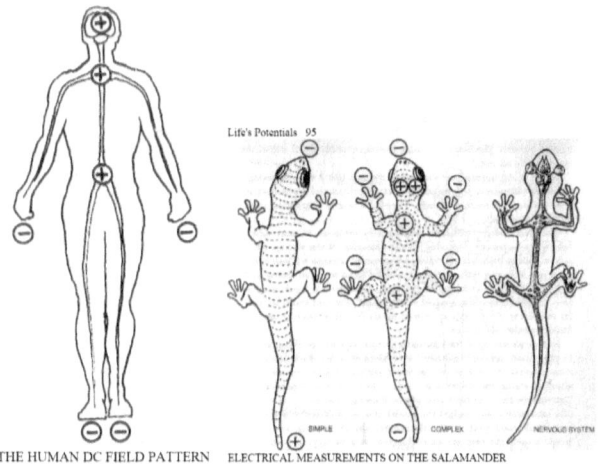

شکل ۲۸ **الگوی الکتریکی بدن مارمولک و بدن انسان**

تعامل بدن با پدیده‌های الکترومغناطیسی موضوعی شناخته شده است و در دهه‌های گذشته، کانون توجه بسیاری پژوهش‌ها بوده. [1] الگوی میدان الکترومغناطیسی بدن، از نظر معنوی می‌تواند جانشین خوبی برای مفهوم «کالبد نامحسوس» تلقی شود.

اونوس موندوس تا حد زیادی مستقل از فرهنگ و قومیت است. قومیت، فرهنگ و زبان، ضرایبی هستند که در زیرمجموعه‌ای از جهان اونوس موندوس کارگر هستند و آن بخشی است که با خودآگاهی و کالبد نامحسوس ما بیشترین ارتباط را دارد.

هر عنصری در اونوس موندوس که در عالم خارجی تظاهری ندارد در جستجوی نفوذ و اثر گذاشتن در این عالم است. اگر عنصری باشد که توانایی پذیرش حیات را داشته باشد، می‌کوشد که از هر فرصتی که به رویش گشوده می‌شود استفاده کند و با پذیرش حیات، در عالم خاکی متولد شود. این موضوع محدود به عناصر حیات پذیر نمی‌شود. این جاذبه برای مفاهیم نیز وجود دارد. یعنی در همه عناصر اونوس موندوس این گرایش به عالم خاکی وجود دارد حتی اگر حیات پذیر هم نباشد.

---

۱ برای مثال رجوع کنید به [MK1]

عناصر، نقاط یا پدیده‌های اونوس موندوس را می‌توان بر سه طبقه کرد:

۱- عنصر یا پدیده‌ای که یک جفت بیجان در عالم خاکی دارد.

۲- عنصر یا پدیده‌ای که یک جفتِ جاندار در عالم خاکی دارد

۳- عنصر یا پدیده‌ای که هیچ جفتی در عالم خاکی ندارد

بگذارید در اینجا اصطلاحاتی از ملاصدرا و حکمت ایرانی وام بگیرم.

تعریف: مادّه یا پدیدهٔ عالم خاکی را **مادّهٔ کثیف** می‌نامیم.

تعریف: جفت مادّه یا پدیدهٔ عالم خاکی را **مادّهٔ لطیف** می‌نامیم. این معادل همان چیزیست که یونگ از آن تحت عنوان «کالبد نامحسوس» یاد می‌کند. البته یونگ فقط در رابطه با انسان از این اصطلاح گفتگو می‌کند. ما این استفاده را حتی به اجسام بیجان تعمیم می‌دهیم.

تعریف: پدیده‌ای را که ما به ازایی در عالم خاکی ندارد، **برآهنگ**[1] می‌نامیم.

متوجه باشید که مادّهٔ کثیف و مادّهٔ لطیف یک مفهوم واحد نیستند اگرچه مادّهٔ لطیف کاملا منطبق بر مادّهٔ کثیف می‌شود تا آن را برپوشاند. در شکل زیر این دو را برای ساده ساختن، جدا از همدیگر ترسیم کرده‌ام.

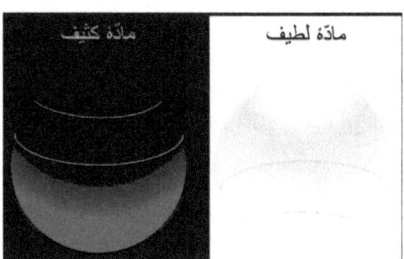

شکل ۲۹ **مادّهٔ کثیف و لطیف**

مادّهٔ لطیف برای یک مادهٔ کثیف حکم روح را دارد.

مثال‌ها:

برای کثیف و لطیف: در مورد ذره‌ای مثل الکترون، ویژگی‌هایی مثل بار الکتریکی و اسپین، اجزای لطیف محسوب می‌شوند و خصلتی چون جرم، جزء کثیف محسوب می‌شود. در مورد ذره‌ای همچون فوتون می‌توان گفت که سراسر لطیف است.

---

1 Abstraction

برای برآهنگ: مفهومی همچون The یک برآهنگ یک بُعدی است زیرا در عالم خاکی برایش هیچ همتایی نداریم. به همین سان مفهوم on یک برآهنگ دو بُعدی است.

دربارهٔ عدد ۱۹

عدد ۱۹ عدد عجیبی است و نقش کلیدی در قرآن دارد.

در زیر بطور خلاصه به این موضوع می‌پردازم.

بازتاب‌های پراکندهٔ عدد ۱۹ در قرآن

تعداد سوره های قرآن برابر با ۱۱۴ است که مضربی است از نوزده: $6\times19=114$

تعداد حروف در « بِسْمِ اللهِ الرَّحْمَنِ الرَّحِيمِ" برابر با ۱۹ است.

عبارت « بِسْمِ اللهِ الرَّحْمَنِ الرَّحِيمِ" ۱۱۴ بار در قرآن تکرار می‌شود ($6\times19=114$).

سورهٔ توبه (سورهٔ شماره ۹) تنها سوره‌ای است که با عبارت « بِسْمِ اللهِ الرَّحْمَنِ الرَّحِيمِ" شروع نمی‌شود ولی در عوض سورهٔ نمل (سورهٔ شماره ۲۷) هم در آغازش عبارت « بِسْمِ اللهِ الرَّحْمَنِ الرَّحِيمِ" را دارد و هم در آیهٔ ۳۰. نمل دقیقا به اندازهٔ ۱۹ سوره از توبه فاصله دارد. اگر شمارهٔ سوره‌های بین توبه و نمل را با هم جمع کنیم به مضربی از ۱۹ می‌رسیم:

$$9+10+11+12+13+14+15+16+17+18+19+$$
$$20+21+22+23+24+25+26+27=342=19\times18$$

کلمهٔ اسم ۱۹ بار در قرآن تکرار می‌شود.

نخستین سوره‌ای که بر محمد نازل گشت، سورهٔ علق مشتمل بر ۱۹ آیه است.

در آیهٔ ۱۹ @عمران به موضوع قدرت شمارش الهی اشاره می‌شود و با این جمله تمام می‌شود: «خدا زودشمار است".

در آیهٔ ۳۱ @مدثر مستقیما از عدد نوزده حرف می‌زند. در این آیه می‌خوانیم:

وَمَا جَعَلْنَا أَصْحَابَ النَّارِ إِلَّا مَلَائِكَةً وَمَا جَعَلْنَا عِدَّتَهُمْ إِلَّا فِتْنَةً لِلَّذِينَ كَفَرُوا لِيَسْتَيْقِنَ الَّذِينَ أُوتُوا الْكِتَابَ وَيَزْدَادَ الَّذِينَ آمَنُوا إِيمَانًا وَلَا يَرْتَابَ الَّذِينَ أُوتُوا الْكِتَابَ وَالْمُؤْمِنُونَ وَلِيَقُولَ الَّذِينَ فِي قُلُوبِهِمْ مَرَضٌ وَالْكَافِرُونَ مَاذَا أَرَادَ اللهُ بِهَذَا مَثَلًا كَذَلِكَ يُضِلُّ اللهُ مَنْ يَشَاءُ وَيَهْدِي مَنْ يَشَاءُ وَمَا يَعْلَمُ جُنُودَ رَبِّكَ إِلَّا هُوَ وَمَا هِيَ إِلَّا ذِكْرَى لِلْبَشَرِ

"و ما موکلان آتش را جز فرشتگان نگردانیدیم و شماره آنها را جز آزمایشی برای کسانی که کافر شده اند قرار ندادیم تا آنان که اهل کتابند یقین به هم رسانند و ایمان کسانی که ایمان آورده‌اند افزون گردد و آنان که کتاب به ایشان داده شده و مؤمنان به شك نیفتند و تا کسانی که در دلهای شان بیماری است و کافران بگویند خدا از این وصف‌کردن چه چیزی را اراده کرده است این گونه خدا هر که را بخواهد بیراه می گذارد و هر که را بخواهد هدایت می کند و شماره سپاهیان پروردگارت را جز او نمی داند و این جز تذکاری برای بشر نیست"

به گواه این آیه می‌توان گفت که عدد نوزده عدد بسیار خاصی است که خداوند ذکر آن را در قرآن ضروری دانسته است. پیش از این آیه، در آیه‌های ۲٦ تا ۳۰ از سقر گفتگو کرده بود. سقر واژه‌ای است که ٤ بار در قرآن استفاده شده. و از متن این موارد چنین برمی‌آید که نام یا وصفی از دوزخ باشد. معنی لغوی آن در رابطه با سوختن و دیگرگون گشتن توسط آتش است. در شرح این مفهوم عجیب، قرآن می‌نویسد «نه باقی می‌گذارد و نه رها می کند"، "پوست‌ها را سیاه می‌گرداند" و در آیهٔ ۳۰ نهایتا می‌گوید «و بر آن نوزده است». من برداشت دیگری از سقر دارم. ظاهرا سقر جای ناخوش‌آیندی است و از این نظر با دوزخ شباهت پیدا کرده. ولی باید متوجه بود، از آنجا که «نه باقی می‌گذارد و نه رها می‌کند"، وجود یک بازدارنده ضرورت پیدا می‌کند وگرنه طبعا هیچ چیز را رها نمی‌کند و باقی نمی‌گذارد. این بازدارنده را قرآن به «نوزده» وصف کرده است. اینکه سقر «نه باقی می‌گذارد و نه رها می‌کند" به ما می‌گوید که سقر با جهان یک کنش گرانشی دارد. ولی این وصف از سقر، آن را بسیار به چیزی که فیزیک آن را «حفرهٔ سیاه» می‌نامد، شبیه می‌سازد. سقر، حفره‌ای سیاه است و قرآن مناسبتی میان سقر و عدد نوزده تعریف می‌کند.

در مرحلهٔ بعد، از این بازدارنده تحت عنوان «اصحاب نار» گفتگو می‌کند. و آن‌ها را با صفت فرشته ممتاز می‌کند. سپس به شمارهٔ آن‌ها، یعنی ۱۹ اشاره می‌کند. اکنون، همین اشاره را موضوع بحث بعدی می‌کند: اینکه شمارهٔ ۱۹ یا بهتر بگوئیم «شناخت ۱۹» تبدیل به سرچشمهٔ یک رویدادی دیگر است، رویدادی که به تمایز میان انسان‌ها می‌انجامد. یک دسته آنهایی که اهل کتاب هستند یا مومن هستند و شناخت نقش نوزده موجب افزایش ایمان‌شان می‌گردد یا باعث بیرون آمدن آن‌ها از تردید می‌شود. یکدسته هم که اهمیت این اشارهٔ قرآن را نمی‌گیرند و به تمسخر می‌پرسند «خدا از این وصف‌کردن چه چیزی را اراده کرده است؟" این دسته را قرآن وصف به «بیمار» می‌کند (بیماری دل). ولی پس از این، قرآن اشاره به این دارد که "سپاهیان پروردگارت را جز او نمی داند" و " این جز تذکاری برای بشر نیست". این خیلی نکتهٔ عجیبی است. زیرا از یکسو می‌تواند این معنی را بدهد که شمارهٔ فرشتگان یا سپاهیان خداوند نوزده نیست و از سوی دیگر این معنی را می‌دهد که "اشارهٔ نادرستی» که قرآن بکار برده ضرورت داشته و ضرورتش

بخاصر اهمیت اشـاره به عدد ۱۹ بوده اسـت. در هر حال، به نظر می‌رسـد که نقش بازدارنگی ۱۹ در این آیه، نکته‌ای کلیدی باشـد. ۱۹ حکم سـقف را دارد. یعنی ۱۹ مثل پوسـته‌ای دور سـقر را گرفته است. آن را سراسر پوشانده است.

ذکر این نکته نیز خالی از لطف نیست: آیه ۳۱ @مدثر متشکل از ۵۷ کلمه است ($19\times3 = 57$).

تارنمایی[1] مدعیست که اعداد زیر تنها اعدادی هستند که در قرآن بدانها اشاره گشته است:

۱	۷	۱۹	۷۰	۱۰۰۰
۲	۸	۲۰	۸۰	۲۰۰۰
۳	۹	۳۰	۹۹	۳۰۰۰
۴	۱۰	۴۰	۱۰۰	۵۰۰۰
۵	۱۱	۵۰	۲۰۰	۵۰۰۰۰
۶	۱۲	۶۰	۳۰۰	۱۰۰۰۰۰

جمع این اعداد نیز مضربی از ۱۹ است: $162146 = 2\times17\times19\times251$

همین تارنما گوشزد می‌کند که علاوه بر سی عدد صحیح در بالا، قرآن از هشت عدد کسری $\frac{1}{2}$ و$\frac{1}{3}$ و $\frac{1}{4}$ و$\frac{1}{5}$ و$\frac{1}{6}$ و $\frac{1}{8}$ و$\frac{1}{10}$ و $\frac{2}{3}$ نـام می‌برد. پس در مجمـوع می‌تـوان گفت قرآن مجموعا به ۳۸ عدد اشاره دارد. و این نیز مضربی از ۱۹ است: $38 = 2\times19$

نمی‌خواهـم سـخن در این باره به درازا بکشـد زیـرا برای پژوهش آماری پیرامـون قرآن ابزارها و سایت‌های موجود چندان قابل اطمینان به نظر نمی‌رسند.

یک نقش سادهٔ ۱۹

تابـع β را بدینصـورت تعریـف می‌کنیـم کـه اگـر عـدد x در سیسـتم ده‌دهـی برابـر باشـد بـا $x = \sum 10^n a_n$ در اینصـورت می‌گوئیـم: $\beta(x) = \sum a_n$ اگر $\beta(x)$ بزرگتر از ۹ باشـد بـاز ارقام را با هم جمع می‌کنیم، اینکار را آنقدر تکرار می‌کنیم که $\beta(x)$ کوچکتر از ۹ باشـد. عدد به دسـت آمده را اصطلاحا ریشهٔ دیجیتال می‌نامند. مثلا برای عدد ۳۸ داریم:

---

1 http://www.miraclesofthequran.com/mathematical_03.html

$$38 = 10^1 \times 3 + 10^0 \times 8 \Rightarrow \beta(38) = 3 + 8 = 11 = 1 + 1 = 2$$

به عبارت دیگر ریشهٔ دیجیتال یک عدد عبارتست از جمع ارقام آن عدد بطور مکرر تا نتیجهٔ نهایی عددی بین ۱ تا ۹ باشد. من به دلایلی که در زیر آشکار می‌شود ترجیح می‌دهم اسم آن را «**جوهر یک عدد**" بگذارم.

ما در رابطه با ۱۹ جدول زیر را داریم:

جوهر	جمع ارقام	نتیجه	مضارب ۱۹
۱	۱۰	۱۹	۱۹X۱
۲	۱۱	۳۸	۱۹X۲
۳	۱۲	۵۷	۱۹X۳
۴	۱۳	۷۶	۱۹X۴
۵	۱۴	۹۵	۱۹X۵
۶	۶	۱۱۴	۱۹X۶
۷	۷	۱۳۳	۱۹X۷
۸	۸	۱۵۲	۱۹X۸
۹	۹	۱۷۱	۱۹X۹
۱	۱۰	۱۹۰	۱۹X۱۰
۲	۱۱	۲۰۹	۱۹X۱۱
۳	۱۲	۲۲۸	۱۹X۱۲
۴	۱۳	۲۴۷	۱۹X۱۳
۵	۱۴	۲۶۶	۱۹X۱۴
۶	۱۵	۲۸۵	۱۹X۱۵
۷	۷	۳۰۴	۱۹X۱۶
۸	۸	۳۲۳	۱۹X۱۷
۹	۹	۳۴۲	۱۹X۱۸
۱	۱۰	۳۶۱	۱۹X۱۹

جدول ۴ **جوهر مضارب ۱۹**

جوهر یک عدد در همهٔ مضارب ۱۹ محفوظ مانده است. مثلا جوهر ۱۸ که برابر ۹ است، در عدد ۳۴۲ که مضربی از ۱۹ است محفوظ مانده است.

همانگونه که می‌بینید، عدد ۱۹ در این رابطه خصلت عجیبی بروز می‌دهد. با این عدد ما می‌توانیم در سیستم ده‌دهی، ارقام ۱ تا ۹ را به وجود آوریم. و بدان وسیله، البته می‌توان همهٔ اعداد طبیعی را برساخت. برای اینکه متوجه این نقش عجیب شوید، بگذارید به جادو متوسل شوم. چوب سحرآمیز The را که در زبان انگلیسی با آن آشنا شدیم بیاد دارید؟ عدد ۱۹ در عالم ریاضی نقشی مشابه The دارد. عدد ۱۹ چوب جادویی است که توسط آن اعداد دیگر، تعین پیدا می‌کنند و به وجود می‌آیند. مکانیسم این جادو چیست؟ چگونه کار می‌کند؟ شما چوب جادو را یکبار تکان می‌دهید عدد ۱ به وجود می‌آید، دوبار تکان دهید، عدد ۲ به وجود می‌آید و ...

این نقش از جوهرِ یک عدد، وجه اشتراک سیستم دهدهی و سیستم عدد بر مبنای نوزده (سیستم نوزدهی) است. بگذارید مرور کوتاهی دربارهٔ سیستم نوزدهی داشته باشیم زیرا مطالعهٔ سیستم اعداد بر مبنای نوزده خیلی چیزها را از پشت پرده بیرون می‌آورد. برای ساختن سیستم عدد بر مبنای نوزده، باید همهٔ اعداد را مودولو ۱۸ مجسم کنیم. در چنین صورتی ما جدول زیر را خواهیم داشت. در جدول زیر این نامگذاری را قرار داد کرده‌ام:

سیگان به معنی مضارب ۳۶۱ است و ششگان به معنی مضارب ۶۸۵۹ است

جوهر	در سیستم ده دهی	یگان	نوزدهی سیستم		
			نوزده گان	سیگان	ششگان
۰	۰	۰	۰	۰	۰
۱	۱	۱	۰	۰	۰
۲	۲	۲	۰	۰	۰
۳	۳	۳	۰	۰	۰
۴	۴	۴	۰	۰	۰
۵	۵	۵	۰	۰	۰
۶	۶	۶	۰	۰	۰
۷	۷	۷	۰	۰	۰
۸	۸	۸	۰	۰	۰
۹	۹	۹	۰	۰	۰
۱	۱۰	۱۰	۰	۰	۰
۲	۱۱	۱۱	۰	۰	۰

۳	۱۲	۱۲	۰	۰	۰
۴	۱۳	۱۳	۰	۰	۰
۵	۱۴	۱۴	۰	۰	۰
۶	۱۵	۱۵	۰	۰	۰
۷	۱۶	۱۶	۰	۰	۰
۸	۱۷	۱۷	۰	۰	۰
۹	۱۸	۱۸	۰	۰	۰
۱	۱۹	۰	۱	۰	۰
۲	۲۰	۱	۱	۰	۰
۳	۲۱	۲	۱	۰	۰
۴	۲۲	۳	۱	۰	۰
۵	۲۳	۴	۱	۰	۰
۶	۲۴	۵	۱	۰	۰
۷	۲۵	۶	۱	۰	۰
۸	۲۶	۷	۱	۰	۰
۹	۲۷	۸	۱	۰	۰
۱	۲۸	۹	۱	۰	۰

جدول ۵ **جدول اعداد از ۱ تا ۲۸ در سیستمی بر مبنای نوزده**

			نوزدهی سیستم		
جوهر	**در سیستم ده دهی**	**یگان**	**نوزده گان**	**سیگان**	**ششگان**
۲	۲۹	۱۰	۱	۰	۰
۳	۳۰	۱۱	۱	۰	۰
۴	۳۱	۱۲	۱	۰	۰
۵	۳۲	۱۳	۱	۰	۰
۶	۳۳	۱۴	۱	۰	۰

۷	۳۴	۱۵	۱	۰	۰
۸	۳۵	۱۶	۱	۰	۰
۹	۳۶	۱۷	۱	۰	۰
۱	۳۷	۱۸	۱	۰	۰
۲	۳۸	۰	۲	۰	۰
۳	۳۹	۱	۲	۰	۰
۴	۴۰	۲	۲	۰	۰
۵	۴۱	۳	۲	۰	۰
۶	۴۲	۴	۲	۰	۰
۷	۴۳	۵	۲	۰	۰
۸	۴۴	۶	۲	۰	۰
۹	۴۵	۷	۲	۰	۰
۱	۴۶	۸	۲	۰	۰
۲	۴۷	۹	۲	۰	۰
۳	۴۸	۱۰	۲	۰	۰
۴	۴۹	۱۱	۲	۰	۰
۵	۵۰	۱۲	۲	۰	۰
۶	۵۱	۱۳	۲	۰	۰
۷	۵۲	۱۴	۲	۰	۰
۸	۵۳	۱۵	۲	۰	۰
۹	۵۴	۱۶	۲	۰	۰
۱	۵۵	۱۷	۲	۰	۰
۲	۵۶	۱۸	۲	۰	۰

جدول ۶ **اعداد از ۲۹ تا ۵۶ در سیستمی بر مبنای عدد ۱۹**

بگذارید شیوه‌ای برای نمایش عدد قرارداد کنیم. هرگاه عددی را در سیستم ۱۹ منظور کنیم، این را توسط یک نمایه مشخص می‌کنیم. مثلا مقصود از $۲۱_{۱۹}$ عدد ۲۱ در نظام مبنی بر ۱۹ است که در نظام ده‌دهی برابر می‌شود با ۳۹.

همانطور که در دو جدول بالا می‌بینید جوهر یک عدد میان سیستم دهدهی و سیستم

نوزدهی، مشترک است. مثلا

$$\beta(21_{19}) = 2+1 = 3$$
$$\beta(39) = 3+9 = 12 = 1+2 = 3$$

یا

$$\beta(218_{19}) = 2+1+8 = 11 = 1+1 = 2$$
$$\beta(56) = 5+6 = 11 = 1+1 = 2$$

ما می‌توانیم اعداد را براساس جوهر آن در مراتب متفاوت تعبیر کنیم. مثلا جدول زیر اعداد را براساس جوهر در ۱۰ رتبه نشان می‌دهد. مثلا ردیف دوم عین ردیف اول در رتبهٔ دوم است. این ردیف با عدد ۱۰ شروع می‌شود که می‌توان گفت ۱۰ همان جوهر ۱ است که در مرتبهٔ دوم پیدا می‌شود برای همین بجای ۱۰ نوشته‌ای $۱_۲$ و می‌خوانیم ۱ در مرتبهٔ دوم. به همین سان عدد ۱۱ همان جوهر ۲ است که در مرتبهٔ دوم پیدا می‌شود برای همین بجای ۱۱ نوشته‌ایم $۲_۲$ و می‌خوانیم ۲ در مرتبهٔ دوم.

مرتبه									
1	1	2	3	4	5	6	7	8	9
2	1_2	2_2	3_2	4_2	5_2	6_2	7_2	8_2	9_2
3	1_3	2_3	3_3	4_3	5_3	6_3	7_3	8_3	9_3
4	1_4	2_4	3_4	4_4	5_4	6_4	7_4	8_4	9_4
5	1_5	2_5	3_5	4_5	5_5	6_5	7_5	8_5	9_5
6	1_6	2_6	3_6	4_6	5_6	6_6	7_6	8_6	9_6
7	1_7	2_7	3_7	4_7	5_7	6_7	7_7	8_7	9_7
8	1_8	2_8	3_8	4_8	5_8	6_8	7_8	8_8	9_8
9	1_9	2_9	3_9	4_9	5_9	6_9	7_9	8_9	9_9
10	1_{1_2}	2_{1_2}	3_{1_2}	4_{1_2}	5_{1_2}	6_{1_2}	7_{1_2}	8_{1_2}	9_{1_2}

جدول ۷ **اعداد بمثابه تکرار یک جوهر در مراتب گوناگون**

جوهر در عمل جمع، در مراتب محفوظ می‌ماند. مثلا

$$2_1 + 3_1 = 5_1$$
$$2_1 + 3_2 = 2+12 = 14 = 5_2$$
$$2_2 + 3_1 = 14 = 5_2$$
$$2_2 + 3_2 = 11+12 = 23 = 5_3$$
$$2_2 + 3_3 = 11+21 = 32 = 5_4$$
$$2_3 + 3_2 = 20+12 = 32 = 5_4$$
$$2_3 + 3_3 = 20+21 = 41 = 5_5$$

یا مثلا

$$5_1 + 8_1 = 13 = 4_2$$
$$5_1 + 8_2 = 5 + 17 = 22 = 4_3$$
$$5_2 + 8_1 = 14 + 8 = 22 = 4_3$$
$$5_2 + 8_2 = 14 + 17 = 31 = 4_4$$
$$5_2 + 8_3 = 14 + 26 = 40 = 4_5$$

بطور عمومی می‌توان گفت جوهر عدد، در عمل ضرب هم در مراتب محفوظ می‌ماند.

$$2_1 \times 3_1 = 6_1$$
$$2_1 \times 3_2 = 2 \times 12 = 24 = 6_3$$
$$2_1 \times 3_3 = 42 = 6_5$$
$$2_2 \times 3_1 = 11 \times 3 = 33 = 6_4$$
$$2_2 \times 3_2 = 11 \times 12 = 132 = 6_{15} = 6_{6_2}$$
$$2_2 \times 3_3 = 231 = 6_{26} = 6_{8_3}$$
$$2_3 \times 3_3 = 20 \times 21 = 420 = 6_{47} = 6_{2_6}$$

یا

$$4_1 \times 5_1 = 20 = 2_3$$
$$4_1 \times 5_2 = 56 = 2_7$$
$$4_1 \times 5_3 = 92 = 2_{11}$$
$$4_2 \times 5_2 = 182 = 2_{21} = 2_{3_3}$$
$$4_2 \times 5_3 = 13 \times 23 = 299 = 2_{34} = 2_{7_4}$$

این ویژگی جمع و ضرب را "وفاداری ترتیبی" می‌نامیم. یعنی عملی که بتواند جوهر را در مراتبِ متفاوت حفظ کند را، وفادار به جوهر می‌نامیم.

با توجه به همهٔ این نکات، پیداست که همهٔ اعداد را می‌توان حقیقتا بصورت تکرار یک جوهر در مراتب گوناگون تلقی کرد و چنین تعبیری دست به ترکیب حساب نخواهد زد بویژه اینکه سیستم نوزدهی نیز عین رفتار سیستم دهدی را با جوهر عدد دارد، لاجرم این تصور که همهٔ عالمِ عدد (طبیعی) را به ۱۹ کاهش دهیم تصوری محال نخواهد بود زیرا

۱- همهٔ اعداد طبیعی مرتبه‌هایی از یکی از جوهرهای نه‌گانه هستند.

۲-عدد ۱۹ جوهر یک عدد را در فرآیند ضرب با آن عدد محفوظ می‌دارد.

۳- اعمال جمع و ضرب، نسبت به جوهر "وفاداری ترتیبی" دارند.

نقش شگفت انگیز ۱۹

اعداد اول از دیرباز توجه انسان را بخود مشغول کرده‌اند. دانشمندان در سراسر تاریخ کوشیده‌اند تا اعداد اوّل را بفهمند به این معنی که الگو یا نقشی برای حدوث آن‌ها پیدا کنند. هیچ کوششی تا کنون جواب نداده است. دانشمندان در اعداد اوّل نگاهی مشابه اعداد راندوم را دارند. هر نظم و ترتیبی کـه بتوان در اعداد اوّل یافت، جذاب و چشمگیر خواهد بود. اِولیـن لَمب در مجلهٔ نیچر می‌نویسد:[1]

"تنها قانون شـفافی که یک عدد را اوّل می‌سـازد این اسـت که عدد صحیحی است که فقط بر خودش و عدد ۱ بخش پذیر می‌باشـد. ولی هیچ نقش و الگوی محسوسی برای رویدادن اعداد اوّل در میان اعداد طبیعی وجود ندارد."

باور به سرشت راندوم و تصادفی اعداد اوّل آنقدر جا افتاده است که نظریات رمزنویسی بر پایهٔ آن بنا گشته‌اند بقسمیکه کشف الگوی اعداد اوّل می‌تواند مبانی این دسته از رمزنویسی را باطل سازد. ایـن الگوی دسـت نیافتنی، مبنای بسـیاری از پرسـش‌های ریاضیات اسـت کـه برای آن‌ها جایزه تعیین کرده‌اند (مثلا فرضیهٔ ریمان[2]، پروتکل دیفی-هلمن[3]).

اکنون بگذارید به نقش شگفت انگیز عدد ۱۹ بپردازم. برای اینکه این نقش را بفهمید بگذارید اول پخش اعداد در سیستم نوزدهی را برایتان نمایش دهم. شکل زیر نمودار پخش عدد بر مبنای عدد ۱۹ است:

سیستم نوزدهی																	
رستهٔ 1	رستهٔ 2	رستهٔ 3	رستهٔ 4	رستهٔ 5	رستهٔ 6	رستهٔ 7	رستهٔ 8	رستهٔ 9	رستهٔ 10	رستهٔ 11	رستهٔ 12	رستهٔ 13	رستهٔ 14	رستهٔ 15	رستهٔ 16	رستهٔ 17	رستهٔ 18
1	2	3	4	5	6	7	8	9	10	11	12	13	14	15	16	17	18
19	20	21	22	23	24	25	26	27	28	29	30	31	32	33	34	35	36
37	38	39	40	41	42	43	44	45	46	47	48	49	50	51	52	53	54
55	56	57	58	59	60	61	62	63	64	65	66	67	68	69	70	71	72
73	74	75	76	77	78	79	80	81	82	83	84	85	86	87	88	89	90
91	92	93	94	95	96	97	98	99	100	101	102	103	104	105	106	107	108
109	110	111	112	113	114	115	116	117	118	119	120	121	122	123	124	125	126
127	128	129	130	131	132	133	134	135	136	137	138	139	140	141	142	143	144
145	146	147	148	149	150	151	152	153	154	155	156	157	158	159	160	161	162
163	164	165	166	167	168	169	170	171	172	173	174	175	176	177	178	179	180
181	182	183	184	185	186	187	188	189	190	191	192	193	194	195	196	197	198
199	200	201	202	203	204	205	206	207	208	209	210	211	212	213	214	215	216
217	218	219	220	221	222	223	224	225	226	227	228	229	230	231	232	233	234
235	236	237	238	239	240	241	242	243	244	245	246	247	248	249	250	251	252
253	254	255	256	257	258	259	260	261	262	263	264	265	266	267	268	269	270
271	272	273	274	275	276	277	278	279	280	281	282	283	284	285	286	287	288
289	290	291	292	293	294	295	296	297	298	299	300	301	302	303	304	305	306
307	308	309	310	311	312	313	314	315	316	317	318	319	320	321	322	323	324
325	326	327	328	329	330	331	332	333	334	335	336	337	338	339	340	341	342
343	344	345	346	347	348	349	350	351	352	353	354	355	356	357	358	359	360
361	362	363	364	365	366	367	368	369	370	371	372	373	374	375	376	377	378
379	380	381	382	383	384	385	386	387	388	389	390	391	392	393	394	395	396

جدول ۸ **اعداد در سیستم نوزدهی از ۱ تا ۳۹۶**

---

۱ رجوع کنید به [EL1]

2 Riemann hypothesis

3 Diffie-Hellman protocol

۱۵۹ فصل چهارم

همانطور که در شکل نشان داده شده، این سیستم، اعداد را بر مبنای مودولو ۱۸ پخش می‌کند. ردیف اول از ۱ تا ۱۸ را در بر می‌گیرد، ردیف دوم باید با عدد 10_{19} شروع شود ولی برای سهولت دیدِ خواننده، این عدد را نیز به همان شکل دهدهی، یعنی ۱۹ نوشته‌ام. همین قائده را برای نمایش همهٔ اعداد بکار برده‌ام. ستون‌ها را در این جدول "رسته" نامیده‌ام. رسته به این معنی است: هر عددی نسبت به مودولو ۱۸ یک باقیمانده دارد که ما آن را رستهٔ آن عدد می‌نامیم. مثلا عدد ۱۹ از رستهٔ ۱ است زیرا اگر ۱۹ را تقسیم بر ۱۸ کنیم باقیمانده‌ای برابر با عدد ۱ خواهیم داشت، ولی عدد ۲۱ از رستهٔ ۳ است زیرا اگر ۲۱ را بر ۱۸ تقسیم کنیم باقیمانده‌ای برابر با ۳ داریم.

اکنون جالب است که به پخش اعداد اول در سیستم نوزدهی دقت بفرمایید. برای سهولت دید، من اعداد اول را به پس‌رنگ سیاه نمودار کرده‌ام.

سیستم نوزدهی																	
رستهٔ 1	رستهٔ 2	رستهٔ 3	رستهٔ 4	رستهٔ 5	رستهٔ 6	رستهٔ 7	رستهٔ 8	رستهٔ 9	رستهٔ 10	رستهٔ 11	رستهٔ 12	رستهٔ 13	رستهٔ 14	رستهٔ 15	رستهٔ 16	رستهٔ 17	رستهٔ 18
1	2	3	4	5	6	7	8	9	10	11	12	13	14	15	16	17	18
19	20	21	22	23	24	25	26	27	28	29	30	31	32	33	34	35	36
37	38	39	40	41	42	43	44	45	46	47	48	49	50	51	52	53	54
55	56	57	58	59	60	61	62	63	64	65	66	67	68	69	70	71	72
73	74	75	76	77	78	79	80	81	82	83	84	85	86	87	88	89	90
91	92	93	94	95	96	97	98	99	100	101	102	103	104	105	106	107	108
109	110	111	112	113	114	115	116	117	118	119	120	121	122	123	124	125	126
127	128	129	130	131	132	133	134	135	136	137	138	139	140	141	142	143	144
145	146	147	148	149	150	151	152	153	154	155	156	157	158	159	160	161	162
163	164	165	166	167	168	169	170	171	172	173	174	175	176	177	178	179	180
181	182	183	184	185	186	187	188	189	190	191	192	193	194	195	196	197	198
199	200	201	202	203	204	205	206	207	208	209	210	211	212	213	214	215	216
217	218	219	220	221	222	223	224	225	226	227	228	229	230	231	232	233	234
235	236	237	238	239	240	241	242	243	244	245	246	247	248	249	250	251	252
253	254	255	256	257	258	259	260	261	262	263	264	265	266	267	268	269	270
271	272	273	274	275	276	277	278	279	280	281	282	283	284	285	286	287	288
289	290	291	292	293	294	295	296	297	298	299	300	301	302	303	304	305	306
307	308	309	310	311	312	313	314	315	316	317	318	319	320	321	322	323	324
325	326	327	328	329	330	331	332	333	334	335	336	337	338	339	340	341	342
343	344	345	346	347	348	349	350	351	352	353	354	355	356	357	358	359	360
361	362	363	364	365	366	367	368	369	370	371	372	373	374	375	376	377	378
379	380	381	382	383	384	385	386	387	388	389	390	391	392	393	394	395	396

جدول ۹ **الگوی اعداد اول در سیستم اعداد بر مبنای نوزده**

قطعا شما نیز همچون من از دیدن الگوی پخش اعداد اول در سیستم نوزدهی شگفت‌زده شدید! نگران نباشید، من بجای شما این الگو را برای نخستین هزار عدد اول پیگیری کردم و نتیجه عین همین طرحی است که در شکل بالا می‌بینید. اعداد اول فقط در رسته‌های ۱ و ۵ و ۷ و ۱۱ و ۱۳ و ۱۷ پدیدار می‌شوند (به استثنای دو عدد). یعنی به نظر می‌رسد ما با یک قانون سرراست سروکار داشته باشیم:

همهٔ اعدادی که از رستهٔ ۲ و ۳ و ۴ و ۶ و ۸ و ۹ و ۱۰ و ۱۲ و ۱۴ و ۱۵ و ۱۶ و ۱۸ هستند عدد اول نیستند، به استثنای عدد ۲ و عدد ۳. به عبارت دیگر، برای عدد $3 < x$ شرط لازم برای اینکه x یک عدد اصلی باشد این است که x مودولو ۱۸، یا برابر با ۱ باشد یا برابر با ۵ یا برابر با ۷ یا برابر با ۱۱ یا برابر ۱۳ یا برابر ۱۷ باشد، یعنی، نخستین شرطِ اوّل بودن x ارضای یکی از شرایط زیر است:

$$x \ \bmod(18) = \begin{Bmatrix} 1 \\ 5 \\ 7 \\ 11 \\ 13 \\ 17 \end{Bmatrix}$$

این ویژگی، محاسبهٔ عدد اول را بی‌نهایت ساده می‌کند. بگذارید ثابت کنیم که یک عدد اول باید عضوی از این ٦ دسته از عدد باشد. رسته

۱- فرض کنیم عدد x یک عدد اول است ولی از رستهٔ ۲ است. پیداست که چنین چیزی امکان ندارد زیرا اعداد رستهٔ ۲ همه زوج هستند. برای اثبات آن کافی است که ما به شکل عمومی این اعداد نظر کنیم: x را بر حسب مضربی از ۱۸ بعلاوهٔ ۲ باید بازنویسی کرد. یعنی داریم: $x = y \times 18 + 2 = 2(9y+1)$ که در اینجا y عددی صحیح است و لاجرم عدد x بر ۲ بخش پذیر است و نمی‌تواند اول باشد.

۲- فرض کنیم عدد x یک عدد اول است ولی از رستهٔ ۳ است. پیداست که چنین چیزی امکان ندارد زیرا اعداد رستهٔ ۳ همه بر ۳ بخش پذیر هستند. برای اثبات آن کافی است که ما به شکل عمومی این اعداد نظر کنیم: x را بر حسب مضربی از ۱۸ بعلاوهٔ ۳ باید بازنویسی کرد. یعنی داریم: $x = y \times 18 + 3 = 3(6y+1)$ که در اینجا y عددی صحیح است و لاجرم عدد x بر ۳ بخش پذیر است و نمی‌تواند اول باشد.

۳- فرض کنیم عدد x یک عدد اول است ولی از رستهٔ ۴ است. باز هم پیداست که چنین چیزی امکان ندارد زیرا اعداد رستهٔ ۴ همه زوج هستند. برای اثبات آن کافی است که ما به شکل عمومی این اعداد نظر کنیم: x را بر حسب مضربی از ۱۸ بعلاوهٔ ۴ باید بازنویسی کرد. یعنی داریم: $x = y \times 18 + 4 = 2(9y+2)$ که در اینجا y عددی صحیح است و لاجرم عدد x بر ۲ بخش پذیر است و نمی‌تواند اول باشد.

۴- فرض کنیم عدد x یک عدد اول است ولی از رستهٔ ۶ است. باز هم پیداست که چنین چیزی امکان ندارد زیرا اعداد رستهٔ ۶ همه زوج هستند. برای اثبات آن کافی است که ما به شکل عمومی این اعداد نظر کنیم: x را بر حسب مضربی از ۱۸ بعلاوهٔ ۶ باید بازنویسی کرد. یعنی داریم: $x = y \times 18 + 6 = 2(9y+3)$ که در اینجا y عددی صحیح است و لاجرم عدد x بر ۲ بخش پذیر است و نمی‌تواند اول باشد. اعداد رستهٔ ۶ حتی بر ۳ نیز بخش پذیرند.

۵- فرض کنیم عدد x یک عدد اول است ولی از رستهٔ ۸ است. باز هم پیداست که چنین چیزی امکان ندارد زیرا اعداد رستهٔ ۸ همه زوج هستند. برای اثبات آن کافی است که ما به شکل عمومی این اعداد نظر کنیم: x را بر حسب مضربی از ۱۸ بعلاوهٔ ۸ باید بازنویسی کرد. یعنی داریم: $x = y \times 18 + 8 = 2(9y+4)$ که در اینجا y عددی صحیح است و لاجرم عدد x بر ۲ بخش پذیر است و نمی‌تواند اول باشد.

۶- فرض کنیم عدد x یک عدد اول است ولی از رستهٔ ۹ است. پیداست که چنین چیزی امکان ندارد زیرا اعداد رستهٔ ۹ همه بر ۳ بخش پذیر هستند. برای اثبات آن کافی است که ما به شکل عمومی این اعداد نظر کنیم: x را بر حسب مضربی از ۱۸ بعلاوهٔ ۹ باید بازنویسی کرد. یعنی داریم: $x = y \times 18 + 9 = 3(6y+3)$ که در اینجا y عددی صحیح است و لاجرم عدد x بر ۳ بخش پذیر است و نمی‌تواند اول باشد.

۷- فرض کنیم عدد x یک عدد اول است ولی از رستهٔ ۱۰ است. باز هم پیداست که چنین چیزی امکان ندارد زیرا اعداد رستهٔ ۱۰ همه زوج هستند. برای اثبات آن کافی است که ما به شکل عمومی این اعداد نظر کنیم: x را بر حسب مضربی از ۱۸ بعلاوهٔ ۱۰ باید بازنویسی کرد. یعنی داریم: $x = y \times 18 + 10 = 2(9y+5)$ که در اینجا y عددی صحیح است و لاجرم عدد x بر ۲ بخش پذیر است و نمی‌تواند اول باشد.

۸- فرض کنیم عدد x یک عدد اول است ولی از رستهٔ ۱۲ است. باز هم پیداست که چنین چیزی امکان ندارد زیرا اعداد رستهٔ ۱۲ همه زوج هستند. برای اثبات آن کافی است که ما به شکل عمومی این اعداد نظر کنیم: x را بر حسب مضربی از ۱۸ بعلاوهٔ ۱۲ باید بازنویسی کرد. یعنی داریم: $x = y \times 18 + 12 = 2(9y+6)$ که در اینجا y عددی صحیح است و لاجرم عدد x بر ۲ بخش پذیر است و نمی‌تواند اول باشد.

۹- فرض کنیم عدد x یک عدد اول است ولی از رستهٔ ۱۴ است. باز هم پیداست که چنین چیزی امکان ندارد زیرا اعداد رستهٔ ۱۴ همه زوج هستند. برای اثبات آن کافی است که ما به شکل عمومی این اعداد نظر کنیم: x را بر حسب مضربی از ۱۸ بعلاوهٔ ۱۴ باید بازنویسی کرد. یعنی داریم: $x = y \times 18 + 14 = 2(9y+7)$ که در اینجا y عددی صحیح است و لاجرم عدد x بر ۲ بخش پذیر است و نمی‌تواند اول باشد.

۱۰- فرض کنیم عدد x یک عدد اول است ولی از رستهٔ ۱۵ است. پیداست که چنین چیزی امکان ندارد زیرا اعداد رستهٔ ۱۵ همه بر ۳ بخش پذیر هستند. برای اثبات آن کافی است که ما به شکل عمومی این اعداد نظر کنیم: x را بر حسب مضربی از ۱۸ بعلاوهٔ ۱۵ باید بازنویسی

کرد. یعنی داریم: $x = y\times18+15 = 3(6y+5)$ که در اینجا y عددی صحیح است و لاجرم عدد x بر ۳ بخش پذیر است و نمی‌تواند اول باشد.

۱۱- فرض کنیم عدد x یک عدد اول است ولی از رستهٔ ۱۶ است. باز هم پیداست که چنین چیزی امکان ندارد زیرا اعداد رستهٔ ۱۶ همه زوج هستند. برای اثبات آن کافی است که ما به شکل عمومی این اعداد نظر کنیم: x را بر حسب مضربی از ۱۸ بعلاوهٔ ۱۶ باید بازنویسی کرد. یعنی داریم: $x = y\times18+16 = 2(9y+8)$ که در اینجا y عددی صحیح است و لاجرم عدد x بر ۲ بخش پذیر است و نمی‌تواند اول باشد.

۱۲- فرض کنیم عدد x یک عدد اول است ولی از رستهٔ ۱۸ است. چنین چیزی محال است زیرا اعداد رستهٔ ۱۸ همه بر ۱۸ بخش پذیرند و نمی‌توانند اول باشند.

پیداست که اکنون در پرتوی این الگو، بسیاری از پرسش‌ها و فرضیه‌های ریاضی باید بازبینی شوند. مثلا الگوی بالا می‌تواند به تایید «فضیهٔ اعداد اوّل دوقلو»[1] کمک کند. این فرضیه مدعی است که ما بینهایت "عدد اوّل دوقلو"[2] داریم. دو عدد اوّل را وقتی دوقلو می‌نامند که اختلاف آنها برابر با ۲ باشد. همانگونه که پیداست اعداد اوّل از رسته‌های ۵ و ۷ و همچنین اعداد اوّل از رسته‌های ۱۳ و ۱۷ اعداد اوّل دو قلو هستند.

فرضیهٔ ریمان نیز باید اکنون در پرتوی این الگو بازبینی شود.

یکی از رشته‌هایی که شدیدا از این الگو متاثر می‌شود رشتهٔ رمزنویسی[3] است. برخی از نظریات رمز نویسی بر فرض بر خصلت راندوم عدد اوّل بنا گشته است.

نقش دوم

تاکنون ما با الگویی که بر مبنای سیستم نوزدهی ارایه کردیم، قادر به این گشتیم که بگوئیم چه اعدادی از ۱۸ رسته در این سیستم، عدد اول نیستند. اکنون می‌خواهیم توجه خود را به این پرسش مبذول کنیم که کدامیک از اعداد درون رسته‌های ۱ و ۵ و ۷ و ۱۱ و ۱۳ و ۱۷ عدد اول نیستند.

بگذارید جدول ۱۰ را خلاصه کنیم. از آنجا که فقط شش رسته از اعداد سیستم نوزدهی دربرگیرندهٔ اعداد اول هستند، ما جدولی صرفا متشکل از این شش رسته را مورد توجه قرار

1 Twin prime conjecture

2 Twin prime

3 cryptography

فصل چهارم

می‌دهیم. این را شش رستهٔ اول می‌نامیم. لاجرم شش رستهٔ اول، رسته‌هایی هستند که دربرگیرندهٔ اعداد اول‌اند. البته شش رستهٔ اول تعدادی اعداد مرکب را نیز دربرمی‌گیرند. در شکل زیر اعداد اول با پس‌زمینهٔ سیاه و اعداد مرکب با پس‌زمینهٔ سفید و خاکستری نمودار شده‌اند.

دوره گرد	مقسوم علیه	رستهٔ ۱۷	رستهٔ ۱۳	رستهٔ ۱۱	رستهٔ ۷	رستهٔ ۵	رستهٔ ۱
		۱۷	۱۳	۱۱	۷	۵	۱
۵	۵	۳۵	۳۱	۲۹	۲۵	۲۳	۱۹
۷	۷	۵۳	۴۹	۴۷	۴۳	۴۱	۳۷
	۵	۷۱	۶۷	۶۵	۶۱	۵۹	۵۵
	۵،۷	۸۹	۸۵	۸۳	۷۹	۷۷	۷۳
	۵،۷	۱۰۷	۱۰۳	۱۰۱	۹۷	۹۵	۹۱
۱۱	۵،۷،۱۱	۱۲۵	۱۲۱	۱۱۹	۱۱۵	۱۱۳	۱۰۹
	۷،۱۱	۱۴۳	۱۳۹	۱۳۷	۱۳۳	۱۳۱	۱۲۷
	۵،۷	۱۶۱	۱۵۷	۱۵۵	۱۵۱	۱۴۹	۱۴۵
۱۳	۵،۱۳	۱۷۹	۱۷۵	۱۷۳	۱۶۹	۱۶۷	۱۶۳
	۵،۱۱	۱۹۷	۱۹۳	۱۹۱	۱۸۷	۱۸۵	۱۸۱
	۵،۷،۱۱	۲۱۵	۲۱۱	۲۰۹	۲۰۵	۲۰۳	۱۹۹
	۷،۱۳	۲۳۳	۲۲۹	۲۲۷	۲۲۳	۲۲۱	۲۱۷
	۵،۱۳	۲۵۱	۲۴۷	۲۴۵	۲۴۱	۲۳۹	۲۳۵
	۵،۷،۱۱	۲۶۹	۲۶۵	۲۶۳	۲۵۹	۲۵۷	۲۵۳
	۵،۷	۲۸۷	۲۸۳	۲۸۱	۲۷۷	۲۷۵	۲۷۱
۱۷	۵،۷،۱۳،۱۷	۳۰۵	۳۰۱	۲۹۹	۲۹۵	۲۹۳	۲۸۹
	۱۱،۱۷	۳۲۳	۳۱۹	۳۱۷	۳۱۳	۳۱۱	۳۰۷
	۵،۷،۱۱	۳۴۱	۳۳۷	۳۳۵	۳۳۱	۳۲۹	۳۲۵
	۵،۷	۳۵۹	۳۵۵	۳۵۳	۳۴۹	۳۴۷	۳۴۳
۱۹	۵،۷،۱۹	۳۷۷	۳۷۳	۳۷۱	۳۶۷	۳۶۵	۳۶۱
	۵،۱۷	۳۹۵	۳۹۱	۳۸۹	۳۸۵	۳۸۳	۳۷۹
	۷،۱۱،۱۳	۴۱۳	۴۰۹	۴۰۷	۴۰۳	۴۰۱	۳۹۷
	۵،۷	۴۳۱	۴۲۷	۴۲۵	۴۲۱	۴۱۹	۴۱۵
	۵،۱۹	۴۴۹	۴۴۵	۴۴۳	۴۳۹	۴۳۷	۴۳۳

	۵,۱۱	۴۶۷	۴۶۳	۴۶۱	۴۵۷	۴۵۵	۴۵۱
	۵,۷,۱۱,۱۳	۴۸۵	۴۸۱	۴۷۹	۴۷۵	۴۷۳	۴۶۹
	۷,۱۷	۵۰۳	۴۹۹	۴۹۷	۴۹۳	۴۹۱	۴۸۷
	۵,۷,۱۱	۵۲۱	۵۱۷	۵۱۵	۵۱۱	۵۰۹	۵۰۵
۲۳	۵,۷,۱۳,۱۷,۲۳	۵۳۹	۵۳۵	۵۳۳	۵۲۹	۵۲۷	۵۲۳
	۵,۷,۱۹	۵۵۷	۵۵۳	۵۵۱	۵۴۷	۵۴۵	۵۴۱
	,۵,۱۳	۵۷۵	۵۷۱	۵۶۹	۵۶۵	۵۶۳	۵۵۹
	۷,۱۱,۱۹	۵۹۳	۵۸۹	۵۸۷	۵۸۳	۵۸۱	۵۷۷
	۵,۱۳	۶۱۱	۶۰۷	۶۰۵	۶۰۱	۵۹۹	۵۹۵
	۵,۷,۱۷	۶۲۹	۶۲۵	۶۲۳	۶۱۹	۶۱۷	۶۱۳
	۵,۷	۶۴۷	۶۴۳	۶۴۱	۶۳۷	۶۳۵	۶۳۱
	۵,۱۱	۶۶۵	۶۶۱	۶۵۹	۶۵۵	۶۵۳	۶۴۹
	۲۳,۱۱,۷	۶۸۳	۶۷۹	۶۷۷	۶۷۳	۶۷۱	۶۶۷
	۵,۱۳,۱۷	۷۰۱	۶۹۷	۶۹۵	۶۹۱	۶۸۹	۶۸۵
	۵,۱۹,۷,۲۳	۷۱۹	۷۱۵	۷۱۳	۷۰۹	۷۰۷	۷۰۳
	۵,۷,۱۷	۷۳۷	۷۳۳	۷۳۱	۷۲۷	۷۲۵	۷۲۱
	۵,۷	۷۵۵	۷۵۱	۷۴۹	۷۴۵	۷۴۳	۷۳۹
	۷,۱۳	۷۷۳	۷۶۹	۷۶۷	۷۶۳	۷۶۱	۷۵۷
	۵,۱۹,۱۱	۷۹۱	۷۸۷	۷۸۵	۷۸۱	۷۷۹	۷۷۵
	۵,۱۱,۱۳,۱۷	۸۰۹	۸۰۵	۸۰۳	۷۹۹	۷۹۷	۷۹۳
	۵,۱۹	۸۲۷	۸۲۳	۸۲۱	۸۱۷	۸۱۵	۸۱۱
۲۹	۵,۷,۲۹	۸۴۵	۸۴۱	۸۳۹	۸۳۵	۸۳۳	۸۲۹

جدول ۱۰ شش رسته اول

جدول بالا شش رستهٔ اول را نشان می‌دهد. این جدول دو ستون دیگر هم دارد. ستون "مقسوم علیه" کوچکترین مقسوم علیه را که در یک عدد مرکب در یک ردیف پیش می‌آید نشان می‌دهد. مثلا در ردیف دوم ما دو عدد مرکب ۲۵ و ۳۵ را داریم. هر دو این اعداد مقسوم علیه برابر با ۵ دارند لاجرم ردیف دوم از ستون قسوم علیه فقط عدد ۵ را دربر دارد. ولی در ردیف هفتم ما چهار عدد مرکب ۱۱۵ ، ۱۱۹، ۱۲۱ و ۱۲۵ را داریم که هر یک مقسوم علیه ۵، ۷، ۱۱ و ۵ را دارند. برای همین ردیف هفتم ستون "مقسوم علیه" سه عدد ۵، ۷، ۱۱ را دارد. اگر در ستون مقسوم علیه دقت کنید متوجه می‌شوید با افزایش شمارهٔ ردیف‌ها گاه بر اعداد لیست در مقسوم علیه می‌افزاید

بقسـمیکه ایـن افزایـش نقـش خاصـی را برملا می‌کند. پیـش از هر چیز متوجه باشـید که مقسـوم علیه‌ها همگی از عناصر اوّل در همین جدول هستند.

اگـر در جـدول دقـت کنیـد می‌بینیـد ایـن جدول یک سـتون هشـتم هـم دارد کـه آن را "دوره گرد" نامیده‌ام. مقصودم از "دوره گرد" عددیست که در فهرسـت مقسـوم علیه تازگی دارد یعنی در ردیف‌های قبلی نبوده است. برای اینکه متوجه منظورم شـوید فقط به دو سـتون "مقسوم علیه" و "دوره گـرد" نـگاه کنیـد. عـدد ۵ در سـتون دوم تازگی دارد پـس ۵ یـک دوره گرد اسـت. عدد ۷ در ردیـف سـوم یـک دوره گرد اسـت. در ردیف هفتم عدد ۱۱ یک دوره گرد اسـت. حـالا به کل جدول نگاه کنید. اعداد مرکبی را که معرّف یک دوره گرد هسـتند به رنگ خاکسـتری نمایش داده‌ام. اگر در این اعداد خاکستری دقت کنید متوجه می‌شوید که اینها همواره مجذور یک عدد اول هستند و از این طرح پیروی می‌کنند:

$$25 = 5^2 \Rightarrow 5, 49 = 7^2 \Rightarrow 7, 121 = 11^2 \Rightarrow 11, \ldots$$

یعنی ستون دوره‌گردها مثل شکل زیر، همهٔ اعداد اول را به ترتیب خاصی که این اعداد دارند، در می‌نوردند:

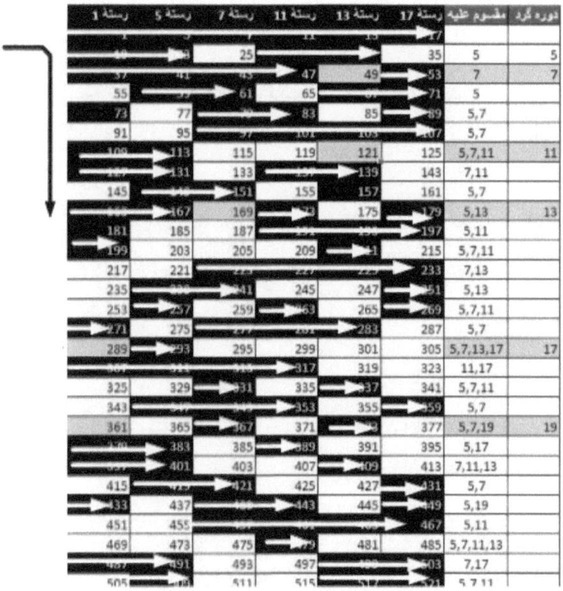

رسته 1	رسته 5	رسته 7	رسته 11	رسته 13	رسته 17	مقسوم علیه	دوره گرد
[illegible]	[illegible]	[illegible]	[illegible]	[illegible]	17		
[illegible]	[illegible]	25	[illegible]	[illegible]	35	5	5
37	41	[illegible]	47	49	53	7	7
55	[illegible]	61	65	[illegible]	71	5	
73	77	[illegible]	83	85	89	5,7	
91	95	[illegible]	101	[illegible]	107	5,7	
[illegible]	113	115	119	121	125	5,7,11	11
[illegible]	131	133	[illegible]	139	143	7,11	
145	[illegible]	151	155	157	161	5,7	
[illegible]	167	169	[illegible]	175	179	5,13	13
181	185	187	[illegible]	[illegible]	197	5,11	
199	203	205	209	[illegible]	215	5,7,11	
217	221	[illegible]	[illegible]	[illegible]	233	7,13	
235	[illegible]	241	245	247	251	5,13	
253	257	259	[illegible]	265	269	5,7,11	
271	275	[illegible]	[illegible]	283	287	5,7	
289	293	295	299	301	305	5,7,13,17	17
[illegible]	[illegible]	[illegible]	317	319	323	11,17	
325	329	331	335	337	341	5,7,11	
343	[illegible]	[illegible]	353	355	359	5,7	
361	365	367	371	[illegible]	377	5,7,19	19
[illegible]	383	385	389	391	395	5,17	
[illegible]	401	403	407	409	413	7,11,13	
415	[illegible]	421	425	427	431	5,7	
433	437	[illegible]	443	445	449	5,19	
451	455	[illegible]	[illegible]	[illegible]	467	5,11	
469	473	475	[illegible]	481	485	5,7,11,13	
[illegible]	491	493	497	[illegible]	503	7,17	
505	[illegible]	511	515	[illegible]	[illegible]	5,7,11	

شکل ۳۰ **الگوی تکرار دوره گردها**

پس ما با نقش دومی در جدول شش رسته روبرو هستیم: مقسوم علیه‌ها با سرعت خاصی افزایش می‌یابند بقسمیکه محاسبهٔ "اوّل بودنِ یک عدد" را آسان می‌سازند. در نقش نخستین که در بخش پیش مشاهده کردیم ما با گام‌های زیر می‌توانستیم مشخص کنیم که عدد x عدد اوّل نیست:

۱- محاسبهٔ x مودولو ۱۸ به ما رستهٔ عدد x را ارایه می‌دهد. بگذارید $\Re$ نمودار رستهٔ عدد x باشد.

۲- در گام بعدی، با حداکثر ۶ مقایسه می‌توانیم مطمئن شویم که x عدد اوّل نیست

در این مرحله، یعنی پس از گام ۲، دو حالت داریم:

- $\Re$ برابر با هیچیک از اعداد ششگانهٔ ۱ و ۵ و ۷ و ۱۱ و ۱۳ و ۱۷ نبوده، پس عدد اوّل نیست
- $\Re$ برابر با یکی از اعداد ششگانهٔ ۱ و ۵ و ۷ و ۱۱ و ۱۳ و ۱۷ بوده، پس عدد اوّل است

در حالت اول تکلیف روشن است. در حالت دوم، ما طی گامهای زیر می‌توانیم با قطعیت بگوئیم که آیا x یک عدد اول است یا نه:

۳- جذر x را می‌گیریم. چنانچه x مجذور یک عدد صحیح باشد، یعنی $n = \sqrt{x}, n \in \mathbb{N}$، در اینصورت اوّل نیست. اگر n عدد صحیح نباشد در اینصورت آن را برابر با بزرگترین عدد اوّلِ کوچکتر از n قرار می‌دهیم.

۴- اکنون بخش پذیری x بر یکی از اعداد اول در بازهٔ $n \succ \cdots \succ 13 \succ 11 \succ 5$، تکلیفِ اوّل بودن یا اوّل نبودنِ x را روشن خواهد کرد.

بگذارید طی مثالی، این شیوه را روشن کنیم:

- مثلا عدد $x = 569$ را مجسم می‌کنیم.
- این عدد مودولو ۱۸، از رستهٔ ۱۱ است، یعنی $x\ mod(18) = 11$ پس می‌تواند یک عدد اول باشد.
- کافی است جذر این عدد را متصور شویم که برابر است با

$$n = \sqrt{x} = 23.853720883753125696545713238553$$

- پس n را مساوی با بزرگترین عدد اول کوچکتر از n قرار می‌دهیم: $n = 23$

- کافی است ما ببینیم آیا ۵۶۹ بر اعداد ۵و۷و۱۱و۱۳و۱۷و۱۹و۲۳ بخش پذیر است یا نه. اگر بر هیچکدام از آنها بخش پذیر نباشد، قطعا عددی اول است. یک محاسبهٔ ساده نشان می‌دهد که ۵۶۹ بر هیچیک از اعداد فوق بخش پذیر نیست لاجرم باید اول باشد. همینطور هم هست.

از ذکر یک نکته نیز غافل نباید بود. اعداد در هیئت یک دوره گرد با بسآمد یکسانی ظهور پیدا نمی‌کنند. مثلا عدد ۵ بیشترین بسآمد را برای دوره‌گردها دارد پس از آن ۷ و ۱۱و ... یعنی بسآمد یک دوره‌گرد با ترتیب آن عدد در میان اعداد اوّل تناسب دارد.

یک طرح ابتدایی برای عالم غیب

اکنون که با نقش شگفت انگیزعدد ۱۹ آشنا شده‌اید، بگذارید در تقلید از مناسبات آشنا، طرحی برای بافت نامحسوس اونوس موندوس پیش‌بنهم. در عالم خاکی، ما با جدول تنابی عناصر آشنا گشته‌ایم که شکل زیر را دارد.

گروه ⟸ دوره ⇓	1	2	3		4	5	6	7	8	9	10	11	12	13	14	15	16	17	18
1	1 H																		2 He
2	3 Li	4 Be												5 B	6 C	7 N	8 O	9 F	10 NE
3	11 Na	12 Mg												13 Al	14 Si	15 P	16 S	17 Cl	18 Ar
4	19 K	20 Ca	21 Sc		22 Ti	23 V	24 Cr	25 Mn	26 Fe	27 Co	28 Ni	29 Cu	30 Zn	31 Ga	32 Ge	33 As	34 Se	35 Br	36 Kr
5	37 Rb	38 Sr	39 Y		40 Zr	41 Nb	42 Mo	43 Tc	44 Ru	45 Rh	46 Pd	47 Ag	48 Cd	49 In	50 Sn	51 Sb	52 Te	53 I	54 Xe
6	55 Cs	56 Ba	57 La	*	72 Hf	73 Ta	74 W	75 Re	76 Os	77 Ir	78 Pt	79 Au	80 Hg	81 Tl	82 Pb	83 Bi	84 Po	85 At	86 Rn
7	87 Fr	88 Ra	89 Ac	**	104 Rf	105 Db	106 Sg	107 Bh	108 Hs	109	110	111 Rg	112 Cn	113 Nh	114 Fl	11 5	116 Lv	117 Ts	118 Og
				*	58 Ce	59 Pr	60 Nd	61 Pm	62 Sm	63 Eu	64 Gd	65 Tb	66 Dy	67 Ho	68 Er	69 Tm	70 Yb	71 Lu	
				**	90 Th	91 Pa	92 U	93 Np	94 Pu	95 Am	96 Cm	97 Bk	98 Cf	99 Es	100 Fm	10 1	102 No	103 Lr	

شکل ۳۱ **جدول تناوبی (نقل از ویکیپدیا)**

همانگونه که در شکل بالا پیداست این جدول متشکل از ۱۸ گروه و ۷ دوره است. ویکیپدیا می‌نویسد:

"یک گروه یا خانواده، یک ستون عمودی از جدول تناوبی است. عنصرهای یک گروه معمولاً ویژگی های نزدیک به هم بیشتری نسبت به عنصرهای یک دوره یا بلوک دارند. دانش مکانیک کوانتوم که دربارهٔ ساختار اتمی پژوهش می‌کند، نشان می دهد که چون عنصرهای موجود در یک گروه همگی از آرایش الکترونی یکسانی در لایهٔ آخر الکترونی برخوردارند؛ بنابراین ویژگی های شیمیایی مشابهی از خود نشان می دهند و هرچه عدد اتمی آن ها بالاتر می رود، این مشابهت ها افزایش پیدا می کند."

این حقیقت که عناصر عالم خاکی در ۱۸ گروه پدیدار می‌شوند، مرا وسوسه می‌کند که قائل به گروه نوزدهمی برای عناصر اونوس موندوس شوم، عناصری که پیش از این، آن‌ها را برآهنگ نامیدیم. گفتیم که برآهنگ پدیده‌ای است که ما به ازایی در عالم خاکی ندارد. اکنون می‌توانیم بگوئیم رسته‌ای از برآهنگ ها هستند که موظف به دخل و تصرف عناصر عالم خاکی هستند. ما این برآهنگ ها را نمی‌بینیم بلکه فقط با آثار آن ها روبرو هستیم. بعبارت دیگر وجودشان نامحسوس است. یا بهتر است بگوییم وجود آنها را بطور غیر مستقیم دریافت یا ثبت می‌کنیم. مثلا برآهنگی باید داشته باشیم که در گروه نوزدهمِ جدول تناوبی قرار دارد و وظیفه‌اش همچون برآهنگ ذهنی The موجودیت، یا حیات بخشیدن به عناصر یا گروه‌های هجده‌گانهٔ جدول تناوبیِ عالم خاکی است.

در بازگشت به موضوع سقر، می‌توان تعبیر خود از عالم خاکی را به این ترتیب غنی کرد که گفت: مادّه متشکل از سقر است. زیرا گرانش تنها ویژگیِ برجستهٔ مادّه است. ما هر چیزی را که دارای چنین ویژگی باشد مادّه قلمداد می‌کنیم. مثلا "مادّهٔ تاریک" ماده‌ایست که فاقد تعامل الکترومغناطیسی است (و لاجرم تاریک می‌باشد) ولی هنوز تعامل گرانشی دارد (و لاجرم مادّه است). و می‌دانیم که سقر نیز چیزی جز گرانش محض نیست. ولی وقتی موکلان نوزده‌گانهٔ قرآن سقر را دربر می‌گیرند، بخشی از جاذبهٔ آن را مهار می‌سازند و فقط بخشی از آن جاذبهٔ بینهایت باقی می‌ماند تا با دیگر مواد (سقرها) تعامل داشته باشد. اسمش را بگذارید "جاذبهٔ آزاد". و همهٔ داستان وجودِ مادّی در همین خلاصه می‌شود. یعنی موکلان نوزده‌گانهٔ قرآن نه فقط مهار کنندهٔ جاذبهٔ مرگ‌آفرینِ سقر هستند بلکه تبیین کنندهٔ خصایل مادّه نیز هستند به واسطهٔ این حقیقت که موکلان نوزده‌گانهٔ سقر، مقدار جاذبهٔ آزاد را تبیین می‌کنند. متوجه باشید که در اینجا موکلان، نقشی مثل چوب جادوی ۱۹ در ریاضی دارند. یادتان هست که با این چوب جادو می‌توان هر عددی را برساخت؟ به همین صورت هم در گسترهٔ این عالم، موکلان سقر، یا برآهنگ های مذکور، می‌توانند به تک تک عناصرِ مادّه موجودیت و تعین ببخشند.

کیفیت‌هـای سـه‌گانهٔ وجـود روی همیـن نخسـتین کیفیتِ وجـود، یعنی کیفیت مـادّی، روی فـرش مـادّه تعریف می‌شـوند و تحقق می‌یابند. پس شـاخص این سـقر، گرانش بـی حد و حصر آن است و ضمنن " پوست‌ها را سیاه می‌گرداند". یعنی موکلان نوزده‌گانه اگر حکم پوسـته را داشـته باشـند، باید گفت تعاملی میان پوستهٔ سـقر و خود سـقر اسـت: آن‌ها را سـیاه می‌گرداند، یا چروک می‌اندازد. و این با وظیفهٔ دوگانهٔ این پوسته همخوان است:

۱- ازآنجا که این پوسته، یک برآهنگ است، پس یک شـاخص اصلی آن موجودیت بخشیدن بـه چیزیسـت کـه می‌خواهـد همـه چیزرا بـدرون خـودش، یعنی بـدرون مرگ بکشـد ولی برآهنگِ پوسته این خواهش او را مهار می‌کند.

۲- موادی که برسازندهٔ گیتی هستند یکسان نیستند. این یکسان نبودن را می‌توان به دو صورت تجسم کرد. یک صورت این است که منافذ سقر که برآهنگ‌های پوسته، چون نگاهبان آن را دربرمی‌گیرند، یک اندازه نیستند و لاجرم در هر منفذی از سقر با میزان دیگری از شدت گرانش سقر روبرو هستیم. یک صورت دیگر این است که منافذ سقر یکسان هستند ولی برآهنگ‌ها رفتار متفاوت دارند. در هردو حالت ما با چهرهٔ متفاوتی از برآهنگِ پوسته روبرو خواهیم بود.

لاجرمـص در قیـاس از دو ذرهٔ مـادّی با اجـرام متفاوت می‌توان گفت، ما با دو پوستهٔ متفاوت روبـرو هسـتیم: در یـک مورد پوستهٔ مذبور مقدار بیشـتری از گرانش سـقر را مهار می‌کنـد و در یک پوسـته مقـداری کمتـر را. برآهنگِ پوسـته، هم بـه یک منفذ از سـقر، به معنی عمومـی موجودیت می‌بخشد و هم به معنی خصوصی به آن تعین می‌دهد.

پیداسـت کـه ایـن تعبیـر از سـقر با تعبیـر دوزخ نیز همخوان اسـت. به عبارت دیگـر، من دارم اصطلاحـی از عالـم کبیر را در وصـف عالم صغیر بکار می‌برم و می‌گویم چیزیکـه ما عموما مادّه تلقی می‌کنیـم، جهنمـی مهار شـده اسـت. وقتی ما به مادّه نـگاه می‌کنیم، در حال تماشـای جهنمی از دیدگاه بیرونی هستیم. بعبارت دیگر پیدایش این عالم خاکی بر اساس سقر است. سقر پس‌زمینهٔ عالـم خاکـی اسـت. سـقر، پس‌زمینهٔ وجودِ عالـمِ خاکی اسـت. روی این پس زمینه مـا عالم خاکی را داریـم کـه سـقر بـر زیر آن به دو شـیوه تجلّـی دارد: سـوراخ‌ها و منافز بسـیار ریزی که معـرّفِ مادّه هسـتند و سـوراخ‌های بزرگتـری کـه مـا آن‌ها را "حفره‌های سـیاه" می‌نامیـم. آنچه که ایـن منافذ و سوراخ‌ها به سقر را مدیریت می‌کند همان نگاهبانان نوزده‌گانهٔ سقر است. این مدیریت هم در سطح سـوراخ‌ها و منافذ ریز وجود دارد هم در حفره‌های بزرگ. به کلام دیگر حضور حفره‌های سـیاه در عالم محسـوس، جواب یا اشـاره‌ای به این پرسش نهادین بشـر پیرامون چیستی مادّه است. حالا می‌توانیم بگوئیم مادّه عبارت از تجلی سقریسـت که گرانشی بی‌نهایت دارد ولی برآهنگِ پوسـته، بخش بزرگی از آن را مهار می‌کند. این موضوع هم در عالم صغیر صدق می‌کند و هم در عالم کبیر.

فصل پنجم

انواع متفاوت شعور

در پایان ضروری می‌دانم که در اشاره به افکار یونگ، بحث اونوس موندوس را جمع کنم. یونگ می‌نویسد: [1]

"... جهان ما، با زمان، فضا و علّیت‌اش، به مناسباتی دیگر پنهان در پشت پدیده‌ها، مرتبط است. در آن مناسبات نه "اینجا و آنجا" اهمیت دارند و نه "پیش و پسِ" زمانی. من معتقدم که حداقل بخشی از موجودیت روان ما توسط نسبیت فضا و زمان متصف می‌گردد. به نظر می‌رسد که این نسبیت در تناسب با فاصلهٔ خودآگاهی از شرایط مطلقی از بی‌زمانی و بی‌فضایی، افزایش می‌یابد."

یعنی عالم خاکی ما که خودآگاهی ما روی آن متمرکز است زیرمجموعهٔ عالمی دیگر است و به همین مناسبت هم شعور یا علمی از جنسی دیگر وجود دارد که با خودآگاهی و مناسبات آشنای خودآگاهی فاصله دارد. این علم، کانون توجه من است. در این نوشته کوشیده‌ام تا پرتوی بر آن بیافکنم. همانگونه که عالم ذهنی ما با عالم خاکی در تماس است، یک بخش از اونوس موندوس هم با بخش دیگر اونوس موندوس در تماس است. و در این مناسبت، عالم خاکی اهمیت خاصی پیدا می‌کند. یونگ می‌نویسد: [2]

"به نظر من می‌رسد که بیشترین میزان آگاهی که در هر جایی تحقق بیابد، سقف دانشی را تبیین می‌کند که مُردگان می‌توانند بدست آورند. شاید به همین دلیل باشد که زندگی

---

۱ رجوع کنید به [J8].

۲ رجوع کنید به [J8].

خاکی، و همچنین ره‌آورد یک انسان در زمان مرگ، اهمیت والایی پیدا می‌کند. فقط در زندگی خاکی بر روی زمین، جایی که اضداد در هم تصادم می‌کنند، سطح عمومی آگاهی افزایش پیدا می‌کند. به نظر می‌رسد که وظیفهٔ متافیزیکی انسان همین افزایش آگاهی باشد که نمی‌تواند آن را بدون اسطوره سازی به انجام برساند. اسطوره حدواسط طبیعی و ضروری میان معرفت خودآگاه و ناخودآگاه است. بله، این درست است که ناخودآگاه بیشتر از خودآگاهی می‌داند، ولی این نوع خاصی از علم است، علمی در ابدیت است که معمولا رجوع به مکان و زمان ندارد، و در زبان عقل قرار نمی‌گیرد."

متوجه باشید که این علم عجیب و غریبی نیست که دور از وجود ما افتاده باشد. تنها نکتهٔ عجیب این است که به زبان خودآگاهی بیان نمی‌شود. ولی این اشتباه و خطای رایج و فاحشی است که هستی انسان و علم او را محدود به خودآگاهی‌اش بدانیم. یونگ (و علم روانشناسی) به ما آموخته است که انسان بیش از آن چیزیست که خودآگاهی‌اش گمان می‌کند هست. کافیست که بقول ویتگنشتاین ما از نردبالان "خودآگاهی" بالا رفته سپس نردبان را پس بزنیم.

یکی از تفاوت‌های عمده میان همزاد و من‌زاد این است که گذر متفاوتی از زمان دارند. شاید همیشه اینگونه نبوده باشد ولی اکنون همهٔ شواهد و قراین حکایت از این دارند که این دو واحد از هستی زمان یکسانی ندارند. به اعتقاد من، تناسب زمانی میان این دو واحد از هستی یکی از مهمترین ستون‌های چیزیست که ما آن را شعور می‌نامیم. ما می‌دانیم که ساعت همزاد T_1 سریع‌تر از ساعت من‌زاد T_2 می‌دود و به همین دلیل هم همزاد سهمی بیشتر از من‌زاد دارد. تناسب میان T_1 و T_2 بیش از هر چیز شعور ما را تعریف می‌کند. و برهم ریختن این تناسب، بیش از هر چیز دیگری ما را "از خود بی‌خود" می‌کند. مثلا طی رؤیا این تناسب به هم می‌خورد. همهٔ پژوهشگران خواب بر این نکته توافق دارند که "گذر زمان" یکی از مهم‌ترین مولفه‌هایی است که رؤیا را از بیداری متمایز می‌سازد. انسان در رؤیا حس دیگری از زمان دارد. یعنی شعور ما مردم برانگیخته از دو کوک ساعتی است که اصلا تیک یکسانی ندارند در حالیکه به نظر می‌رسد در دوره‌های باستان، شعور مردم از جنسی برانگیخته از دو کوک یکسان بوده!! می‌دانید برابری این دو کوک شبیه چه حالتی است؟ این حالتی است که نسان با مصرف کانابیس به آن دچار می شود. البته به نظر می‌رسد که ما در خواب و رؤیا هم حالت مشابهی داشته باشیم. مشابه از این نظر که با گذر کُندتری از زمان[1]، ما جهان را به کمند تجربه می‌کشیم! همانطور که می‌دانیم همزاد زمان کندتری را می‌گذراند[2] $T_1 < T_2$. خودآگاهیِ انسان در رؤیا گذر تُندتری را تجربه

---

۱ یعنی ساعت T_1 سریع‌تر شده.

۲ زیرا ساعت همزاد یعنی ساعت T_2 تندتر کار می‌کند.

می‌کند. پس ما می‌توانیم این دو را به قیاس بگیریم و ببینیم که این دو نوع از شعور تا چه اندازه از یکدیگر متفاوت هستند!! بگمانم توافق جامع ما از این تجارب این است که آن شعور دیگر را اصلا شعور قلمداد نمی‌کنیم! گمان نمی‌کنم هیچ عقل خودآگاهی پذیرای این شود که روی آن حالت مُهر شعور بزند. "آنچه ما بحالت شعوری دیگر طی رؤیا تجربه می‌کنیم" اصلا با وجوهی از شعور در می‌افتد که ما آنها را اساس و بنیان شعور قلمداد می‌کنیم.

تفاوت‌های شعور

برخی مقولات در متن یک شعور مُحال قلمداد می‌شوند در حالیکه در متن شعوری دیگر کاملا مجاز هستند و به حالتی از حقیقت اشاره می‌کنند. مثلا؛ گرچه زمان در هر شعوری نقش یک ترتیب را دارد ولی در شعور روزمرهٔ ما یک نقش دیگر هم دیکته می‌کند: گذر زمان در بیداری به نحوی است که بینش آینده به نظر مُحال می‌رسد و بعضا با قانون علیّت در می‌افتد.

اصلا شاید بتوان اینگونه به علیّت نگاه کرد: استنتاج "الف از ب" را شاید بتوان به تحقق دو آگاهی متفاوت رجوع داد که نسبت ترّتب زمانی به یکدیگر دارند، یکی زودتر از دیگری تحقق می‌یابد.

انواع شعور باید اشتراکاتی داشته باشند. مثلا به نظرم رابطه و تناسب[1] باید در هر نوع از شعوری موجود باشد. ولی بگمانم رابطهٔ ترتیب " <" یکی از مصادیق اختلاف میان دو شعور است. در برخی عوالمِ شعور، رابطهٔ " <" معرِّف علیّت شدیدی می‌شود بگونه‌ای که تحقق یکی صرفا مترتب بر تحقق دیگری است.

بگذارید بیشتر روی این موضوع مکث کنیم. از آنجا که آگاهی در بستر بالاترین بُعد صورت می‌پذیرد، یعنی آگاهی در متن زمان روی می‌دهد، لاجرم برخی اقلامِ آگاهی روی فضای ساخته شده از ابعاد پائینتر روی می‌دهند و برخی در بالاترین بُعد. لاجرم اقلام نخستین از جنس فضایی هستند یعنی ترتیب زمانی ندارند ولی اقلام جنس دوم، ترتیب زمانی دارند.

مثلا مفهوم "فعل" مترتب است به مفهوم "فاعل". مُحال است که بدون تحقق مفهوم فاعل، بتوان تصوری از "فعل" داشت. دارم از نوعی ترتیب ذاتی و وجودی حرف می‌زنم. برخی ترتیب‌ها ذاتی هستند. مثلا عدد حقیقی مترتب است بر عدد طبیعی. شما نمی‌توانید از شعوری چشمداشت این را داشته باشید که به فهم عدد حقیقی نائل شود بدون اینکه پیش از آن عدد طبیعی را فهم کرده باشد. این یک ترتیب وجودی است. می‌توان گفت:

- **ترتیب وجودی در همهٔ عوالم شعور محفوظ است.**

---

1 Relation

یعنی، چه در رؤیا و چه در بیداری، عدد طبیعی مقدم است بر عدد حقیقی (چنانچه اصولا عدد حقیقی در رؤیا معنایی داشته باشد). البته تقدم عدد طبیعی بر عدد حقیقی یک مثال از ترتیب وجودی است: اعداد طبیعی را مجسم کنید، در این اعداد، یک ترتیب طبیعی داریم که به حکم آن، عدد ۴ کوچکتر از عدد ۱۳ است. این ترتیب ترتیبی وجودی است و در همهٔ عوالم شعور محفوظ می‌ماند.

ولی برخی ترتیب‌ها ذاتی و وجودی نیستند و لاجرم در عوالم متفاوت شعور می‌توانند رنگ ببازند. مثلا نور صاعقه بر صدای آن تقدم دارد ولی این تقدم از جنس تقدم ذاتی و وجودی نیست.

نظر به اختلاف میان T_1 و T_2 (در حال حاضر) دوگانگی برای ما معنای خاصی می‌دهد: دوگانگی با ترُتب (تقدم و تاخر) همراه می‌شود. حالا تصور کنید برای شعوری که در سازوارهٔ فیزیولوژیک‌اش اختلافی میان T_1 و T_2 وجود ندارد، در اینصورت همزیستی و معیت دو مفهوم در یک مفهوم (مثل عدد نامتعین مجازی) دیگر موضوع تقدم و تاخر را بدنبال خود نخواهد کشید.

حالت‌های شعور

متوجه باشید این نکتهٔ ساده و پیش پا افتاده‌ای نیست. ما هیچگاه به شعور از چنین زاویه‌ای نگاه نگرده بودیم. شعور ما در حال حاضر از نوعی است که با اختلاف این دو ساعت، با این تناسب فعلی رابطهٔ مستقیم دارد. یعنی نوع مناسبت این دو ساعت، شارح بیشترین ویژگی‌های شعور ما است. برای اینکه عمق این مناسبت را درک کنید بگذارید برایتان از دری آشنا وارد شوم:

درواقع تساوی و یکسان بودنِ کوک دو ساعتِ T_1 و T_2 مولد نوعی از شعور است که تبیین یا تصورش برای ما سهل و آسان نیست. برای اینکه حسی از لمس این نوع از شعور پیدا کنیم بهتر است به تجاربی متوسل شویم که طی آن، من‌زادِ ما گذرِ کُندتری از زمان را تجربه می‌کند[1]، یعنی حالت‌هایی که طی آن، ساعتِ من‌زاد به T_1' تبدیل می‌شود بقسمیکه $T_1 > T_1$. مقصود از این حالت‌ها چیست؟ حداقل دو دسته از تجربه‌های انسان دارای چنین ویژگی هستند:

۱- خواب و رؤیا: آنچه تجربهٔ رؤیا را از عالم بیداری شدیدا جدا می‌کند گذر متفاوت زمان است که ما در رؤیا تجربه می‌کنیم. پژوهشگران و عموم مردم در این موضوع توافق دارند که ظاهرا در رؤیا ما گذر دیگری از زمان را به کمند تجربه می‌کشیم.

---

۱ یعنی حالتی که ساعتش تُند تر بدود.

۲- یکی از آثار عمدهٔ مصرف کانابیس در انسان، در گذر زمان (من‌زاد) خلاصه می‌شود. تجارب انسان در نفوذ اثر کانابیس گویای این است که حس زمان در مصرف کننده دستخوش دیگرگونی می‌شود و گذر بمراتب تُندتری تجربه می‌کند بقسمیکه یک بازهٔ مشخص زمانی به نظر طولانی تر می‌رسد. یعنی زمان کش می‌آید.

به عبارت دیگر حداقل در هر دو حالت برشمرده در بالا، ساعتِ من‌زاد از T_1 به T_1' تبدیل می‌شود بقسمیکه $T_1 < T_1$. در هر دوی این حالت‌ها نیز ما نوعی دیگر از شعور را به کمند تجربه می‌کشیم؛ نوعی از شعور که به هیچ روی حاضر نیستیم به آن مُهر «شعور» بزنیم. شما می‌توانید در بیداری، حالت ذهنی خود را در رؤیا جدی تلقی نکنید و حتی به تمسخر آن بپردازید ولی این داوری را در هنگام رؤیا ندارید!

اصرار طبیعت برای کوکی دیگر

ساعتِ درونزاد انسان، نخستین برآیندِ شعور است یا اصلا معرّف آن است. علاوه بر کانابیس که پیش از آن گفتیم، ممکن است که آمفتامین هم روی ساعت درونزاد اثر گذار باشد و اثرش هم شبیه همان اثر کانابیس باشد. یعنی زمانِ درونزاد در اثرِ آن کش بیآید.

اکنون این پرسش مطرح می‌شود که چرا احساس کیف همیشه در حالت‌هایی با گذر تندتر زمان همراه است؟ آیا ما می‌خواهیم به خودمان بابت گذر تندتر زمان پاداش بدهیم؟ یعنی گذر تندتر زمان مطلوب و درخواستنی است؟ چرا گذر تندتر زمان می‌تواند مطلوب باشد؟ در بخش «همزمانی» نوشتم که بسیاری از بیماران صرع، تجربهٔ خود را به لذتی عمیق توصیف می‌کنند. و بسیاری نیز تجربهٔ رعشهٔ صرع را با حالت ارگاسم مقایسه می‌کنند و همسان می‌پندارند. یعنی حالت ارگاسم نیز همچون انقلاب کم دوامی در مغز، ساعت‌ها را دستکاری می‌کند. به این نیز اشاره کردیم که همهٔ مواد مخدری که با دستکاری نظام دوپامین مغز روبرو هستند نیز درگیر هم‌زمان سازی کوکِ این دو ساعت هستند. زیرا نظام دوپامین را عموما به «ساعت زمانِ درونزاد" ارتباط می‌دهند. برخی پژوهشگران بر این نظر هستند که نظام دوپامین هم در تجربهٔ حس لذت دخالت دارد و هم در تجربهٔ زمانِ درونزاد.

چرا همیشه احساس کیف با گذر تندتر زمان همراه است؟ یا بلعکس؟ یعنی مواقعی که زمان کُند می‌گذرد (گیرم این کُندی صرفا برداشتی ذهنی باشد) ما با سررفتن حوصله و حالت‌هایی روبرو می‌شویم که آن‌ها را ناخوش و نامطلوب قلمداد می‌کنیم.

برای این پرسش جواب‌های گوناگونی می‌توان داشت. بگذارید گزینه‌هامان را بررسی کنیم:

۱- گذر تند تر T_1 می‌تواند امتیازهای فیزیولوژیکی داشته باشد.

۲-گذر تند تر T_1 می‌تواند امتیازهای معرفتی و روانشناختی داشته باشد.

در مورد اول چیزی برای گفتن ندارم زیرا براستی نمی‌دانم گذر تند تر T_1 چه امتیاز فیزیولوژیکی فراهم می‌سازد؟ ولی گزینهٔ دوم به نظرم معقول و سر راست می‌رسد. گذر تند تر T_1 می‌تواند از فاصلهٔ میان همزاد و من‌زاد بکاهد. این کاهش فاصله باعث ورود ما به نوع دیگری از شعور می‌شود که می‌تواند توانایی‌های دیگری را در ما بیدار کند.

زمان و چیزهای مُحال

تجربه یک رؤیای صادقه به ما چه چیزی می آموزد؟

من در خانواده ای بزرگ شدم که رؤیای صادقه در آن به وفور تجربه می‌شد. خودم در سال ۲۰۰۱ تجربه‌ای داشتم که ذکرش خالی از لطف نیست. ماه آگوست بود و ما در ایالت فلوریدا زندگی می‌کردیم. یک عروسی در خانواده همسرم در پیش بود. به همین دلیل او همراه فرزندم عازم شهر نیویورک شدند. من به دلیل مشغله همراه آنها نرفتم و در فلوریدا ماندم. دو هفته به رویداد معروف ۱۱ سپتامبر باقی مانده بود که رؤیایی داشتم به این مضمون: در شهر غریبی بودم، دیدم هواپیمایی با یک آسمانخراش تصادم کرد و بر کف خیابان افتاد. من در یک سوی این هواپیما بودم و همسر و فرزندم را در سوی دیگر می‌دیدم که به تماشا ایستاده بودند. از نقطه‌ای که من نظاره می‌کردم پیدا بود که بنزین هواپیما در حال نشت است. از سوی دیگر از اتصال مدارهای الکتریکی جرقه‌هایی نیزگاه و بیگاه پیدا می‌شد. اطمینان داشتم که بزودی شاهد انفجار بزرگی خواهم بود. نگران همسر و فرزندم، هر چه فریاد می‌زدم صدایم به آنها نمی‌رسید.

صبح روز بعد که رؤیایم را برای دوست و همکارم گفتم، وی مرا تسکین داد و توصیه کرد نگران نباشم. آن‌ها هفتهٔ بعد بازگشتند و من رؤیایم را به فراموشی سپردم. حتی وقتی که واقعهٔ ۱۱ سپتامبر روی داد، رؤیا به یادم نبود تا شب هنگام که اخبار تصاویر رویداد را نشان می‌داد دوستم زنگ زد و شگفت‌زده پرسید "دیدی چی شد؟" هنوز ملتفت نبودم که هیجانش برای چه بود؟ رؤیایم را خاطر نشان کرد و گفت اگر پیش از این رؤیایت را برایم تعریف نکرده بودی باور نمی‌کردم چنین رؤیایی دیده باشی.

قائده بر این است که آدم اینجور پیش آگاهی‌ها را حمل بر تصادف کند. برای کسی که چنین چیزی را تجربه نکرده باشد یا نخواهد چنین امکانی را بپذیرد، واکنشی طبیعی است

که اینگونه رویدادها را به حساب تصادف بگذارد. ولی برای کسی که ذهنی باز و گشوده دارد، یا کسی که خودش شخصا چنین پیش آگاهی را تجربه کرده باشد، خیلی سخت است که با برچسبِ شانس و تصادف از کنارش عبور کند و نادیده‌اش بگیرد.

سکوت پیشه کردن یا نادیده گرفتنِ چنین تجاربی، رویکردی غیرعلمی است. این گزینش در بسیاری موارد اتکاء به یک پیشداوری دارد. اینکه ما نمی‌توانیم در مورد حقیقت و ذات مادّه گفتگو کنیم یک موضوع است که ربطی به فرهنگ یا موضع خاص فلسفی ما ندارد. ولی می‌توان دربارهٔ تجربهٔ پیش‌آگاهی، پیش بینی‌هایی که به دفعات در تاریخ ثبت شده است (و طبعا نمی‌توان در واقعیتِ آن تردید داشت) گفتگو کرد. تنها شرط این گفتگو این است که ما با ذهنِ گشوده و باز حاضر به تردید در چیزهایی باشیم که تردید در آنها را جایز نمی‌دانیم. در این مورد فرهنگ‌ها رویکردهای متفاوتی دارند. بگذارید با مثالی مقصودم را روشن کنم.

گودل در تحلیل مفهوم زمان در پرتوی نظریهٔ نسبت متوجه این نکته شد که تحت شرایط خاصی سفر در زمان و بازگشت به گذشته امکانپذیر است. چنین امکانی، می‌تواند مفهوم "وجود" را (بمثابه مفهومی مطلق) مخدوش سازد. این مفهوم نسبی زمان، با مفهوم شهودی زمان که ما با آن اُنس داریم در تعارض است. گودل خود می‌گفت که اگر هر چیزی را بشود نسبی کرد، مفهوم وجود را نمی‌توان نسبی کرد، ولی نهایتا در تعارض دو مفهوم «زمانِ شهودی» و «زمانِ نسبی شده در فیزیک»، وی مفهوم شهودی زمان را بر زمین انداخت. به عبارت دیگر مفهوم فیزیکی زمان برای گودل (و بلکه برای فرهنگ مغرب زمین) چیزیست که در آن تردید را جایز نمی‌داند.

با عطف به این مثال، باید اصولی را که نمی‌توان در آنها تردید داشت تبیین کرد. باید متوجه باشیم که در پایان، ما نه قادر به صدور حکمی جهانشمول خواهیم بود و نه اصلا مایل به چنین کاری هستیم. یعنی بایستی اصولی را تبیین کنیم که برای ما (در مقام یک فرهنگ زمان-محور) و صرفا برای ما، تردید در آنها جایز نیست. ضمنن باید متوجه باشیم که در تدوین این اصول ما با یک سلسله مراتب روبرو هستیم که گاه باید محل تردید قلمداد شود. یعنی مثلا در میان چیزهایی که ما مُحال قلمداد می‌کنیم برخی چیزها «مُحال تر» از باقی چیزهای مُحال تلقی می‌شوند.

مثلا ما در زندگی آموخته‌ایم که یک لیوان می‌تواند بر زمین بیافتد و بشکند. به دفعات شاهد چنین رویدادی بوده‌ایم ولی هیچگاه معکوس چنین رویدادی را ندیده‌ایم. چنین چیزی را مُحال تلقی می‌کنیم. از طرف دیگر ما یا خود تجربهٔ رؤیای صادقه داشته‌ایم یا کسی را می‌شناسیم که چنین تجربه‌ای داشته و به او اعتماد داریم. لاجرم امر پیشگویی آینده را مُحال تلقی نمی‌کنیم یا حداقل آن را به آن شدت مُحال تلقی نمی‌کنیم که معکوس فرآیند شکستن لیوان را تلقی می‌کنیم. بگذارید رابطهٔ مُحال فیزیکی را با علامت ف <<< نشان دهیم و مُحال غیر فیزیکی (مثل

پیشگویی یا پیش بینی آینده) را با علامت $\ggg_{\text{م}}$ نشان دهیم. بطور عادی ما اولی را شدیدتر از دومی تلقی می‌کنیم. اگر دو پدیدهٔ فیزیکی الف و ب را داشته باشیم بقسمیکه الف مقدم بر ب باشد، می‌نویسیم

الف $\ggg_{\text{ف}}$ ب

و می‌خوانیم: مُحال است که رویداد فیزیکی ب پیش از رویداد فیزیکی الف روی دهد. از سوی دیگر آگاهی به الف و آگاهی به ب را دو پدیدهٔ غیر فیزیکی تلقی کرده و می‌نویسیم:

آگاهی الف $\ggg_{\text{م}}$ آگاهی ب

و می‌خوانیم: مُحال است که آگاهی به ب پیش از آگاهی به الف روی دهد.

گرچه، آگاهی به یک رویدادِ فیزیکی، و آن رویدادِ فیزیکی، دو چیز متفاوت هستند، ولی هنوز جای پرسیدن دارد که چگونه « رویدادن یک چیز» می‌تواند «مُحال تر» از «آگاهی به رویدادن آن چیز» باشد؟ جواب به این پرسش گزینه‌های زیر را دارد:

۱- $\ggg_{\text{ف}}$ و $\ggg_{\text{م}}$ به یک اندازه مُحال هستند

۲- تصور ما از مُحال پنداشتن $\ggg_{\text{ف}}$ و $\ggg_{\text{م}}$ اساسا غلط است چون تصور ما از زمان نادرست است

۳- جهانِ فیزیکی می‌تواند محدود به قیود زمان باشد ولی آگاهی به جهانِ فیزیکی چنین محدودیتی ندارد

همانگونه که در آغاز گفتم، گزینهٔ نخست در گسترهٔ باورهای من جایی ندارد. گزینهٔ دوم جای بحث و تامل دارد. گزینهٔ سوم جدایی و شکاف عمیقی میان جهانِ فیزیکی و آگاهی به جهانِ فیزیکی می‌اندازد. بقسمیکه انگار اصلا دو جهان متفاوت و منفک از یکدیگر داریم که هر یک قواعد خاص خودش را دارد. طبعا چنین طرحی از جهان مطلوب نیست و طنین احمقانه‌ای دارد.

لاجرم باید روی گزینهٔ دوم بحث و اندیشه کرد. به اعتقاد من، تصور ما از مُحال پنداشتن $\ggg_{\text{ف}}$ و $\ggg_{\text{م}}$ اساسا غلط است چون تصور ما از زمان نادرست است. به عبارت دیگر دو عبارتِ "فیزیکی مُحال" $\ggg_{\text{ف}}$ و "مُحال غیر فیزیکی" $\ggg_{\text{م}}$ به یک اندازه امکانپذیر هستند. ما در رابطه با بطور تصادفی تجاربی داریم که فرض مُحال بودن را باطل یا تضعیف می‌کنند. گرچه در رابطه با اینگونه پدیده‌ها، ما هنوز آنها را به کمند اراده و اختیار نکشیده‌ایم ولی همینقدر هم که آنها را

تجربه کرده‌ایم، با بسآمد فعلی می‌توان انتظار این را داشت که این تجارب ساماندهی شوند و به گسترهٔ عقل درآیند و شاید بتوان امید داشت که روزی به کمند اراده و اختیار کشیده شوند. در مورد مُحال فیزیکی قضیه به همین سان است گرچه چشم انداز آن به مراتب تار تر از مُحال غیر فیزیکی است. به اعتقاد من، ما فقط با سر سوزن از توانایی‌های انسان آشنا گشته‌ایم. هنوز برگ سوار حرف اول باد است.

در تفاوت رؤیا و بیداری

دو عالم رؤیا و بیداری براستی فاصلهٔ بزرگی دارند. تجربهٔ بیداری ما به ما آموخته است که خواب و رؤیا را جدی نگیریم. در این باور آنقدر راسخ هستیم که در زبان اصطلاحاتی داریم که همه حکایت از سُست و بی‌ارزش بودن رؤیا دارند؛ اصطلاحاتی مانند "خوابش را ببینی!"، "طرف خوابنما شده"، "مگر به خواب ببینی!"، "شتر در خواب بیند پنبه دانه، گهی لپ لپ خورد، گه دانه دانه" و ...

اگر بخواهیم تعصب را کنار بگذاریم و حق را ادا کنیم باید بگوئیم:

به نظر می‌رسد که ما زندگی خود را مدیون فعالیت های روزانه یا بیداری‌مان هستیم. در بیداری است که ما کار می‌کنیم و دست به کار تصرف در جهان پیرامون می‌شویم؛ انرژی می‌آفرینیم؛ دانش می‌آفرینیم؛ انرژی و دانش را تقسیم می‌کنیم و توسط آنها به غنای هستی فیزیولوژیکی و حتی معنوی خود می‌پردازیم. ما همهٔ علم و دانش خود را مدیون تجارب بیداری هستیم.

حالا جای این دارد که یک علامت سؤال بزرگ جلوی آخرین عبارت بالا بگذارم: آیا ما همهٔ علم و دانش خود را مدیون تجارب بیداری هستیم؟ قدر مسلمش این است که تجارب ما در خواب در فرآیند علم و دانش بی‌تاثیر نیستند. بسیاری از پژوهشگران بر این باور هستند که عمل فراگیری در مراحل مشخصی در خواب صورت می‌گیرد. برخی آن را با فرآیند حرکت سریع پلک‌ها در رؤیا[1] در رابطه می‌دانند. می‌گویند در خواب و رؤیا است که طی فرآیندی گزینشی، فراموشی صورت می‌گیرد. یعنی فراگیری و ضبط و ثبت داده‌ها که طی روز جمع آوری می‌شوند، در خواب طی فرآیندی گزینشی، برخی حذف می‌شوند و برخی ثبت می‌گردند. برای همین ایندسته از پژوهشگران فراگیری را با "حذف گزینشی" یکسان می‌پندارند. برخی از پژوهشگران از این نیز

1 Rapid Eye Movement (REM)

فراتر رفته و بر این باور هستند که اندیشه‌های خلاق، همانگونه که در تاریخ به دفعات مشاهده شده، در خواب و رؤیا به خودآگاهی ما نشت می‌کنند[۱].

لاجرم عبارت بالا را تعدیل می‌کنیم و می‌گوئیم به نظر می‌رسد که ما در خواب و بیداری دو نشاء متفاوت از شعور را تجربه می‌کنیم. در هر یک از آنها می‌توان باور داشت که جنس قانع کننده‌ای از شعور هست که در چارچوب آن می‌توان هم تجربه‌ای از "دانش" داشت و هم تجربه‌ای از زبان. گرچه این دو جنس آنقدر از یکدیگر متفاوت هستند که خروج از چارچوب هر یک از آنها (و ورود در دیگری) با تردیدی عمیق در حیثیت آن دیگری همراه می‌گردد. وقتی در خواب بسر می‌بریم تردیدی در باورهای خود نداریم، ولی هنگامی که بیدار می‌شویم به سادگی رؤیای خود را بخار معده تلقی می‌کنیم. البته با رعایت انصاف باید گفت:

۱- همهٔ رؤیاها ارزشمند نیستند.

۲- ولی به همین سان می‌توان گفت همهٔ تجارب ما در بیداری نیز ارزشمند نیستند.

۳- این نیز درست است که رؤیای همه کس ارزشمند نیست.

۴- به همین سان می‌توان گفت تجربهٔ بیداری همه کس ارزشمند نیست.

یعنی باید متوجه باشیم همانطور که معمولا یک رؤیای ارزشمند نادر است، به همین سان نیز یک تجربهٔ ارزشمند بیداری نادر است. همه کس رؤیای صادقه ندارد. همه کس هم در بیداری آلبرت اینشتین نیست. حتی یک فرد هم همیشه رؤیای ارزشمند ندارد. به همین سان، آلبرت اینشتین هم هر روز در بیداری نظریهٔ نوینی ارایه نمی‌دهد.

در تفاوت این دو عالم از شعور نکات بیشتری می‌توان مطرح کرد ولی البته نظر به اینکه گفتگوی کنونی ما در عالم بیداری صورت می‌پذیرد، باید متوجه باشیم که شناخت ما از آن جنس دیگر از شعور با حدس و گمان همراه است. با علم به اینکه بیانیه‌های زیر محل جدال خواهد بود، بگذارید تفاوت‌های دو عالم خواب و بیداری را فهرست کنم:

۱- گذر زمان در رؤیا متفاوت از گذر زمان در بیداری است. به نظر می‌رسد که زمان در رؤیا به مراتب سریع‌تر از بیداری می‌گذرد.

۲- زبان در رؤیا ویژگی عام تری دارد. مثلا در رؤیا می‌توانیم با شخصی خاص به زبانی گفتگو کنیم که با واقعیتِ عالم بیداری منطبق نباشد.

---

۱ مثلا رجوع کنید به کتاب «کمیتهٔ خواب» اثر دیردرا بریت، ترجمهٔ بیژن کریمی، نشر پنجره

۳- عواطف و احساسات، در رؤیا و بیداری مشترک هستند ولی در رؤیا به مراتب عمیق‌تر و شدیدتر تجربه می‌شوند. ترس در رؤیا شدیدتر از ترس در بیداری بروز می‌کند.

۴- ما در رؤیا شیوهٔ دیگری برای محاسبه داریم. گاه یک محاسبهٔ پیچیدهٔ ریاضی را در چند گام ابتدایی انجام می‌دهیم که در بیداری انجام آن را محال تلقی می‌کنیم.

۵- به نظر می‌رسد که تجارب ما در عالم رؤیا نامتناقض‌تر از تجارب ما در عالم بیداری هستند. کمتر کسی تجربهٔ یک مشکل فلسفی یا بروز یک پارادکس را از رؤیا به بیداری آورده است. ما در رؤیا شگفت زده می‌شویم، حیرت می‌کنیم ولی به بن بست فکری برنمی خوریم (حداقل کسی چنین تجربه‌ای گزارش نکرده).

۶- وجه تمایز بزرگ میان رؤیا و بیداری در این امر خلاصه می‌شود که ما در رؤیا در تعامل با جهان بیرونی نیستیم ولی تعامل با جهان بیرونی کارکرد عمدهٔ ما در بیداری است. شاید همین وجه تمایز موجب کم ارزش پنداشتن تجارب رؤیا می‌شود. درست است که ما در رؤیا تعامل مستقیمی با جهان بیرونی نداریم ولی باید متوجه باشیم که تجارب رؤیا بیشتر جنبه‌ای ذهنی دارند و این وجوه از هستی را نمی‌توان کم ارزش پنداشت. مثلا این واقعیت که ما در یک رؤیای صادقه "بی هیچ کوشش یا هزینه‌ای"، آگاهی از آینده کسب می‌کنیم به تجربهٔ رؤیا ارزشی می‌بخشد که هیچگاه تعامل روزمره با جهان بیرونی به آن درجه و مرتبت نمی‌رسد.

آموزه‌ای از روانشناسی

یکی از تفاوت‌ها میان همزاد و من‌زاد در پردازش زبان است. ولی در روانشناسی می‌بینیم که محتوای رؤیا عموما فارغ از پرداخت‌های مربوط به زبانشناسی است. عموم روانشناس‌ها، بویژه یونگ، بر اهمیت نمادها در رؤیا تکیه دارند. وی در کتاب تحلیل رؤیاها[۱]، رؤیای یک تاجر پنبه را روایت می‌کند که طی آن، کشاورزی یونانی قوزهٔ پنبه‌ای را نشان وی می‌دهد که کرم خورده است. رؤیابین هراسان در صدد می‌شود که به کارگزاران خودش تلگراف بزند چون این آسیب در قیمت پنبه اثر می‌گذارد. دنبال دفترچهٔ رمز خود می‌گردد (با آن می‌تواند به شرکتش اطلاع دهد بی آنکه دیگران موضوع را بفهمند) ولی می‌بیند که کتابچهٔ دیگری را در دست دارد. یونگ این رؤیا را به زیبایی به تحلیل می‌گیرد و اشاره دارد که رؤیا می‌خواهد به خودآگاه رؤیابین پیامی برساند. به گفتهٔ یونگ، کارگزارانش خودآگاه او هستند، همهٔ آنها تارهایی‌اند که از مغز او به جهان می‌رسند. اما رمزها

---

۱ یونگ، تحلیل رؤیاها جلد اول، ترجمهٔ رضا رضایی، نشر افکار، صفحهٔ ۳۸۸

چه معنایی دارد؟ یونگ این پرسش را با شاگردان خود در میان می‌نهد. اینکه رؤیابین برای ارسال پیام به خودآگاهی نیاز به دفترچهٔ رمز دارد دقیقا در همان راستای تعبیر من در بالا از فصل مشترک همزاد و من‌زاد است. مثلا در رؤیایی که از پادشاه در قرآن نقل می‌شود، هفت گاو لاغر هفت گاو فربه را می‌خورند. و یوسف "گاو" را تعبیر به "سال" می‌کند. در رؤیای بالا، این رؤیابین به همان دفترچه‌ای نیاز دارد که می‌تواند به او بگوید برای القای مفهوم "سال" باید از فلان مفهوم رمز استفاده کنی ولی ظاهرا چنین توفیقی به ندرت دست می‌دهد که در اکثر موارد، "سال" تبدیل به "گاو" می‌شود. ولی نفس اینکه ما در همین یک رؤیا، شاهد گفتگوی رؤیا از یک "دفترچهٔ رمز" هستیم برای من گویای این است که همزاد از این تغییر و تبدیل‌ها آگاه است و حتی برای آن تدبیری دارد: دفترچهٔ رمزی که برایش نشان می‌دهد که چگونه باید یک واژه از زبان خود را به زبان من‌زاد برگرداند. ولی این کار سهل و آسانی نیست و ظاهرا این "دفترچهٔ رمز" نیز با همهٔ ضرورتش هنوز به تکامل و بلوغ نرسیده است. ولی نفسِ گفتگو از این دفتر رمز برای من خبری خوشایند است زیرا

۱- مبانی تعبیر ما از فصل مشترک همزاد و من زاد را تایید می‌کند

۲-گزارش از شهادت و اعتراف یک همزاد به وجود چنین دفتر رمزی می‌کند

توجه به روانکاوی این نکته را نیز برجسته می‌سازد که ظاهرا همزاد، در آگاهی از دشواری انتقال معانی، می‌داند که بهتر است بجای القای واژه، به نماد متوسل شود. چرا باید رؤیا بجای گفتگوی صریح از موضوعی به نماد و گفتگوی غیرمستقیم متوسل شود؟ پاسخ فروید به نظر مناسب نمی‌رسد که از سانسور در انتخاب نماد گفتگو می‌کند. یونگ می‌نویسد:[1]

"این پرسش بارها از من شده است و خود من نیز آن را از خود پرسیده‌ام. و اغلب از روش آزاردهنده‌ی خواب‌ها در پرهیز از دادن اطلاعات صریح و نکته‌های تعیین کننده شگفت‌زده شده‌ام. فروید این کارکردِ ویژه‌ی روان را "سانسور" می‌نامید و بر این باور بود که سانسور نمایه‌های خواب را آنچنان تغییر می‌دهد که دیگر قابل شناسایی نیستند و یا چنان گمراه کننده می‌شوند که خودآگاه رؤیابین به موضوع واقعی خواب پی نمی‌برد. "

به اعتقاد من، رؤیا از نماد استفاده می‌کند زیرا که زبان یکسانی میان همزاد و من‌زاد وجود ندارد. احتمالا همزاد از مناسباتی که تفاهم مستقیم میان آن دو را بر هم می‌زنند آگاه است. به نماد متوسل می‌شود. به استعاره[2] متوسل می‌شود. اکثر استعاره‌ها مبنای بصری دارند. این باعث می‌شود که کمتر حشو پذیر باشند.

---

۱ رجوع کنید به [J3] صفحهٔ ۸۴

۲ در نورولوژی این گرایش هست که استعاره را محصول نیمکرهٔ راست یعنی همزاد قلمداد کنند.

ما در زندگی گاهی با امور مُحال متعددی روبرو می‌شویم. تکلیف ما با این امور مُحال چیست؟ شعور بیداری مایل است مُهر غیرواقع بر آنها بزند. متوجه باشید که مجموعهٔ این امور مُحال مخلوطی از مُحال فیزیکی و مُحال ذهنی هستند. شعور بیداری دوست دارد مُحال فیزیکی را مُحال تر از مُحال ذهنی قلمداد کند. ولی با همین شعور بیداری، طی بحثی که در بیداری داشتیم گفتم که مُحال ذهنی باید به مراتب مُحال تر از مُحال فیزیکی باشد. من به سهم خودم چنین نتیجه می‌گیرم که ما درک درستی از زمان نداریم.

شعور دوم

تا کنون من روی دوگانگی شعور پافشاری داشتم و می‌خواستم خواننده را متوجه یک سرِ تفریطی آن شعور دوم کنم: گفتم این شعوری است که ما در رؤیا به کمند تجربه می‌کشیم. حالا می‌خواهم این را کمی تعدیل کنم. می‌پرسم آیا رؤیا تنها قلمرویی است که می‌توان برای این شعور دوم سراغ گرفت؟ اگر چنین بود وضعیت نومید کننده‌ای می‌داشتیم. بر این باور هستم که ما در بیداری نیز با این جنس از شعور آشنا هستیم: این همان شعوری است که در قلمروی هنر آن را به درخشش می‌کشیم.

وقتی شاعر[1] می‌نویسد "نمی‌دانم از کجا می‌شناسد مرا، خیابانی که من نمی‌شناسمش" ما در تفاهم کامل آن را می‌خوانیم. اگر در یک متن مقدس، نظریهٔ ذهن[2] به پرندگان اطلاق گشته، دامنهٔ آن در شعر فراتر هم می‌رود: می‌توانیم برای خیابان هم ذهن قائل شویم، بی آنکه از اعتبار و حیثیت "شعور" ذره‌ای کاسته باشیم!

اولدوز هم با کلاغها حرف می‌زند و ما گفتگوی اولدوز را با کلاغها، از ساحت شعور پس نمی‌زنیم. متوجه باشید که توسل به سمبولیسم، و گفتن اینکه "در اینجا نویسنده کلاغ را سمبل و نشانهٔ چیزی دیگر قرارداد کرده" کمکی به حل مشکل نمی‌کند. دشواری توصیف ساحت شعور در یک تجربهٔ هنری، حتی پس از توسل به سمبلیسم، کماکان به قوت خودش باقی می‌ماند. اگر دوست داشته باشید می‌توانیم این پرسش را به دامنهٔ سمبولیسم بکشانیم و بپرسیم چرا چیزی می‌تواند دلالت بر چیزی دیگر کند درحالیکه آن دلالت در مناسباتِ شعور نمی‌گنجد؟ چنانچه بخواهید دامنهٔ پر تنشِ تعارضِ این دو شعورِ متفاوت را لمس کنید، می‌توانیم این پرسش را اصلا به دامنهٔ زبان‌شناسی و مطالعهٔ استعاره ببریم. اصولا استعاره‌ها از مناسباتی استفاده می‌کنند که

---

۱ شعر خیابان از مجموعهٔ «زخم آبروی ماست»، ایرج کریمی، حرفه هنرمند

۲ مقصودم تبلور Theory of mind در داستانی همچون سلیمان و هدهد است.

در چهارچوب منطق نمی‌گنجند. فیلیپ جانسون لِرد[1] می‌گوید، «اگر زبانِ طبیعی به دست یک منطق‌دان طراحی شده بود استعاره وجود نمی‌داشت.»[2] استعاره در ابزار و ادوات بشر، ما را به این حقیقت آشنا می‌سازد که آن شعور دوم، حضوری روزمره دارد. فاصلهٔ استعاره با دیگر سازه‌های زبان که پیروی منطقی از دستور زبان دارند، همانند فاصلهٔ هنر از علم و منطق است.

سخن به درازا نکشد. شاعران و هنرمندان عادت دارند با قاصدک، پرندگان، دریا، رودخانه، کوه، ستارگان و حتی سایهٔ روی دیوار گفتگو کنند. و ما نیز آموخته‌ایم که گفتگوی آنها را جدی بگیریم. این کمترین میراث رؤیا در بیداری انسان است.

گفتار پایانی

در پایان لازم می‌بینم که این دفتر را با درد دلی تمام کنم و چیزی را با جوان‌های اهل اندیشه در میان بگذارم تا بلکه نسل‌های آتی به راه خلافی نروند که نسل ما رفت و نیروهایش را بر باد داد.

شاید گفتگو از انجیل و کتاب مقدس، در اروپا پس از تجربه‌های بسیار تلخ قرون وسطی سخت و گران بوده باشد. ما مسلمان‌ها تصور روشنی از این تلخی نداشتیم. مقاومت روشنفکران غیر دینی، و بعضا ضد دین اروپایی را درک نمی‌کردیم. به گمانم در حال حاضر ما مسلمان‌ها به تصور یا تجربهٔ مشابه این حالت غربی‌ها رسیده‌ایم. این روزها، برای یک روشنفکر مسلمان خیلی سخت است که در سطوح فکری به دین خود وفادار بماند و با افتخار، یا دستِ‌کم به دور از شرمساری، از باورهای (متافیزیکی) خود گفتگو کند. سختی این کار به این دلیل است که نمی‌توان در ذهن مخاطب، بازدارندهٔ تداعی اسلام و قرآن با شرم‌آورترین فرقه‌های تاریخ همچون داعش و طالبان و بوکوحرام شد! ولی بطور طبیعی، ترک دستگاه فکری یا پایگاه فرهنگی، برای یک انسان که اهل فکر است مقوله‌ای اختیاری نیست. فرهنگ را نمی‌توان همچون لباس عوض کرد. روشنفکری که حافظ و سعدی و مولانا را همراه با شیر مادر دریافت کرده، نمی‌تواند ذهن زیگموند و زیگفرید را بر تن کند، اگر هم بکند، این ذهن بر تنش گریه خواهد کرد. باید دانست که این ماجرا با سکوت درست نمی‌شود. باید به تکاپو افتاد و اندیشه کرد.

در این وادی، اصحاب اندیشه، یا مدعیان بر چند دسته می‌شوند:

۱- یک دسته که اساسا ضد دین شده‌اند. در این "شدن" جای تامل است زیرا به نظر می‌رسد که از آغاز بوده‌اند فقط بهانه‌ای لازم داشتند که البته این روزها، بهانهٔ خوبی فراهم است.

---

1 . Philip Johnson-Laird

۲ رجوع کنید به [SG] .

۲- یک دسته سنت‌گرایان هستند که گاه خود را نسبت به حوادث بیرونی بی‌تفاوت نشان می‌دهند و آدم فکر می‌کند در رویارویی با پدیده‌هایی که من آن‌ها را "شرم‌آورترین فرقه‌های تاریخ" نامیدم، احساس شرمساری ندارند یا حتی با این "شرم‌آورترین فرقه‌ها" در تفاهم نظری بسر می‌برند یا اگر هم اختلافی دارند، این اختلاف در اصول نیست.

۳- یک دسته هم روشنفکرانی هستند که به فرهنگ این مرز و بوم تعلق خاطر دارند ولی جسارت آن را ندارند که در خوب و بدش تعقل کنند و ترجیح می‌دهند تحلیل نمادها و ارزش‌های فرهنگ خود را به دست توانای اندیشمندان بزرگی چون یونگ بسپارند. این دسته از روشنفکران خجالتی هستند که زیر چتر اندیشمندان مغرب زمین پناه می‌گیرند.

فرهنگ‌ها و تمدن‌ها مثل انسان‌ها خسته می‌شوند، و مثل همان‌ها استراحت می‌کنند و باید مثل همان‌ها بیدار شوند، به خود بیآیند تا همچون گذشته، نفس بکشند و اندیشه کنند. ما یک دوران بسیار طولانی در چُرت و استراحت به سر برده‌ایم. در این مدت عادت کرده‌ایم برایمان فن‌آوری بیآورند، علم بیآورند و بویژه آیینه‌ای بیآورند که در آن خود را بزک کنیم و بعضا ایرادهای خود را برطرف کنیم. بدتر از هر چیز این است که آدم خودش را از چشم دیگری بشناسد. این خوب است که آدم بداند دیگری مرا چگونه می‌بیند، مقصودم این نیست. بد، این است که انسان قادر به دیدن خودش نباشد و برای شناخت خودش به ابزار بینایی دیگری متوسل شود. این وضعیت اسفناک را مدیون این حقیقت هستیم که اسباب تفکر را رها کرده‌ایم. البته در این موضوع ما ایرانیان استثناء نیستیم. مثلا هندی‌ها نیز مثل دیگر اقوام، باید در همین آیینه نظر کنند تا خود را ببینند. در یکی از روزهای دههٔ هشتاد، من و برادرم در یک پایتخت اروپایی قدم می‌زدیم و همین بحث را داشتیم، جوانی هندی دیدیم که در تقلید از جوانان اروپایی سنگ تمام گذاشته بود و خودش را به نماد کامل عصیان دههٔ شصتی‌ها آراسته بود، با شلوار جین خوشرنگ، پیراهنی روشن که روی شلوار انداخته بود، با ریشی بلند و همینطور موهای بلندی که تا سینه و کمر روی پیراهن قشنگ‌اش می‌دویدند. این آرایش در تقلید از جوانان اروپایی بود، ولی این موضوع فراموش گشته بود که جوانان غربی در آن دوره می‌خواستند با این کار ادای هندی‌ها را درآورند، و حالا یک هندی می‌خواست ادای هندی درآورد و برای اینکار لازم دیده بود خودش را به شکل جوانان غربی درآورد که می‌خواستند ادای هندی درآورند.

این روزها که اسباب تعقل و تفکر تعطیل است، بیش از هر چیز پرداختن به اسلام و قرآن متروک مانده است. این مهم به اقلیتی سپرده شده که کمتر از هر کسی شایستگی آن را دارد. یک نگاه اجمالی به انبوه پرداخت‌های سنتی به قرآن، به ما نشان می‌دهد تا چه اندازه پرداختن به قرآن از دیدگاهی تازه، ضروری و اساسی است. نقطهٔ عزیمت پرداخت‌های سنتی عمدتا بینشی

است که در بنیان‌های سست عقلی خود فرسوده است و نمی‌تواند هیچ دیدگاه تازه‌ای را برتابد، اساسا تعقل در قرآن را جایز نمی‌شمارد و این را در پاسخ‌های رایج برای پرسش‌های بی‌شمار قرآنی می‌توان دید. مشکل اینجاست که بینش سنتی اساسا برخوردی عقلی با دین دارد. برخورد عقلی با دین مثل این است که آدم بکوشد دریایی را در قمقمه‌ای بگنجاند. رویکرد عقلی، آنهم عقلی از جنس هزاره‌های پیش، به قرآن و به هیچ دینی جواب نمی‌دهد. اگر ما معتقد هستیم که با کتابی آسمانی روبرو هستیم، باید این را نیز بپذیریم که فهم این کتاب رویکرد ویژه‌ای را می‌طلبد. **من این ویژگی را در اِشراف و تسلط مطلق به همهٔ علوم حاضر خلاصه می‌کنم.** رویکردی که در رویارویی با علوم دیگر هیچ چیزی، سوای ستیز کورکورانه، برای گفتن ندارد، اساسا بهتر است سراغ قرآن نرود.

روشنفکر خجالتی ترجیح می‌دهد که بزرگان مغرب زمین یادآور ارزش‌های بومی سرزمین وی شوند، زیرا پرداختن به قرآن با انگ سیاسی روبرو می‌شود. قرآن و اسلام حیطه‌های ممنوعهٔ فکری هستند. در مسیری خلاف، من در جمع روشنفکران این سرزمین مشتاق برخوردهای فکری اصیل هستم و همگان را به نقد خلاق دعوت می‌کنم. مشتاق آن جوشش فکری هستم که از بطن جان بیرون بیآید. امیدوارم این نوشته توانسته باشد دیگران را از این حالت بیرون آورد. یونگ به شرق غبطه می‌خورد که به خودش جسارت پرداختن به پرسش‌هایی را می‌داد که غرب آن‌ها را متروک گذاشته. پس جای این دارد که ما در پناه شعور جمعی و ناخودآگاه جمعی خویش، کار را از جایی که رها کرده بودیم پیش گیریم و در برخورد با مقولات فکری، خجالت را کنار بگذاریم و از پایگاه فکری خودمان، با ابزار و ادوات اندیشه‌ای که از تاروپود خود ما برتافته است، در وضع جهان اندیشه کنیم.

❑ ضمیمه

کورپورا

جدول زیر گویای بسآمد صد واژهٔ انگلیسی با بسآمد بالاست. به این جدول ستون هایی افزودم که نکات برجسته در رابطه با هر واژه را همراه با توضیحی از لغتنامه بیافزایم.

rank	word	توضیح فارسی	dictionary
۱	the	حرف تعریف معین که در رابطه ۱ بُعدی با اسامی و مفاهیم بکار میرود	definite article (used, especially before a noun, with a specifying or particular-izing effect, as opposed to the indefinite or generalizing force of the indefinite article a or an): the book you gave me; Come into the house.
۲	of	۱ بُعدی	
۳	and	چسب گرانش، ۱ بُعدی	
۴	to	سوی و جهت در یک حرکت خطی، ۱ بُعدی	1.expressing motion in the direc-tion of (a particular location). 2.approaching or reaching (a particular condition).
۵	a	۱ بُعدی	
۶	in	۱ بُعدی	1.expressing the situation of something that is or appears to be enclosed or surrounded by something else. 2.expressing a period of time during which an event happens or a situation remains the case.

۷	that	اشارهٔ دور، یک بُعد کافی است	
۸	it	فرد، ۱ بُعدی	
۹	is	بودن، حال	
۱۰	was	بودن، آنسوی محور تک بُعد	
۱۱	i	۲ بُعدی	
۱۲	for	۲ بُعدی	1. with the object or purpose of 2. intended to belong to, or be used in connection with: equipment for the army;
۱۳	on	دو بُعدی زیرا وابسته به مفهوم سطح است	1. physically in contact with and supported by (a surface). 2. forming a distinctive or marked part of the surface of.
۱۴	you	ضمیر ۲ بُعدی	
۱۵	he	ضمیر ۲ بُعدی	
۱۶	be	۲ بُعدی	1. exist. "there are no easy answers" synonyms: exist, have being, have existence; More 2. occur; take place. "the exhibition will be in November"
۱۷	with	چسب ۲ بُعدی	1. accompanied by (another person or thing). "a nice steak with a bottle of red wine" synonyms: accompanied by, in the company of, escorted by "she's gone out with her boyfriend" 2. having or possessing (something).

18	as	قیاس، ۲ بُعدی	1. used in comparisons to refer to the extent or degree of something. "go as fast as you can" conjunction 1. used to indicate that something happens during the time when something else is taking place. "Frank watched him as he ambled through the crowd" synonyms: while, just as, even as, at the (same) time that, at the moment that, during the time that, just when; simultaneously "she caught a glimpse of him as he disappeared" 2. used to indicate by comparison the way that something happens or is done. "they can do as they wish"
19	by	۲ بُعدی	1. near to or next to 2. over the surface of, through the medium of, along, or using as a route: He came by the highway. 3. on, as a means of conveyance
20	at	ترتیب، ۲ بُعدی	1. expressing location or arrival in a particular place or position. "they live at Conway House" 2. expressing the time when an event takes place.
21	have		

۲۲	are	بودن، ۲بُعدی	
۲۳	this	اشاره	
۲۴	not	۲بُعدی	نفی نیازمند به دو بُعد است adverb 1.used with an auxiliary verb or 'be' to form the negative. «he would not say» 2.used as a short substitute for a negative clause. «maybe I'll regret it, but I hope not» nounELECTRONICS 1.a Boolean operator with only one variable that has the value one when the variable is zero and vice versa.
۲۵	but	فرقان	تفکیک نیازمند به دو بُعد است conjunction 1.used to introduce a phrase or clause contrasting with what has already been mentioned. «he stumbled but didn't fall» synonyms: yet; More 2.used to indicate the impossibility of anything other than what is being stated. «one cannot but sympathize» synonyms: (do) other than, otherwise than, except «one cannot but sympathize» preposition 1.except; apart from; other than.

۲۶	had		
۲۷	his	متعلق به او (که خود ۲ بُعدی است) لاجرم باید ۳ بُعدی باشد	
۲۸	they	ضمیر ۲ بُعدی	
۲۹	from		1.indicating the point in space at which a journey, motion, or action starts. "she began to walk away from him" 2.indicating the point in time at which a particular process, event, or activity starts. "the show will run from 10 a.m. to 2 p.m"
۳۰	she	ضمیر ۲ بُعدی	
۳۱	which	"کدام" میتواند به نقاط اطلاق شود پس نقطه آگاهی میطلبد یعنی ۲ بُعدی است	
۳۲	or	فرقان، با این کارکرد ما قادر به تفریق نقاط از همدیگر هستیم پس ۲ بُعدی است	
۳۳	we	ضمیر ۲ بُعدی	
۳۴	an		
۳۵	there	اشاره به سطح، یعنی سطح آگاهی میطلبد پس باید بُعدی باشد	1.in, at, or to that place or position. "we went to Paris and stayed there ten days" 2.used in attracting someone's attention or calling attention to someone or something. "hello there!"

#			
۳۶	her	متعلق به او (که خود ۲ بُعدی است) لاجرم باید ۳ بُعدی باشد	
۳۷	were		
۳۸	one		
۳۹	do		
۴۰	been		
۴۱	all		1. denoting the least likely or expected example. "Jordan, of all people, committed a flagrant foul"
۴۲	their	متعلق به آنها (که خود ۲ بُعدی است) لاجرم باید ۳ بُعدی باشد	
۴۳	has		
۴۴	would		1. past of will1, in various senses. "he said he would be away for a couple of days" 2. (expressing the conditional mood) indicating the consequence of an imagined event or situation. "he would lose his job if he were identified"
۴۵	will	ترتیب، ۳ بُعدی	
۴۶	what		1. asking for information specifying something. "what is your name?" 2. the thing or things that (used in specifying something). "what we need is a commitment"
۴۷	if	شرط، مقایسه ۳ بُعدی	
۴۸	can		

۴۹	when	ترتیب، ۴ بُعدی	1. at what time. "when did you last see him?" adverb 1. at or on which (referring to a time or circumstance). "Saturday is the day when I get my hair done" conjunction 1. at or during the time that. "I loved maths when I was at school" 2. after which; and just then (implying suddenness). "he had just drifted off to sleep when the phone rang"
۵۰	so		
۵۱	no	در جهان خطی معنی نمیدهد ولی به نظرم میرسد که ۲ بُعد برایش کافی باشد	1. not any. "there is no excuse" exclamation 1. used to give a negative response. "'Is anything wrong?' 'No.'" synonyms: no indeed, absolutely not, most certainly not, of course not, under no circumstances, by no means, not at all, negative, never, not really, no thanks; More
۵۲	said		
۵۳	who	اکثر ضمائر ۲ بُعدی هستند پس who باید مشرف به آنها یعنی ۳ بُعدی باشد	

۵۴	more		
۵۵	about	آگاهی به حرکت در سطح! نیازمند به ۳ بُعد است	1. On the subject of; concerning.: 1. 'I was thinking about you', 'a book about ancient Greece', 'it's all about having fun' 2. So as to affect. 1. 'there's nothing we can do about it' 3. Used to indicate movement within a particular area. 1. 'she looked about the room' 4. Used to express location in a particular place. 1. 'rugs were strewn about the hall' 2. 'he produced a knife from somewhere about his person' 5. Used to describe a quality apparent in a person. 1. 'there was a look about her that said everything' 6. ADVERB 7. Used to indicate movement within an area. 1. 'men were floundering about' 2. 'finding my way about' 8. Used to express location in a particular place. 1. 'there was a lot of flu about' 9. used with a number or quantity, approximately. 1. 'reduced by about 5 per cent' 2. 'he's about 35
۵۶	up	ارتفاع ۳ بُعدی	
۵۷	them	ضمیر (۲ بُعدی) در حالت مفعولی باید ۳ بُعدی باشد	
۵۸	some		

۵۹	could		past of can1. used to indicate possibility. "they could be right" used in making suggestions or polite requests. "you could always ring him up"
۶۰	him	ضمیر (۲ بُعدی) در حالت مفعولی باید ۳ بُعدی باشد	
۶۱	into	داخل یک خط رفتن معنایی ندارد ولی داخل سطح رفتن معنی میدهد. پس آگاهی به سطح ضرورت دارد	1.expressing movement or action with the result that someone or something becomes enclosed or surrounded by something else. "cover the bowl and put it into the fridge" 2.expressing movement or action with the result that someone or something makes physical con-tact with something else. "he crashed into a parked car"
۶۲	its	آخرین معنی، این را مربوط به کودک بدون ذکر جنسیت میکند لاجرم باید ۳ بُعدی باشد	determiner belonging to or associated with a thing previously mentioned or easily identified. "turn the camera on its side" belonging to or associated with a child or animal of unspecified sex. "a baby in its mother's womb"
۶۳	then	ترتیب، ۳ بُعدی	1.at that time; at the time in question. "I was living in Cairo then" synonyms: at that time, at that point, in those days; More 2.after that; next; afterwards. "she won the first and then the second game"

۶۴	two		
	out	ترتیب، ۳ بُعدی	adverb 1. moving or appearing to move away from a particular place, especially one that is enclosed or hidden. "he walked out into the street" 2. situated far or at a particular distance from somewhere. "an old farmhouse right out in the middle of nowhere" preposition 1. non-standard contraction of out of. "he ran out the door" adjective 1. not at home or at one's place of work. "if he called, she'd pretend to be out" synonyms: not here, not at home, not in, gone away, away, elsewhere, absent, away from one's desk "I'm afraid she's out at the moment" 2. revealed or made public. "the secret was soon out"
۶۵			
۶۶	time	زمان، ترتیب، ۴ بُعدی	

۶۷	like		1. having the same characteristics or qualities as; similar to. "he used to have a car like mine" synonyms: similar to, the same as, identical to "you're just like a teacher" 2. used to draw attention to the nature of an action or event. "I apologize for coming over unannounced like this" conjunctioninformal 1. in the same way that; as. "people who change countries like they change clothes" 2. as though; as if. "I felt like I'd been kicked by a camel" noun 1. used with reference to a person or thing of the same kind as another. "the quotations could be arranged to put like with like"
۶۸	only	ل	1. and no one or nothing more besides; solely or exclusively. "there are only a limited number of tickets available" synonyms: at most, at best, (only) just, no /not more than; More 2. with the negative or unfortu- nate result that. "she turned into the parking car, only to find her way blocked" adjective 1. alone of its or their kind; single or solitary.

۶۹	my	متعلق به من (که خود ۲ بُعدی است) لاجرم باید ۳ بُعدی باشد	
۷۰	did		
۷۱	other		
۷۲	me		
۷۳	your	متعلق به تو (که خود ۲ بُعدی است) لاجرم باید ۳ بُعدی باشد	
۷۴	now	زمان، ترتیب، ۴ بُعدی	
۷۵	over	زمان، ترتیب، ۴ بُعدی	
۷۶	just	یکی از کاربردهایش زمانی است	1.based on or behaving according to what is morally right and fair. "a just and democratic society" synonyms: fair, fair-minded, equitable, even-handed, impartial, unbiased, objective, neutral, disinterested, unprejudiced, open-minded, nonpartisan; More adverb 1.exactly. "that's just what I need" synonyms: exactly, precisely, absolutely, completely, totally, entirely, perfectly, utterly, wholly, thoroughly, in all respects; More 2.very recently; in the immediate past.
۷۷	may	"شاید" یک مقول زمانی است.	1.expressing possibility. "that may be true" 2.expressing permission.

۷۸	these		
۷۹	new	اشکارا مفهومی زمانی است و لاجرم ۴ بُعدی	1.produced, introduced, or dis-covered recently or now for the first time; not existing before. "the new Madonna album" synonyms: recently developed, newly discovered, brand new, up to the minute, up to date, latest, current, state-of-the-art, contemporary, present-day, advanced, recent, modern; More 2.already existing but seen, experienced, or acquired recently or now for the first time. "her new bike"
۸۰	also		
۸۱	people		
۸۲	any	نقش جوکر را در صحنه یا ظرف وجود دارد، باید بتواند به هر موجودش اشاره کند لاجرم باید به تعداد ابعاد عالم اشراف داشته باشد	determiner & pronoun 1.used to refer to one or some of a thing or number of things, no matter how much or how many. "I don't have any choice" synonyms: some, a piece of, a part of, a bit of "is there any ginger cake left?" 2.whichever of a specified class might be chosen. "these constellations are visible at any hour of the night"
۸۳	know	دانش در ابعاد چهار بُعدی صورت میگیرد	

۸۴	very	در کاربرد زمانی اش دقت باید کرد، همین کاربرد آن را ناگزیر ۴ بُعدی کرده	1.used for emphasis: synonyms: extremely, exceedingly, exceptionally, especially, tremendously, immensely, vastly, hugely; More adjective 1.actual; precise (used to emphasize the exact identity of someone or something). "those were his very words" synonyms: exact, actual, precise, particular, specific, distinct More 2.emphasizing an extreme point in time or space. "from the very beginning of the book"
۸۵	see	هیچ چیز به اندازهٔ دیدن، معنی چهار بُعدی نمی دهد!!	
۸۶	first		
۸۷	wee	به معنی کوچک است ولی ظاهرا در این اصطلاح زمانی استفاده زیادی دارد	little. "when I was just a wee bairn" comes in Wee hours meaning the early hours of a day, or the period immediately after midnight. They are called so because the word 'wee' in present-day English means 'very small or tiny'.
۸۸	after	زمان، ترتیب، ۴ بُعدی	1.in the time following (an event or another period of time). "shortly after their marriage they moved to Colorado" synonyms: following, subsequent to, succeeding, at the close/end of, in the wake of, later than; rareposterior to "he made a speech on stage after the performance" 2.behind. "she went out, shutting the door after her" synonyms: behind, following, in the rear of "Guy shut the door after them"

89	should		
90	than		1. (used, as after comparative adjectives and adverbs, to introduce the second member of an unequal comparison): She's taller than I am. 2. (used after some adverbs and adjectives expressing choice or diversity, such as other, otherwise, else, anywhere, or different, to introduce an alternative or denote a difference in kind, place, style, identity, etc.): I had no choice other than that. You won't find such freedom anywhere else than in this country. 3. (used to introduce the rejected choice in expressions of preference): I'd rather walk than drive there. 4. except; other than: We had no choice than to return home. 5. when:
91	where		
92	back		1. the rear surface of the human body from the shoulders to the hips. "he lay on his back" 2. the side or part of something that is away from the spectator or from the direction in which it moves or faces; the rear. "at the back of the hotel is a secluded garden"
93	how		1. in what way or manner; by what means. "how does it work?" 2. used to ask about the condition or quality of something. "how was your holiday?"

۹۴	get		
۹۵	most		
۹۶	way		1. a method, style, or manner of doing something; an optional or alternative form of action. "I hated their way of cooking potatoes" synonyms: method, course of action, process, procedure, technique, system; More 2. a road, track, or path for travelling along. "No. 3, Church Way" adverbinformal 1. at or to a considerable distance or extent; far (used before an adverb or preposition for emphasis). "his understanding of what constitutes good writing is way off target"
۹۷	down		1. towards or in a lower place or position, especially to or on the ground or another surface. "she looked down" synonyms: towards a lower position, downwards, downstairs, towards the bottom, from top to bottom More 2. to or at a lower level of intensity, volume, or activity. "keep the noise down" preposition: 1. from a higher to a lower point of (something). "up and down the stairs" synonyms: lower in/on, to the bottom of "the lift plunged down the shaft" 2. throughout (a period of time).

۹۸	our		
۹۹	made		
۱۰۰	got		
۱۰۱	much		
۱۰۲	think	فکر مقوله ای ۴ بُعدیست	
۱۰۳	work		
۱۰۴	between	زمان، ترتیب، ۴ بُعدی	1. at, into, or across the space separating (two objects or regions). "the border between Mexico and the United States" synonyms: in the middle of, with one ... on either side; archaic betwixt "Philip stood between his parents" 2. in the period separating (two points in time). "they snack between meals" adverb 1. in or along the space separating two objects or regions. "layers of paper with tar in between" 2. in the period separating two points in time. "sets of exercises with no rest in between"
۱۰۵	go		
۱۰۶	years	زمان، ترتیب، ۴ بُعدی	
۱۰۷	er		exclamation expressing hesitation. "'Would you like some tea?' 'Er ... yes ... thank you.'"

۱۰۸	many		
۱۰۹	being	مفهوم شدن طبعا زمانمند است و باید ۴ بُعدی باشد	1.existence. "the railway brought many towns into being" synonyms: existence, living, life, animation, animateness, alive-ness, reality, actuality, essential nature, lifeblood, vital force, entity; esse "she finds herself warmed by his very being" 2.the nature or essence of a person. "sometimes one aspect of our being has been developed at the expense of the others" synonyms: soul, spirit, nature, essence, substance, entity, inner being, inner self, psyche;

اصطلاح بین یدیه در قرآن

۲۷@الجن

إِلَّا مَنِ ارْتَضَى مِنْ رَسُولٍ فَإِنَّهُ يسْلُک مِنْ بَينِ يدَيهِ وَمِنْ خَلْفِهِ رَصَدًا (۲۷) جز پیامبری را که از او خشنود باشد که [در این صورت] برای او از پیش رو و از پشت سرش نگاهبانانی برخواهد گماشت (۲۷)

۹۷@البقرة

قُلْ مَنْ كانَ عَدُوًّا لِجِبْرِيلَ فَإِنَّهُ نَزَّلَهُ عَلَى قَلْبِک بِإِذْنِ اللهِ مُصَدِّقًا لِمَا بَينَ يدَيهِ وَهُدًى وَبُشْرَى لِلْمُؤْمِنِينَ (۹۷) بگو کسی که دشمن جبرئیل است [در واقع دشمن خداست] چرا که او به فرمان خدا قرآن را بر قلبت نازل کرده است در حالی که مؤید [کتابهای آسمانی] پیش از آن و هدایت و بشارتی برای مؤمنان است (۹۷)

۱۱۱@یوسف

لَقَدْ كانَ فِي قَصَصِهِمْ عِبْرَةٌ لِأُولِي الْأَلْبَابِ مَا كانَ حَدِيثًا يفْتَرَى وَلَكِنْ تَصْدِيقَ الَّذِي بَينَ يدَيهِ وَتَفْصِيلَ كلِّ شَيءٍ وَهُدًى وَرَحْمَةً لِقَوْمٍ يؤْمِنُونَ (۱۱۱) به راستی در سرگذشت آنان برای خردمندان عبرتی است سخنی نیست که به دروغ ساخته شده باشد بلکه تصدیق آنچه [از کتابهایی] است که پیش از آن بوده و روشنگر هر چیز است و برای مردمی که ایمان می آورند رهنمود و رحمتی است (۱۱۱)

۴۸@المائدة

وَأَنْزَلْنَا إِلَيک الْكتَابَ بِالْحَقِّ مُصَدِّقًا لِمَا بَينَ يدَيهِ مِنَ الْكتَابِ وَمُهَيمِنًا عَلَيهِ فَاحْكمْ بَينَهُمْ بِمَا أَنْزَلَ اللهُ وَلَا تَتَّبِعْ أَهْوَاءَهُمْ عَمَّا جَاءَک مِنَ الْحَقِّ لِكلٍّ جَعَلْنَا مِنْكمْ شِرْعَةً وَمِنْهَاجًا وَلَوْ شَاءَ اللهُ لَجَعَلَكمْ أُمَّةً وَاحِدَةً وَلَكنْ لِيبْلُوَكمْ فِي مَا آتَاكمْ فَاسْتَبِقُوا الْخَيرَاتِ إِلَى اللهِ مَرْجِعُكمْ جَمِيعًا فَينَبِّئُكمْ بِمَا كنْتُمْ فِيهِ تَخْتَلِفُونَ (۴۸) و ما این کتاب [=قرآن] را به حق به سوی تو فرو فرستادیم در حالی که تصدیق کننده کتابهای پیشین و حاکم بر آنهاست پس میان آنان بر وفق آنچه خدا نازل کرده حکم کن و از هواهایشان [با دور شدن] از حقی که به سوی تو آمده پیروی مکن برای هر یک از شما [امتها] شریعت و راه روشنی قرار داده ایم و اگر خدا می خواست شما را یک امت قرار می داد ولی [خواست] تا شما را در آنچه به شما داده است بیازماید پس در کارهای نیک بر یکدیگر سبقت گیرید بازگشت [همه] شما به سوی خداست آنگاه در باره آنچه در آن اختلاف میکردید آگاهتان خواهد کرد (۴۸)

۴۶@المائدة

وَقَفَّينَا عَلَى آثَارِهِمْ بِعِيسَى ابْنِ مَرْيَمَ مُصَدِّقًا لِمَا بَيْنَ يَدَيْهِ مِنَ التَّوْرَاةِ وَآتَيْنَاهُ الْإِنْجِيلَ فِيهِ هُدًى وَنُورٌ وَمُصَدِّقًا لِمَا بَيْنَ يَدَيْهِ مِنَ التَّوْرَاةِ وَهُدًى وَمَوْعِظَةً لِلْمُتَّقِينَ (۴۶) و عیسی پسر مریم را به دنبال آنان [=پیامبران دیگر] درآوردیم در حالی که تورات را که پیش از او بود تصدیق داشت و به او انجیل را عطا کردیم که در آن هدایت و نوری است و تصدیق کننده تورات قبل از آن است و برای پرهیزگاران رهنمود و اندرزی است (۴۶)

۹۲@الأنعام

وَهَذَا كِتَابٌ أَنْزَلْنَاهُ مُبَارَكٌ مُصَدِّقُ الَّذِي بَيْنَ يَدَيْهِ وَلِتُنْذِرَ أُمَّ الْقُرَى وَمَنْ حَوْلَهَا وَالَّذِينَ يُؤْمِنُونَ بِالْآخِرَةِ يُؤْمِنُونَ بِهِ وَهُمْ عَلَى صَلَاتِهِمْ يُحَافِظُونَ (۹۲) و این خجسته کتابی است که ما آن را فرو فرستادیم [و] کتابهایی را که پیش از آن آمده تصدیق می کند و برای اینکه [مردم]ام القری [=مکه] و کسانی را که پیرامون آنند هشدار دهی و کسانی که به آخرت ایمان می آورند به آن [قرآن نیز] ایمان می آورند و آنان بر نمازهای خود مراقبت می کنند (۹۲)

۴۲@فصلت

لَا يَأْتِيهِ الْبَاطِلُ مِنْ بَيْنِ يَدَيْهِ وَلَا مِنْ خَلْفِهِ تَنْزِيلٌ مِنْ حَكِيمٍ حَمِيدٍ (۴۲) از پیش روی آن و از پشت سرش باطل به سویش نمی آید وحی [نامه]ای است از حکیمی ستوده[صفات] (۴۲)

۳۰@الأحقاف

قَالُوا يَا قَوْمَنَا إِنَّا سَمِعْنَا كِتَابًا أُنْزِلَ مِنْ بَعْدِ مُوسَى مُصَدِّقًا لِمَا بَيْنَ يَدَيْهِ يَهْدِي إِلَى الْحَقِّ وَإِلَى طَرِيقٍ مُسْتَقِيمٍ (۳۰) گفتند ای قوم ما ما کتابی را شنیدیم که بعد از موسی نازل شده [و] تصدیق کننده [کتابهای] پیش از خود است و به سوی حق و به سوی راهی راست راهبری می کند (۳۰)

۲۱@الأحقاف

وَاذْكُرْ أَخَا عَادٍ إِذْ أَنْذَرَ قَوْمَهُ بِالْأَحْقَافِ وَقَدْ خَلَتِ النُّذُرُ مِنْ بَيْنِ يَدَيْهِ وَمِنْ خَلْفِهِ أَلَّا تَعْبُدُوا إِلَّا اللَّهَ إِنِّي أَخَافُ عَلَيْكُمْ عَذَابَ يَوْمٍ عَظِيمٍ (۲۱) و برادر عادیان را به یاد آور آنگاه که قوم خویش را در ریگستان بیم داد در حالی که پیش از او و پس از او [نیز] قطعا هشداردهندگانی گذشته بودند که جز خدا را مپرستید واقعا من بر شما از عذاب روزی هولناک می ترسم (۲۱)

۳۱@ فاطر

وَالَّذِی أَوْحَیْنَا إِلَیْکَ مِنَ الْکِتَابِ هُوَ الْحَقُّ مُصَدِّقًا لِمَا بَیْنَ یَدَیْهِ إِنَّ اللَّهَ بِعِبَادِهِ لَخَبِیرٌ بَصِیرٌ (۳۱) و آنچه از کتاب به سوی تو وحی کرده ایم خود حق [و] تصدیق کننده [کتابهای] پیش از آن است قطعا خدا نسبت به بندگانش آگاه بیناست (۳۱)

۳۱@ سبأ

وَقَالَ الَّذِینَ کَفَرُوا لَنْ نُؤْمِنَ بِهَذَا الْقُرْآنِ وَلَا بِالَّذِی بَیْنَ یَدَیْهِ وَلَوْ تَرَى إِذِ الظَّالِمُونَ مَوْقُوفُونَ عِنْدَ رَبِّهِمْ یَرْجِعُ بَعْضُهُمْ إِلَى بَعْضٍ الْقَوْلَ یَقُولُ الَّذِینَ اسْتُضْعِفُوا لِلَّذِینَ اسْتَکْبَرُوا لَوْلَا أَنْتُمْ لَکُنَّا مُؤْمِنِینَ (۳۱) و کسانی که کافر شدند گفتند نه به این قرآن و نه به آن [توراتی] که پیش از آن است هرگز ایمان نخواهیم آورد و ای کاش بیدادگران را هنگامی که در پیشگاه پروردگارشان ازداشت شده اند می دیدی [که چگونه] برخی از آنان با برخی [دیگر جدل و] گفتگو می کنند کسانی که زیردست بودند به کسانی که [ریاست و] برتری داشتند می گویند اگر شما نبودید قطعا ما مؤمن بودیم (۳۱)

۳۷@ یونس

وَمَا کَانَ هَذَا الْقُرْآنُ أَنْ یُفْتَرَى مِنْ دُونِ اللَّهِ وَلَکِنْ تَصْدِیقَ الَّذِی بَیْنَ یَدَیْهِ وَتَفْصِیلَ الْکِتَابِ لَا رَیْبَ فِیهِ مِنْ رَبِّ الْعَالَمِینَ (۳۷) و چنان نیست که این قرآن از جانب غیر خدا [و] به دروغ ساخته شده باشد بلکه تصدیق [کننده] آنچه پیش از آن است می باشد و توضیحی از آن کتاب است که در آن تردیدی نیست [و] از پروردگار جهانیان است (۳۷)

۱۲@ سبأ

وَلِسُلَیْمَانَ الرِّیحَ غُدُوُّهَا شَهْرٌ وَرَوَاحُهَا شَهْرٌ وَأَسَلْنَا لَهُ عَیْنَ الْقِطْرِ وَمِنَ الْجِنِّ مَنْ یَعْمَلُ بَیْنَ یَدَیْهِ بِإِذْنِ رَبِّهِ وَمَنْ یَزِغْ مِنْهُمْ عَنْ أَمْرِنَا نُذِقْهُ مِنْ عَذَابِ السَّعِیرِ (۱۲) و باد را برای سلیمان [رام کردیم] که رفتن آن بامداد یک ماه و آمدنش شبانگاه یک ماه [راه] بود و معدن مس را برای او ذوب [و روان] گردانیدیم و برخی از جن به فرمان پروردگارشان پیش او کار میکردند و هر کس از آنها از دستور ما سر برمی تافت از عذاب سوزان به او می چشانیدیم (۱۲)

۱۱@ الرعد

لَهُ مُعَقِّبَاتٌ مِنْ بَیْنِ یَدَیْهِ وَمِنْ خَلْفِهِ یَحْفَظُونَهُ مِنْ أَمْرِ اللَّهِ إِنَّ اللَّهَ لَا یُغَیِّرُ مَا بِقَوْمٍ حَتَّى یُغَیِّرُوا مَا بِأَنْفُسِهِمْ وَإِذَا أَرَادَ اللَّهُ بِقَوْمٍ سُوءًا فَلَا مَرَدَّ لَهُ وَمَا لَهُمْ مِنْ دُونِهِ مِنْ وَالٍ (۱۱) برای او فرشتگانی است که پی در پی او را به فرمان خدا از پیش رو و از پشت سرش پاسداری می کنند در حقیقت خدا حال قومی را تغییر نمی دهد تا آنان حال خود را تغییر دهند و چون خدا برای

قومی آسیبی بخواهد هیچ برگشتی برای آن نیست و غیر از او حمایتگری برای آنان نخواهد بود (۱۱)

۳@آل عمران

نَزَّلَ عَلَیکَ الْکتَابَ بِالْحَقِّ مُصَدِّقًا لِمَا بَینَ یدَیهِ وَأَنْزَلَ التَّوْرَاةَ وَالْإِنْجِیلَ (۳) این کتاب را در حالی که مؤید آنچه [از کتابهای آسمانی] پیش از خود می باشد به حق [و به تدریج] بر تو نازل کرد و تورات و انجیل را (۳)

۶۶@البقرة

فَجَعَلْنَاهَا نَکالًا لِمَا بَینَ یدَیهَا وَمَا خَلْفَهَا وَمَوْعِظَةً لِلْمُتَّقِینَ (۶۶) و ما آن [عقوبت] را برای حاضران و [نسلهای] پس از آن عبرتی و برای پرهیزگاران پندی قرار دادیم (۶۶)

۲۵۵@البقرة

اللهُ لَا إِلَهَ إِلَّا هُوَ الْحَی الْقَیومُ لَا تَأْخُذُهُ سِنَةٌ وَلَا نَوْمٌ لَهُ مَا فِی السَّمَاوَاتِ وَمَا فِی الْأَرْضِ مَنْ ذَا الَّذِی یشْفَعُ عِنْدَهُ إِلَّا بِإِذْنِهِ یعْلَمُ مَا بَینَ أَیدِیهِمْ وَمَا خَلْفَهُمْ وَلَا یحِیطُونَ بِشَیءٍ مِنْ عِلْمِهِ إِلَّا بِمَا شَاءَ وَسِعَ کرْسِیهُ السَّمَاوَاتِ وَالْأَرْضَ وَلَا یئُودُهُ حِفْظُهُمَا وَهُوَ الْعَلِی الْعَظِیمُ (۲۵۵) خداست که معبودی جز او نیست زنده و برپادارنده است نه خوابی سبک او را فرو می گیرد و نه خوابی گران آنچه در آسمانها و آنچه در زمین است از آن اوست کیست آن کس که جز به اذن او در پیشگاهش شفاعت کند آنچه در پیش روی آنان و آنچه در پشت سرشان است می داند و به چیزی از علم او جز به آنچه بخواهد احاطه نمی یابند کرسی او آسمانها و زمین را در بر گرفته و نگهداری آنها بر او دشوار نیست و اوست والای بزرگ (۲۵۵)

۱۱۰@طه

یعْلَمُ مَا بَینَ أَیدِیهِمْ وَمَا خَلْفَهُمْ وَلَا یحِیطُونَ بِهِ عِلْمًا (۱۱۰) آنچه را که آنان در پیش دارند و آنچه را که پشت سر گذاشته اند می داند و حال آنکه ایشان بدان دانشی ندارند (۱۱۰)

۷۶@الحج

یعْلَمُ مَا بَینَ أَیدِیهِمْ وَمَا خَلْفَهُمْ وَإِلَى اللهِ تُرْجَعُ الْأُمُورُ (۷۶) آنچه در دسترس آنان و آنچه پشت سرشان است می داند و [همه] کارها به خدا بازگردانیده می شود (۷۶)

۸@التحریم

یا أَیهَا الَّذِینَ آمَنُوا تُوبُوا إِلَى اللهِ تَوْبَةً نَصُوحًا عَسَى رَبُّکمْ أَنْ یکفِّرَ عَنْکمْ سَیئَاتِکمْ وَیدْخِلَکمْ جَنَّاتٍ تَجْرِی مِنْ تَحْتِهَا الْأَنْهَارُ یوْمَ لَا یخْزِی اللهُ النَّبِی وَالَّذِینَ آمَنُوا مَعَهُ نُورُهُمْ یسْعَى بَینَ أَیدِیهِمْ وَبِأَیمَانِهِمْ یقُولُونَ رَبَّنَا أَتْمِمْ لَنَا نُورَنَا وَاغْفِرْ لَنَا إِنَّک عَلَى کلِّ شَیءٍ قَدِیرٌ (۸) ای کسانی

که ایمان آورده اید به درگاه خدا توبه ای راستین کنید امید است که پروردگارتان بدیهایتان را از شما بزداید و شما را به باغهایی که از زیر [درختان] آن جویبارها روان است درآورد در آن روز خدا پیامبر [خود] و کسانی را که با او ایمان آورده بودند خوار نمی گرداند نورشان از پیشاپیش آنان و سمت راستشان روان است می گویند پروردگارا نور ما را برای ما کامل گردان و بر ما ببخشای که تو بر هر چیز توانایی (۸)

۱۲@الحدید

يَوْمَ تَرَى الْمُؤْمِنِينَ وَالْمُؤْمِنَاتِ يَسْعَى نُورُهُمْ بَيْنَ أَيْدِيهِمْ وَبِأَيْمَانِهِمْ بُشْرَاكُمُ الْيَوْمَ جَنَّاتٌ تَجْرِي مِنْ تَحْتِهَا الْأَنْهَارُ خَالِدِينَ فِيهَا ذَٰلِكَ هُوَ الْفَوْزُ الْعَظِيمُ (۱۲) آن روز که مردان و زنان مؤمن را می بینی که نورشان پیشاپیششان و به جانب راستشان دوان است [به آنان گویند] امروز شما را مژده باد به باغهایی که از زیر [درختان] آن نهرها روان است در آنها جاودانید این است همان کامیابی بزرگ (۱۲)

۲۵@فصلت

وَقَيَّضْنَا لَهُمْ قُرَنَاءَ فَزَيَّنُوا لَهُمْ مَا بَيْنَ أَيْدِيهِمْ وَمَا خَلْفَهُمْ وَحَقَّ عَلَيْهِمُ الْقَوْلُ فِي أُمَمٍ قَدْ خَلَتْ مِنْ قَبْلِهِمْ مِنَ الْجِنِّ وَالْإِنْسِ إِنَّهُمْ كَانُوا خَاسِرِينَ (۲۵) و برای آنان دمسازانی گذاشتیم و آنچه در دسترس ایشان و آنچه در پی آنان بود در نظرشان زیبا جلوه دادند و فرمان [عذاب] در میان امتهایی از جن و انس که پیش از آنان روزگار به سر برده بودند بر ایشان واجب آمد چرا که آنها زیانکاران بودند (۲۵)

۱۴@فصلت

إِذْ جَاءَتْهُمُ الرُّسُلُ مِنْ بَيْنِ أَيْدِيهِمْ وَمِنْ خَلْفِهِمْ أَلَّا تَعْبُدُوا إِلَّا اللهَ قَالُوا لَوْ شَاءَ رَبُّنَا لَأَنْزَلَ مَلَائِكَةً فَإِنَّا بِمَا أُرْسِلْتُمْ بِهِ كَافِرُونَ (۱۴) چون فرستادگان [ما] از پیش رو و از پشت سرشان بر آنان آمدند [و گفتند] زنهار جز خدا را مپرستید گفتند اگر پروردگار ما می خواست قطعا فرشتگانی فرومی فرستاد پس ما به آنچه بدان فرستاده شده اید کافریم (۱۴)

۲۸@الأنبياء

يَعْلَمُ مَا بَيْنَ أَيْدِيهِمْ وَمَا خَلْفَهُمْ وَلَا يَشْفَعُونَ إِلَّا لِمَنِ ارْتَضَى وَهُمْ مِنْ خَشْيَتِهِ مُشْفِقُونَ (۲۸) آنچه فراروی آنان و آنچه پشت سرشان است می داند و جز برای کسی که [خدا] رضایت دهد شفاعت نمی کنند و خود از بیم او هراسانند (۲۸)

۹@یس

وَجَعَلْنَا مِنْ بَيْنِ أَيْدِيهِمْ سَدًّا وَمِنْ خَلْفِهِمْ سَدًّا فَأَغْشَيْنَاهُمْ فَهُمْ لَا يُبْصِرُونَ (۹) و [ما] فراروی آنها سدی و پشت سرشان سدی نهاده و پرده‌ای بر [چشمان] آنان فرو گسترده‌ایم در نتیجه نمی‌توانند ببینند (۹)

۹@سبأ

أَفَلَمْ يَرَوْا إِلَى مَا بَيْنَ أَيْدِيهِمْ وَمَا خَلْفَهُمْ مِنَ السَّمَاءِ وَالْأَرْضِ إِنْ نَشَأْ نَخْسِفْ بِهِمُ الْأَرْضَ أَوْ نُسْقِطْ عَلَيْهِمْ كِسَفًا مِنَ السَّمَاءِ إِنَّ فِي ذَٰلِكَ لَآيَةً لِكُلِّ عَبْدٍ مُنِيبٍ (۹) آیا به آنچه از آسمان و زمین در دسترسشان و پشت سرشان است ننگریسته‌اند اگر بخواهیم آنان را در زمین فرو می‌بریم یا پاره سنگهایی از آسمان بر سرشان می‌افکنیم قطعا در این [تهدید] برای هر بنده توبه کاری عبرت است (۹)

۱۷ @الأعراف

ثُمَّ لَآتِيَنَّهُمْ مِنْ بَيْنِ أَيْدِيهِمْ وَمِنْ خَلْفِهِمْ وَعَنْ أَيْمَانِهِمْ وَعَنْ شَمَائِلِهِمْ وَلَا تَجِدُ أَكْثَرَهُمْ شَاكِرِينَ (۱۷) آنگاه از پیش رو و از پشت سرشان و از طرف راست و از طرف چپشان بر آنها می تازم و بیشترشان را شکرگزار نخواهی یافت (۱۷)

آیات در رابطه با شرکاء

۱۳۶@الأنعام

وَجَعَلُوا لِلَّهِ مِمَّا ذَرَأَ مِنَ الْحَرْثِ وَالْأَنْعَامِ نَصِيبًا فَقَالُوا هَٰذَا لِلَّهِ بِزَعْمِهِمْ وَهَٰذَا لِشُرَكَائِنَا فَمَا كَانَ لِشُرَكَائِهِمْ فَلَا يَصِلُ إِلَى اللَّهِ وَمَا كَانَ لِلَّهِ فَهُوَ يَصِلُ إِلَىٰ شُرَكَائِهِمْ سَاءَ مَا يَحْكُمُونَ (۱۳۶) و [مشرکان] برای خدا از آنچه از کشت و دامها که آفریده است سهمی گذاشتند و به پندار خودشان گفتند این ویژه خداست و این ویژه بتان ما پس آنچه خاص بتانشان بود به خدا نمی رسید و[لی] آنچه خاص خدا بود به بتانشان می رسید چه بد داوری می کنند (۱۳۶)

۴۱@القلم

أَمْ لَهُمْ شُرَكَاءُ فَلْيَأْتُوا بِشُرَكَائِهِمْ إِنْ كَانُوا صَادِقِينَ (۴۱) یا شریکانی دارند پس اگر راست می گویند شریکانشان را بیاورند (۴۱)

۸۶@النحل

وَإِذَا رَأَى الَّذِينَ أَشْرَكُوا شُرَكَاءَهُمْ قَالُوا رَبَّنَا هَٰؤُلَاءِ شُرَكَاؤُنَا الَّذِينَ كُنَّا نَدْعُو مِنْ دُونِكَ فَأَلْقَوْا إِلَيْهِمُ الْقَوْلَ إِنَّكُمْ لَكَاذِبُونَ (۸۶) و چون کسانی که شرک ورزیدند شریکان خود را ببینند می گویند

پروردگارا اینها بودند آن شریکانی که ما به جای تو می خواندیم و[لی شریکان] قول آنان را رد می کنند که شما جدا دروغگویانید (۸۶)

۱۳@الروم

وَلَمْ يكنْ لَهُمْ مِنْ شُرَكَائِهِمْ شُفَعَاءُ وَكَانُوا بِشُرَكَائِهِمْ كَافِرِينَ (۱۳) و برای آنان از شریکانشان شفیعانی نیست و خود منکر شریکان خود می شوند (۱۳)

۲۸@یونس

وَيوْمَ نَحْشُرُهُمْ جَمِيعًا ثُمَّ نَقُولُ لِلَّذِينَ أَشْرَكُوا مَكَانَكُمْ أَنْتُمْ وَشُرَكَاؤُكُمْ فَزَيلْنَا بَينَهُمْ وَقَالَ شُرَكَاؤُهُمْ مَا كُنْتُمْ إِيانَا تَعْبُدُونَ (۲۸) و [یاد کن] روزی را که همه آنان را گرد می آوریم آنگاه به کسانی که شرک ورزیده اند می گوییم شما و شریکانتان بر جای خود باشید پس میان آنها جدایی می افکنیم و شریکان آنان می گویند در حقیقت شما ما را نمی پرستیدید (۲۸)

۱۹۰@الأعراف

فَلَمَّا آتَاهُمَا صَالِحًا جَعَلَا لَهُ شُرَكَاءَ فِيمَا آتَاهُمَا فَتَعَالَى اللهُ عَمَّا يشْرِكُونَ (۱۹۰) و چون به آن دو [فرزندی] شایسته داد در آنچه [خدا] به ایشان داده بود برای او شریکانی قرار دادند و خدا از آنچه شریک می گردانند برتر است (۱۹۰)

۱۰۰@الأنعام

وَجَعَلُوا للهِ شُرَكَاءَ الْجِنَّ وَخَلَقَهُمْ وَخَرَقُوا لَهُ بَنِينَ وَبَنَاتٍ بِغَيرِ عِلْمٍ سُبْحَانَهُ وَتَعَالَى عَمَّا يصِفُونَ (۱۰۰) و برای خدا شریکانی از جن قرار دادند با اینکه خدا آنها را خلق کرده است و برای او بی هیچ دانشی پسران و دخترانی تراشیدند او پاک و برتر است از آنچه وصف می کنند (۱۰۰)

۹۴@الأنعام

وَلَقَدْ جِئْتُمُونَا فُرَادَى كَمَا خَلَقْنَاكُمْ أَوَّلَ مَرَّةٍ وَتَرَكْتُمْ مَا خَوَّلْنَاكُمْ وَرَاءَ ظُهُورِكُمْ وَمَا نَرَى مَعَكُمْ شُفَعَاءَكُمُ الَّذِينَ زَعَمْتُمْ أَنَّهُمْ فِيكُمْ شُرَكَاءُ لَقَدْ تَقَطَّعَ بَينَكُمْ وَضَلَّ عَنْكُمْ مَا كُنْتُمْ تَزْعُمُونَ (۹۴) و همان گونه که شما را نخستین بار آفریدیم [اکنون نیز] تنها به سوی ما آمده‌اید و آنچه را به شما عطا کرده بودیم پشت سر خود نهاده‌اید و شفیعانی را که در خودتان شریکان می پنداشتید با شما نمی بینیم به یقین پیوند میان شما بریده شده و آنچه را که می پنداشتید از دست شما رفته است (۹۴)

۶۶@یونس

أَلَا إِنَّ للهِ مَنْ فِي السَّمَاوَاتِ وَمَنْ فِي الْأَرْضِ وَمَا يتَّبِعُ الَّذِينَ يدْعُونَ مِنْ دُونِ اللهِ شُرَكَاءَ إِنْ يتَّبِعُونَ إِلَّا الظَّنَّ وَإِنْ هُمْ إِلَّا يخْرُصُونَ (۶۶) آگاه باش که هر که [و هر چه] در آسمانها و هر که

[و هر چه] در زمین است از آن خداست و کسانی که غیر از خدا شریکانی را می خوانند [از آنها] پیروی نمی کنند اینان جز از گمان پیروی نمی کنند و جز گمان نمی برند (۶۶)

۲۹@الزمر

ضَرَبَ اللهُ مَثَلًا رَجُلًا فِيهِ شُرَكَاءُ مُتَشَاكِسُونَ وَرَجُلًا سَلَمًا لِرَجُلٍ هَلْ يَسْتَوِيَانِ مَثَلًا الْحَمْدُ لِلَّهِ بَلْ أَكْثَرُهُمْ لَا يَعْلَمُونَ (۲۹) خدا مثلی زده است مردی است که چند خواجه ناسازگار در [مالکیت] او شرکت دارند [و هر یک او را به کاری می گمارند] و مردی است که تنها فرمانبر یک مرد است آیا این دو در مثل یکسانند سپاس خدای را [نه] بلکه بیشترشان نمی دانند (۲۹)

۲۱@الشوری

أَمْ لَهُمْ شُرَكَاءُ شَرَعُوا لَهُمْ مِنَ الدِّينِ مَا لَمْ يَأْذَنْ بِهِ اللهُ وَلَوْلَا كَلِمَةُ الْفَصْلِ لَقُضِيَ بَيْنَهُمْ وَإِنَّ الظَّالِمِينَ لَهُمْ عَذَابٌ أَلِيمٌ (۲۱) آیا برای آنان شریکانی است که در آنچه خدا بدان اجازه نداده برایشان بنیاد آیینی نهاده اند و اگر فرمان قاطع [در باره تاخیر عذاب در کار] نبود مسلما میانشان داوری می شد و برای ستمکاران شکنجه ای پر درد است (۲۱)

۲۷@سبأ

قُلْ أَرُونِي الَّذِينَ أَلْحَقْتُمْ بِهِ شُرَكَاءَ كَلَّا بَلْ هُوَ اللهُ الْعَزِيزُ الْحَكِيمُ (۲۷) بگو کسانی را که [به عنوان] شریک به او ملحق گردانیده‌اید به من نشان دهید چنین نیست بلکه اوست خدای عزیز حکیم (۲۷)

۲۸@الروم

ضَرَبَ لَكُمْ مَثَلًا مِنْ أَنْفُسِكُمْ هَلْ لَكُمْ مِنْ مَا مَلَكَتْ أَيْمَانُكُمْ مِنْ شُرَكَاءَ فِي مَا رَزَقْنَاكُمْ فَأَنْتُمْ فِيهِ سَوَاءٌ تَخَافُونَهُمْ كَخِيفَتِكُمْ أَنْفُسَكُمْ كَذَلِكَ نُفَصِّلُ الْآيَاتِ لِقَوْمٍ يَعْقِلُونَ (۲۸) [خداوند] برای شما از خودتان مثلی زده است آیا در آنچه به شما روزی داده ایم شریکانی از بردگانتان دارید که در آن [مال با هم] مساوی باشید و همان طور که شما از یکدیگر بیم دارید از آنها بیم داشته باشید این گونه آیات خود را برای مردمی که می اندیشند به تفصیل بیان می کنیم (۲۸)

۳۳@الرعد

أَفَمَنْ هُوَ قَائِمٌ عَلَى كُلِّ نَفْسٍ بِمَا كَسَبَتْ وَجَعَلُوا لِلَّهِ شُرَكَاءَ قُلْ سَمُّوهُمْ أَمْ تُنَبِّئُونَهُ بِمَا لَا يَعْلَمُ فِي الْأَرْضِ أَمْ بِظَاهِرٍ مِنَ الْقَوْلِ بَلْ زُيِّنَ لِلَّذِينَ كَفَرُوا مَكْرُهُمْ وَصُدُّوا عَنِ السَّبِيلِ وَمَنْ يُضْلِلِ اللهُ فَمَا لَهُ مِنْ هَادٍ (۳۳) آیا کسی که بر هر شخصی بدانچه کرده است مراقب است [مانند کسی است که از همه جا بی خبر است] و برای خدا شریکانی قرار دادند بگو نامشان را ببرید آیا او را به آنچه در زمین است و او نمی داند خبر می دهید یا سخنی سطحی [و میان تهی] می گویید [چنین نیست] بلکه برای کسانی که کافر شده اند نیرنگشان آراسته شده و از راه [حق] بازداشته شده اند و هر که را خدا بی راه گذارد رهبری نخواهد داشت (۳۳)

۱۶@الرعد

قُلْ مَنْ رَبُّ السَّمَاوَاتِ وَالْأَرْضِ قُلِ اللهُ قُلْ أَفَاتَّخَذْتُمْ مِنْ دُونِهِ أَوْلِيَاءَ لَا يَمْلِكُونَ لِأَنْفُسِهِمْ نَفْعًا وَلَا ضَرًّا قُلْ هَلْ يَسْتَوِي الْأَعْمَى وَالْبَصِيرُ أَمْ هَلْ تَسْتَوِي الظُّلُمَاتُ وَالنُّورُ أَمْ جَعَلُوا لِلَّهِ شُرَكَاءَ خَلَقُوا كَخَلْقِهِ فَتَشَابَهَ الْخَلْقُ عَلَيْهِمْ قُلِ اللهُ خَالِقُ كُلِّ شَيْءٍ وَهُوَ الْوَاحِدُ الْقَهَّارُ (۱۶) بگو پروردگار آسمانها و زمین کیست بگو خدا بگو پس آیا جز او سرپرستانی گرفته‌اید که اختیار سود و زیان خود را ندارند بگو آیا نابینا و بینا یکسانند یا تاریکیها و روشنایی برابرند یا برای خدا شریکانی پنداشته اند که مانند آفرینش او آفریده اند و در نتیجه [این دو] آفرینش بر آنان مشتبه شده است بگو خدا آفریننده هر چیزی است و اوست یگانه قهار (۱۶)

۷۴@القصص

وَيَوْمَ يُنَادِيهِمْ فَيَقُولُ أَيْنَ شُرَكَائِيَ الَّذِينَ كُنْتُمْ تَزْعُمُونَ (۷۴) و [یاد کن] روزی را که ندایشان می‌کند و می‌فرماید آن شریکان که می‌پنداشتید کجایند (۷۴)

۶۲@القصص

وَيَوْمَ يُنَادِيهِمْ فَيَقُولُ أَيْنَ شُرَكَائِيَ الَّذِينَ كُنْتُمْ تَزْعُمُونَ (۶۲) و [به یاد آور] روزی را که آنان را ندا می دهد و می فرماید آن شریکان من که می پنداشتید کجایند (۶۲)

وَقِيلَ ادْعُوا شُرَكَاءَكُمْ فَدَعَوْهُمْ فَلَمْ يَسْتَجِيبُوا لَهُمْ وَرَأَوُا الْعَذَابَ لَوْ أَنَّهُمْ كَانُوا يَهْتَدُونَ (۶۴) و [به آنان] گفته می شود شریکان خود را فرا خوانید [پس آنها را می خوانند] ولی پاسخشان نمی دهند و عذاب را می بینند [و آرزو می کنند که] ای کاش هدایت یافته بودند (۶۴)

۴۷@فصلت

إِلَيْهِ يُرَدُّ عِلْمُ السَّاعَةِ وَمَا تَخْرُجُ مِنْ ثَمَرَاتٍ مِنْ أَكْمَامِهَا وَمَا تَحْمِلُ مِنْ أُنْثَى وَلَا تَضَعُ إِلَّا بِعِلْمِهِ وَيَوْمَ يُنَادِيهِمْ أَيْنَ شُرَكَائِي قَالُوا آذَنَّاكَ مَا مِنَّا مِنْ شَهِيدٍ (۴۷) دانستن هنگام رستاخیز فقط منحصر به اوست و میوه ها از غلافهایشان بیرون نمی آیند و هیچ مادینه ای بار نمی گیرد و بار نمی گذارد مگر آنکه او به آن علم دارد و روزی که [خدا] آنان را ندا می دهد شریکان من کجایند می گویند با بانگ رسا به تو می گوییم که هیچ گواهی از میان ما نیست (۴۷)

۵۲@الکهف

وَيَوْمَ يَقُولُ نَادُوا شُرَكَائِيَ الَّذِينَ زَعَمْتُمْ فَدَعَوْهُمْ فَلَمْ يَسْتَجِيبُوا لَهُمْ وَجَعَلْنَا بَيْنَهُمْ مَوْبِقًا (۵۲) و [یاد کن] روزی را که [خدا] می گوید آنهایی را که شریکان من پنداشتید ندا دهید پس آنها را بخوانند و[لی] اجابتشان نکنند و ما میان آنان ورطه ای قرار دهیم (۵۲)

۲۷@النحل

ثُمَّ يَوْمَ الْقِيامَةِ يخْزِيهِمْ وَيقُولُ أَينَ شُرَكائِي الَّذِينَ كنْتُمْ تُشَاقُّونَ فِيهِمْ قَالَ الَّذِينَ أُوتُوا الْعِلْمَ إِنَّ الْخِزْيَ الْيَوْمَ وَالسُّوءَ عَلَى الْكافِرِينَ (۲۷) سپس روز قیامت آنان را رسوا می کند و می گوید کجایند آن شریکان من که در باره آنها [با پیامبران] مخالفت میکردید کسانی که به آنان علم داده شده است می گویند در حقیقت امروز رسوایی و خواری بر کافران است (۲۷)

۱۹۵@الأعراف

أَلَهُمْ أَرْجُلٌ يمْشُونَ بِهَا أَمْ لَهُمْ أَيدٍ يبْطِشُونَ بِهَا أَمْ لَهُمْ أَعْينٌ يبْصِرُونَ بِهَا أَمْ لَهُمْ آذَانٌ يسْمَعُونَ بِهَا قُلِ ادْعُوا شُرَكاءَكمْ ثُمَّ كيدُونِ فَلَا تُنْظِرُونِ (۱۹۵) آیا آنها پاهایی دارند که با آن راه بروند یا دستهایی دارند که با آن کاری انجام دهند یا چشمهایی دارند که با آن بنگرند یا گوشهایی دارند که با آن بشنوند بگو شریکان خود را بخوانید سپس در باره من حیله به کار برید و مرا مهلت مدهید (۱۹۵)

۱۳۷@الأنعام

وَكذَلِك زَينَ لِكثِيرٍ مِنَ الْمُشْرِكينَ قَتْلَ أَوْلَادِهِمْ شُرَكاؤُهُمْ لِيرْدُوهُمْ وَلِيلْبِسُوا عَلَيهِمْ دِينَهُمْ وَلَوْ شَاءَ اللهُ مَا فَعَلُوهُ فَذَرْهُمْ وَمَا يفْتَرُونَ (۱۳۷) و این گونه برای بسیاری از مشرکان بتانشان کشتن فرزندانشان را آراستند تا هلاکشان کنند و دینشان را بر آنان مشتبه سازند و اگر خدا می خواست چنین نمیکردند پس ایشان را با آنچه به دروغ می سازند رها کن (۱۳۷)

۶۴@القصص

وَقِيلَ ادْعُوا شُرَكاءَكمْ فَدَعَوْهُمْ فَلَمْ يسْتَجِيبُوا لَهُمْ وَرَأَوُا الْعَذَابَ لَوْ أَنَّهُمْ كانُوا يهْتَدُونَ (۶۴) و [به آنان] گفته می شود شریکان خود را فرا خوانید [پس آنها را می خوانند] ولی پاسخشان نمی دهند و عذاب را می بینند [و آرزو می کنند که] ای کاش هدایت یافته بودند (۶۴)

۴۰@فاطر

قُلْ أَرَأَيتُمْ شُرَكاءَكمُ الَّذِينَ تَدْعُونَ مِنْ دُونِ اللهِ أَرُونِي مَاذَا خَلَقُوا مِنَ الْأَرْضِ أَمْ لَهُمْ شِرْك فِي السَّمَاوَاتِ أَمْ آتَينَاهُمْ كتَابًا فَهُمْ عَلَى بَينَتٍ مِنْهُ بَلْ إِنْ يعِدُ الظَّالِمُونَ بَعْضُهُمْ بَعْضًا إِلَّا غُرُورًا (۴۰) بگو به من خبر دهید از شریکان خودتان که به جای خدا می خوانید به من نشان دهید که چه چیزی از زمین را آفریده اند یا آنان در [کار] آسمانها همکاری داشته اند یا به ایشان کتابی داده ایم که دلیلی بر [حقانیت] خود از آن دارند [نه] بلکه ستمکاران جز فریب به یکدیگر وعده نمی دهند (۴۰)

@۴۰ الروم

اللَّهُ الَّذِي خَلَقَكُمْ ثُمَّ رَزَقَكُمْ ثُمَّ يُمِيتُكُمْ ثُمَّ يُحْيِيكُمْ هَلْ مِنْ شُرَكَائِكُمْ مَنْ يَفْعَلُ مِنْ ذَلِكُمْ مِنْ شَيْءٍ سُبْحَانَهُ وَتَعَالَى عَمَّا يُشْرِكُونَ (۴۰) خدا همان کسی است که شما را آفرید سپس به شما روزی بخشید آنگاه شما را می میراند و پس از آن زنده می گرداند آیا در میان شریکان شما کسی هست که کاری از این [قبیل] کند منزه است او و برتر است از آنچه [با وی] شریک می گردانند (۴۰)

@۳۵ یونس

قُلْ هَلْ مِنْ شُرَكَائِكُمْ مَنْ يَهْدِي إِلَى الْحَقِّ قُلِ اللَّهُ يَهْدِي لِلْحَقِّ أَفَمَنْ يَهْدِي إِلَى الْحَقِّ أَحَقُّ أَنْ يُتَّبَعَ أَمَّنْ لَا يَهِدِّي إِلَّا أَنْ يُهْدَى فَمَا لَكُمْ كَيْفَ تَحْكُمُونَ (۳۵) بگو آیا از شریکان شما کسی هست که به سوی حق رهبری کند بگو خداست که به سوی حق رهبری می کند پس آیا کسی که به سوی حق رهبری می کند سزاوارتر است مورد پیروی قرار گیرد یا کسی که راه نمی نماید مگر آنکه [خود] هدایت شود شما را چه شده چگونه داوری می کنید (۳۵)

@۳۴ یونس

قُلْ هَلْ مِنْ شُرَكَائِكُمْ مَنْ يَبْدَأُ الْخَلْقَ ثُمَّ يُعِيدُهُ قُلِ اللَّهُ يَبْدَأُ الْخَلْقَ ثُمَّ يُعِيدُهُ فَأَنَّى تُؤْفَكُونَ (۳۴) بگو آیا از شریکان شما کسی هست که آفرینش را آغاز کند و سپس آن را برگرداند بگو خداست که آفرینش را آغاز می کند و باز آن را برمی گرداند پس چگونه [از حق] بازگردانیده می شوید (۳۴)

@۲۲ الأنعام

وَيَوْمَ نَحْشُرُهُمْ جَمِيعًا ثُمَّ نَقُولُ لِلَّذِينَ أَشْرَكُوا أَيْنَ شُرَكَاؤُكُمُ الَّذِينَ كُنْتُمْ تَزْعُمُونَ (۲۲) و [یاد کن] روزی را که همه آنان را محشور می کنیم آنگاه به کسانی که شرک آورده اند می گوییم کجایند شریکان شما که [آنها را شریک خدا] می پنداشتید (۲۲)

@۲۲۱ البقرة

وَلَا تَنْكِحُوا الْمُشْرِكَاتِ حَتَّى يُؤْمِنَّ وَلَأَمَةٌ مُؤْمِنَةٌ خَيْرٌ مِنْ مُشْرِكَةٍ وَلَوْ أَعْجَبَتْكُمْ وَلَا تُنْكِحُوا الْمُشْرِكِينَ حَتَّى يُؤْمِنُوا وَلَعَبْدٌ مُؤْمِنٌ خَيْرٌ مِنْ مُشْرِكٍ وَلَوْ أَعْجَبَكُمْ أُولَئِكَ يَدْعُونَ إِلَى النَّارِ وَاللَّهُ يَدْعُو إِلَى الْجَنَّةِ وَالْمَغْفِرَةِ بِإِذْنِهِ وَيُبَيِّنُ آيَاتِهِ لِلنَّاسِ لَعَلَّهُمْ يَتَذَكَّرُونَ (۲۲۱) و با زنان مشرک ازدواج مکنید تا ایمان بیاورند قطعا کنیز با ایمان بهتر از زن مشرک است هر چند [زیبایی] او شما را به شگفت آورد و به مردان مشرک زن مدهید تا ایمان بیاورند قطعا برده با ایمان بهتر از مرد آزاد مشرک است هر چند شما را به شگفت آورد آنان [شما را] به سوی آتش فرا می خوانند و خدا

به فرمان خود [شما را] به سوی بهشت و آمرزش می خواند و آیات خود را برای مردم روشن می گرداند باشد که متذکر شوند (۲۲۱)

۷۱@ یونس

وَاتْلُ عَلَيهِمْ نَبَأَ نُوحٍ إِذْ قَالَ لِقَوْمِهِ يا قَوْمِ إِنْ كانَ كَبُرَ عَلَيكُمْ مَقَامِي وَتَذْكيرِي بِآياتِ اللهِ فَعَلَى اللهِ تَوَكَلْتُ فَأَجْمِعُوا أَمْرَكُمْ وَشُرَكاءَكُمْ ثُمَّ لَا يكنْ أَمْرُكُمْ عَلَيكُمْ غُمَّةً ثُمَّ اقْضُوا إِلَى وَلَا تُنْظِرُونِ (۷۱) و خبر نوح را بر آنان بخوان آنگاه که به قوم خود گفت ای قوم من اگر ماندن من [در میان شما] و اندرز دادن من به آیات خدا بر شما گران آمده است [بدانید که من] بر خدا توکل کرده ام پس [در] کارتان با شریکان خود همداستان شوید تا کارتان بر شما ملتبس ننماید سپس در باره من تصمیم بگیرید و مهلتم ندهید (۷۱)

۷۳@ الأحزاب

لِيعَذِّبَ اللهُ الْمُنَافِقِينَ وَالْمُنَافِقَاتِ وَالْمُشْرِكِينَ وَالْمُشْرِكَاتِ وَيتُوبَ اللهُ عَلَى الْمُؤْمِنِينَ وَالْمُؤْمِنَاتِ وَكَانَ اللهُ غَفُورًا رَحِيمًا (۷۳) [آری چنین است] تا خدا مردان و زنان منافق و مردان و زنان مشرک را عذاب کند و توبه مردان و زنان با ایمان را بپذیرد و خدا همواره آمرزنده مهربان است (۷۳)

جدول اعداد اول تا عدد ١٠٠٠٠

Raste1	Raste2	Raste3	Raste4	Raste5	Raste6	Raste7	Raste8	Raste9	Raste10	Raste11	Raste12	Raste13	Raste14	Raste15	Raste16	Raste17	Raste18
1	2	3	4	5	6	7	8	9	10	11	12	13	14	15	16	17	18
19	20	21	22	23	24	25	26	27	28	29	30	31	32	33	34	35	36
37	38	39	40	41	42	43	44	45	46	47	48	49	50	51	52	53	54
55	56	57	58	59	60	61	62	63	64	65	66	67	68	69	70	71	72
73	74	75	76	77	78	79	80	81	82	83	84	85	86	87	88	89	90
91	92	93	94	95	96	97	98	99	100	101	102	103	104	105	106	107	108
109	110	111	112	113	114	115	116	117	118	119	120	121	122	123	124	125	126
127	128	129	130	131	132	133	134	135	136	137	138	139	140	141	142	143	144
145	146	147	148	149	150	151	152	153	154	155	156	157	158	159	160	161	162
163	164	165	166	167	168	169	170	171	172	173	174	175	176	177	178	179	180
181	182	183	184	185	186	187	188	189	190	191	192	193	194	195	196	197	198
199	200	201	202	203	204	205	206	207	208	209	210	211	212	213	214	215	216
217	218	219	220	221	222	223	224	225	226	227	228	229	230	231	232	233	234
235	236	237	238	239	240	241	242	243	244	245	246	247	248	249	250	251	252
253	254	255	256	257	258	259	260	261	262	263	264	265	266	267	268	269	270
271	272	273	274	275	276	277	278	279	280	281	282	283	284	285	286	287	288
289	290	291	292	293	294	295	296	297	298	299	300	301	302	303	304	305	306
307	308	309	310	311	312	313	314	315	316	317	318	319	320	321	322	323	324
325	326	327	328	329	330	331	332	333	334	335	336	337	338	339	340	341	342
343	344	345	346	347	348	349	350	351	352	353	354	355	356	357	358	359	360
361	362	363	364	365	366	367	368	369	370	371	372	373	374	375	376	377	378
379	380	381	382	383	384	385	386	387	388	389	390	391	392	393	394	395	396
397	398	399	400	401	402	403	404	405	406	407	408	409	410	411	412	413	414
415	416	417	418	419	420	421	422	423	424	425	426	427	428	429	430	431	432

چهارراه وجود ۲۱۸

Raste1	Raste2	Raste3	Raste4	Raste5	Raste6	Raste7	Raste8	Raste9	Raste10	Raste11	Raste12	Raste13	Raste14	Raste15	Raste16	Raste17	Raste18
433	434	435	436	437	438	439	440	441	442	443	444	445	446	447	448	449	450
451	452	453	454	455	456	457	458	459	460	461	462	463	464	465	466	467	468
469	470	471	472	473	474	475	476	477	478	479	480	481	482	483	484	485	486
487	488	489	490	491	492	493	494	495	496	497	498	499	500	501	502	503	504
505	506	507	508	509	510	511	512	513	514	515	516	517	518	519	520	521	522
523	524	525	526	527	528	529	530	531	532	533	534	535	536	537	538	539	540
541	542	543	544	545	546	547	548	549	550	551	552	553	554	555	556	557	558
559	560	561	562	563	564	565	566	567	568	569	570	571	572	573	574	575	576
577	578	579	580	581	582	583	584	585	586	587	588	589	590	591	592	593	594
595	596	597	598	599	600	601	602	603	604	605	606	607	608	609	610	611	612
613	614	615	616	617	618	619	620	621	622	623	624	625	626	627	628	629	630
631	632	633	634	635	636	637	638	639	640	641	642	643	644	645	646	647	648
649	650	651	652	653	654	655	656	657	658	659	660	661	662	663	664	665	666
667	668	669	670	671	672	673	674	675	676	677	678	679	680	681	682	683	684
685	686	687	688	689	690	691	692	693	694	695	696	697	698	699	700	701	702
703	704	705	706	707	708	709	710	711	712	713	714	715	716	717	718	719	720
721	722	723	724	725	726	727	728	729	730	731	732	733	734	735	736	737	738
739	740	741	742	743	744	745	746	747	748	749	750	751	752	753	754	755	756
757	758	759	760	761	762	763	764	765	766	767	768	769	770	771	772	773	774
775	776	777	778	779	780	781	782	783	784	785	786	787	788	789	790	791	792
793	794	795	796	797	798	799	800	801	802	803	804	805	806	807	808	809	810
811	812	813	814	815	816	817	818	819	820	821	822	823	824	825	826	827	828
829	830	831	832	833	834	835	836	837	838	839	840	841	842	843	844	845	846
847	848	849	850	851	852	853	854	855	856	857	858	859	860	861	862	863	864
865	866	867	868	869	870	871	872	873	874	875	876	877	878	879	880	881	882
883	884	885	886	887	888	889	890	891	892	893	894	895	896	897	898	899	900
901	902	903	904	905	906	907	908	909	910	911	912	913	914	915	916	917	918

۲۱۹

Raste1	Raste2	Raste3	Raste4	Raste5	Raste6	Raste7	Raste8	Raste9	Raste10	Raste11	Raste12	Raste13	Raste14	Raste15	Raste16	Raste17	Raste18
919	920	921	922	923	924	925	926	927	928	929	930	931	932	933	934	935	936
937	938	939	940	941	942	943	944	945	946	947	948	949	950	951	952	953	954
955	956	957	958	959	960	961	962	963	964	965	966	967	968	969	970	971	972
973	974	975	976	977	978	979	980	981	982	983	984	985	986	987	988	989	990
991	992	993	994	995	996	997	998	999	1000	1001	1002	1003	1004	1005	1006	1007	1008
1009	1010	1011	1012	1013	1014	1015	1016	1017	1018	1019	1020	1021	1022	1023	1024	1025	1026
1027	1028	1029	1030	1031	1032	1033	1034	1035	1036	1037	1038	1039	1040	1041	1042	1043	1044
1045	1046	1047	1048	1049	1050	1051	1052	1053	1054	1055	1056	1057	1058	1059	1060	1061	1062
1063	1064	1065	1066	1067	1068	1069	1070	1071	1072	1073	1074	1075	1076	1077	1078	1079	1080
1081	1082	1083	1084	1085	1086	1087	1088	1089	1090	1091	1092	1093	1094	1095	1096	1097	1098
1099	1100	1101	1102	1103	1104	1105	1106	1107	1108	1109	1110	1111	1112	1113	1114	1115	1116
1117	1118	1119	1120	1121	1122	1123	1124	1125	1126	1127	1128	1129	1130	1131	1132	1133	1134
1135	1136	1137	1138	1139	1140	1141	1142	1143	1144	1145	1146	1147	1148	1149	1150	1151	1152
1153	1154	1155	1156	1157	1158	1159	1160	1161	1162	1163	1164	1165	1166	1167	1168	1169	1170
1171	1172	1173	1174	1175	1176	1177	1178	1179	1180	1181	1182	1183	1184	1185	1186	1187	1188
1189	1190	1191	1192	1193	1194	1195	1196	1197	1198	1199	1200	1201	1202	1203	1204	1205	1206
1207	1208	1209	1210	1211	1212	1213	1214	1215	1216	1217	1218	1219	1220	1221	1222	1223	1224
1225	1226	1227	1228	1229	1230	1231	1232	1233	1234	1235	1236	1237	1238	1239	1240	1241	1242
1243	1244	1245	1246	1247	1248	1249	1250	1251	1252	1253	1254	1255	1256	1257	1258	1259	1260
1261	1262	1263	1264	1265	1266	1267	1268	1269	1270	1271	1272	1273	1274	1275	1276	1277	1278
1279	1280	1281	1282	1283	1284	1285	1286	1287	1288	1289	1290	1291	1292	1293	1294	1295	1296
1297	1298	1299	1300	1301	1302	1303	1304	1305	1306	1307	1308	1309	1310	1311	1312	1313	1314
1315	1316	1317	1318	1319	1320	1321	1322	1323	1324	1325	1326	1327	1328	1329	1330	1331	1332
1333	1334	1335	1336	1337	1338	1339	1340	1341	1342	1343	1344	1345	1346	1347	1348	1349	1350
1351	1352	1353	1354	1355	1356	1357	1358	1359	1360	1361	1362	1363	1364	1365	1366	1367	1368
1369	1370	1371	1372	1373	1374	1375	1376	1377	1378	1379	1380	1381	1382	1383	1384	1385	1386
1387	1388	1389	1390	1391	1392	1393	1394	1395	1396	1397	1398	1399	1400	1401	1402	1403	1404

Raste1	Raste2	Raste3	Raste4	Raste5	Raste6	Raste7	Raste8	Raste9	Raste10	Raste11	Raste12	Raste13	Raste14	Raste15	Raste16	Raste17	Raste18
1405	1406	1407	1408	1409	1410	1411	1412	1413	1414	1415	1416	1417	1418	1419	1420	1421	1422
1423	1424	1425	1426	1427	1428	1429	1430	1431	1432	1433	1434	1435	1436	1437	1438	1439	1440
1441	1442	1443	1444	1445	1446	1447	1448	1449	1450	1451	1452	1453	1454	1455	1456	1457	1458
1459	1460	1461	1462	1463	1464	1465	1466	1467	1468	1469	1470	1471	1472	1473	1474	1475	1476
1477	1478	1479	1480	1481	1482	1483	1484	1485	1486	1487	1488	1489	1490	1491	1492	1493	1494
1495	1496	1497	1498	1499	1500	1501	1502	1503	1504	1505	1506	1507	1508	1509	1510	1511	1512
1513	1514	1515	1516	1517	1518	1519	1520	1521	1522	1523	1524	1525	1526	1527	1528	1529	1530
1531	1532	1533	1534	1535	1536	1537	1538	1539	1540	1541	1542	1543	1544	1545	1546	1547	1548
1549	1550	1551	1552	1553	1554	1555	1556	1557	1558	1559	1560	1561	1562	1563	1564	1565	1566
1567	1568	1569	1570	1571	1572	1573	1574	1575	1576	1577	1578	1579	1580	1581	1582	1583	1584
1585	1586	1587	1588	1589	1590	1591	1592	1593	1594	1595	1596	1597	1598	1599	1600	1601	1602
1603	1604	1605	1606	1607	1608	1609	1610	1611	1612	1613	1614	1615	1616	1617	1618	1619	1620
1621	1622	1623	1624	1625	1626	1627	1628	1629	1630	1631	1632	1633	1634	1635	1636	1637	1638
1639	1640	1641	1642	1643	1644	1645	1646	1647	1648	1649	1650	1651	1652	1653	1654	1655	1656
1657	1658	1659	1660	1661	1662	1663	1664	1665	1666	1667	1668	1669	1670	1671	1672	1673	1674
1675	1676	1677	1678	1679	1680	1681	1682	1683	1684	1685	1686	1687	1688	1689	1690	1691	1692
1693	1694	1695	1696	1697	1698	1699	1700	1701	1702	1703	1704	1705	1706	1707	1708	1709	1710
1711	1712	1713	1714	1715	1716	1717	1718	1719	1720	1721	1722	1723	1724	1725	1726	1727	1728
1729	1730	1731	1732	1733	1734	1735	1736	1737	1738	1739	1740	1741	1742	1743	1744	1745	1746
1747	1748	1749	1750	1751	1752	1753	1754	1755	1756	1757	1758	1759	1760	1761	1762	1763	1764
1765	1766	1767	1768	1769	1770	1771	1772	1773	1774	1775	1776	1777	1778	1779	1780	1781	1782
1783	1784	1785	1786	1787	1788	1789	1790	1791	1792	1793	1794	1795	1796	1797	1798	1799	1800
1801	1802	1803	1804	1805	1806	1807	1808	1809	1810	1811	1812	1813	1814	1815	1816	1817	1818
1819	1820	1821	1822	1823	1824	1825	1826	1827	1828	1829	1830	1831	1832	1833	1834	1835	1836
1837	1838	1839	1840	1841	1842	1843	1844	1845	1846	1847	1848	1849	1850	1851	1852	1853	1854
1855	1856	1857	1858	1859	1860	1861	1862	1863	1864	1865	1866	1867	1868	1869	1870	1871	1872
1873	1874	1875	1876	1877	1878	1879	1880	1881	1882	1883	1884	1885	1886	1887	1888	1889	1890

Raste1	Raste2	Raste3	Raste4	Raste5	Raste6	Raste7	Raste8	Raste9	Raste10	Raste11	Raste12	Raste13	Raste14	Raste15	Raste16	Raste17	Raste18
1891	1892	1893	1894	1895	1896	1897	1898	1899	1900	1901	1902	1903	1904	1905	1906	1907	1908
1909	1910	1911	1912	1913	1914	1915	1916	1917	1918	1919	1920	1921	1922	1923	1924	1925	1926
1927	1928	1929	1930	1931	1932	1933	1934	1935	1936	1937	1938	1939	1940	1941	1942	1943	1944
1945	1946	1947	1948	1949	1950	1951	1952	1953	1954	1955	1956	1957	1958	1959	1960	1961	1962
1963	1964	1965	1966	1967	1968	1969	1970	1971	1972	1973	1974	1975	1976	1977	1978	1979	1980
1981	1982	1983	1984	1985	1986	1987	1988	1989	1990	1991	1992	1993	1994	1995	1996	1997	1998
1999	2000	2001	2002	2003	2004	2005	2006	2007	2008	2009	2010	2011	2012	2013	2014	2015	2016
2017	2018	2019	2020	2021	2022	2023	2024	2025	2026	2027	2028	2029	2030	2031	2032	2033	2034
2035	2036	2037	2038	2039	2040	2041	2042	2043	2044	2045	2046	2047	2048	2049	2050	2051	2052
2053	2054	2055	2056	2057	2058	2059	2060	2061	2062	2063	2064	2065	2066	2067	2068	2069	2070
2071	2072	2073	2074	2075	2076	2077	2078	2079	2080	2081	2082	2083	2084	2085	2086	2087	2088
2089	2090	2091	2092	2093	2094	2095	2096	2097	2098	2099	2100	2101	2102	2103	2104	2105	2106
2107	2108	2109	2110	2111	2112	2113	2114	2115	2116	2117	2118	2119	2120	2121	2122	2123	2124
2125	2126	2127	2128	2129	2130	2131	2132	2133	2134	2135	2136	2137	2138	2139	2140	2141	2142
2143	2144	2145	2146	2147	2148	2149	2150	2151	2152	2153	2154	2155	2156	2157	2158	2159	2160
2161	2162	2163	2164	2165	2166	2167	2168	2169	2170	2171	2172	2173	2174	2175	2176	2177	2178
2179	2180	2181	2182	2183	2184	2185	2186	2187	2188	2189	2190	2191	2192	2193	2194	2195	2196
2197	2198	2199	2200	2201	2202	2203	2204	2205	2206	2207	2208	2209	2210	2211	2212	2213	2214
2215	2216	2217	2218	2219	2220	2221	2222	2223	2224	2225	2226	2227	2228	2229	2230	2231	2232
2233	2234	2235	2236	2237	2238	2239	2240	2241	2242	2243	2244	2245	2246	2247	2248	2249	2250
2251	2252	2253	2254	2255	2256	2257	2258	2259	2260	2261	2262	2263	2264	2265	2266	2267	2268
2269	2270	2271	2272	2273	2274	2275	2276	2277	2278	2279	2280	2281	2282	2283	2284	2285	2286
2287	2288	2289	2290	2291	2292	2293	2294	2295	2296	2297	2298	2299	2300	2301	2302	2303	2304
2305	2306	2307	2308	2309	2310	2311	2312	2313	2314	2315	2316	2317	2318	2319	2320	2321	2322
2323	2324	2325	2326	2327	2328	2329	2330	2331	2332	2333	2334	2335	2336	2337	2338	2339	2340
2341	2342	2343	2344	2345	2346	2347	2348	2349	2350	2351	2352	2353	2354	2355	2356	2357	2358
2359	2360	2361	2362	2363	2364	2365	2366	2367	2368	2369	2370	2371	2372	2373	2374	2375	2376

Raste1	Raste2	Raste3	Raste4	Raste5	Raste6	Raste7	Raste8	Raste9	Raste10	Raste11	Raste12	Raste13	Raste14	Raste15	Raste16	Raste17	Raste18
2377	2378	2379	2380	2381	2382	2383	2384	2385	2386	2387	2388	2389	2390	2391	2392	2393	2394
2395	2396	2397	2398	2399	2400	2401	2402	2403	2404	2405	2406	2407	2408	2409	2410	2411	2412
2413	2414	2415	2416	2417	2418	2419	2420	2421	2422	2423	2424	2425	2426	2427	2428	2429	2430
2431	2432	2433	2434	2435	2436	2437	2438	2439	2440	2441	2442	2443	2444	2445	2446	2447	2448
2449	2450	2451	2452	2453	2454	2455	2456	2457	2458	2459	2460	2461	2462	2463	2464	2465	2466
2467	2468	2469	2470	2471	2472	2473	2474	2475	2476	2477	2478	2479	2480	2481	2482	2483	2484
2485	2486	2487	2488	2489	2490	2491	2492	2493	2494	2495	2496	2497	2498	2499	2500	2501	2502
2503	2504	2505	2506	2507	2508	2509	2510	2511	2512	2513	2514	2515	2516	2517	2518	2519	2520
2521	2522	2523	2524	2525	2526	2527	2528	2529	2530	2531	2532	2533	2534	2535	2536	2537	2538
2539	2540	2541	2542	2543	2544	2545	2546	2547	2548	2549	2550	2551	2552	2553	2554	2555	2556
2557	2558	2559	2560	2561	2562	2563	2564	2565	2566	2567	2568	2569	2570	2571	2572	2573	2574
2575	2576	2577	2578	2579	2580	2581	2582	2583	2584	2585	2586	2587	2588	2589	2590	2591	2592
2593	2594	2595	2596	2597	2598	2599	2600	2601	2602	2603	2604	2605	2606	2607	2608	2609	2610
2611	2612	2613	2614	2615	2616	2617	2618	2619	2620	2621	2622	2623	2624	2625	2626	2627	2628
2629	2630	2631	2632	2633	2634	2635	2636	2637	2638	2639	2640	2641	2642	2643	2644	2645	2646
2647	2648	2649	2650	2651	2652	2653	2654	2655	2656	2657	2658	2659	2660	2661	2662	2663	2664
2665	2666	2667	2668	2669	2670	2671	2672	2673	2674	2675	2676	2677	2678	2679	2680	2681	2682
2683	2684	2685	2686	2687	2688	2689	2690	2691	2692	2693	2694	2695	2696	2697	2698	2699	2700
2701	2702	2703	2704	2705	2706	2707	2708	2709	2710	2711	2712	2713	2714	2715	2716	2717	2718
2719	2720	2721	2722	2723	2724	2725	2726	2727	2728	2729	2730	2731	2732	2733	2734	2735	2736
2737	2738	2739	2740	2741	2742	2743	2744	2745	2746	2747	2748	2749	2750	2751	2752	2753	2754
2755	2756	2757	2758	2759	2760	2761	2762	2763	2764	2765	2766	2767	2768	2769	2770	2771	2772
2773	2774	2775	2776	2777	2778	2779	2780	2781	2782	2783	2784	2785	2786	2787	2788	2789	2790
2791	2792	2793	2794	2795	2796	2797	2798	2799	2800	2801	2802	2803	2804	2805	2806	2807	2808
2809	2810	2811	2812	2813	2814	2815	2816	2817	2818	2819	2820	2821	2822	2823	2824	2825	2826
2827	2828	2829	2830	2831	2832	2833	2834	2835	2836	2837	2838	2839	2840	2841	2842	2843	2844
2845	2846	2847	2848	2849	2850	2851	2852	2853	2854	2855	2856	2857	2858	2859	2860	2861	2862

Raste1	Raste2	Raste3	Raste4	Raste5	Raste6	Raste7	Raste8	Raste9	Raste10	Raste11	Raste12	Raste13	Raste14	Raste15	Raste16	Raste17	Raste18
2863	2864	2865	2866	2867	2868	2869	2870	2871	2872	2873	2874	2875	2876	2877	2878	2879	2880
2881	2882	2883	2884	2885	2886	2887	2888	2889	2890	2891	2892	2893	2894	2895	2896	2897	2898
2899	2900	2901	2902	2903	2904	2905	2906	2907	2908	2909	2910	2911	2912	2913	2914	2915	2916
2917	2918	2919	2920	2921	2922	2923	2924	2925	2926	2927	2928	2929	2930	2931	2932	2933	2934
2935	2936	2937	2938	2939	2940	2941	2942	2943	2944	2945	2946	2947	2948	2949	2950	2951	2952
2953	2954	2955	2956	2957	2958	2959	2960	2961	2962	2963	2964	2965	2966	2967	2968	2969	2970
2971	2972	2973	2974	2975	2976	2977	2978	2979	2980	2981	2982	2983	2984	2985	2986	2987	2988
2989	2990	2991	2992	2993	2994	2995	2996	2997	2998	2999	3000	3001	3002	3003	3004	3005	3006
3007	3008	3009	3010	3011	3012	3013	3014	3015	3016	3017	3018	3019	3020	3021	3022	3023	3024
3025	3026	3027	3028	3029	3030	3031	3032	3033	3034	3035	3036	3037	3038	3039	3040	3041	3042
3043	3044	3045	3046	3047	3048	3049	3050	3051	3052	3053	3054	3055	3056	3057	3058	3059	3060
3061	3062	3063	3064	3065	3066	3067	3068	3069	3070	3071	3072	3073	3074	3075	3076	3077	3078
3079	3080	3081	3082	3083	3084	3085	3086	3087	3088	3089	3090	3091	3092	3093	3094	3095	3096
3097	3098	3099	3100	3101	3102	3103	3104	3105	3106	3107	3108	3109	3110	3111	3112	3113	3114
3115	3116	3117	3118	3119	3120	3121	3122	3123	3124	3125	3126	3127	3128	3129	3130	3131	3132
3133	3134	3135	3136	3137	3138	3139	3140	3141	3142	3143	3144	3145	3146	3147	3148	3149	3150
3151	3152	3153	3154	3155	3156	3157	3158	3159	3160	3161	3162	3163	3164	3165	3166	3167	3168
3169	3170	3171	3172	3173	3174	3175	3176	3177	3178	3179	3180	3181	3182	3183	3184	3185	3186
3187	3188	3189	3190	3191	3192	3193	3194	3195	3196	3197	3198	3199	3200	3201	3202	3203	3204
3205	3206	3207	3208	3209	3210	3211	3212	3213	3214	3215	3216	3217	3218	3219	3220	3221	3222
3223	3224	3225	3226	3227	3228	3229	3230	3231	3232	3233	3234	3235	3236	3237	3238	3239	3240
3241	3242	3243	3244	3245	3246	3247	3248	3249	3250	3251	3252	3253	3254	3255	3256	3257	3258
3259	3260	3261	3262	3263	3264	3265	3266	3267	3268	3269	3270	3271	3272	3273	3274	3275	3276
3277	3278	3279	3280	3281	3282	3283	3284	3285	3286	3287	3288	3289	3290	3291	3292	3293	3294
3295	3296	3297	3298	3299	3300	3301	3302	3303	3304	3305	3306	3307	3308	3309	3310	3311	3312
3313	3314	3315	3316	3317	3318	3319	3320	3321	3322	3323	3324	3325	3326	3327	3328	3329	3330
3331	3332	3333	3334	3335	3336	3337	3338	3339	3340	3341	3342	3343	3344	3345	3346	3347	3348

Raste1	Raste2	Raste3	Raste4	Raste5	Raste6	Raste7	Raste8	Raste9	Raste10	Raste11	Raste12	Raste13	Raste14	Raste15	Raste16	Raste17	Raste18
3349	3350	3351	3352	3353	3354	3355	3356	3357	3358	3359	3360	3361	3362	3363	3364	3365	3366
3367	3368	3369	3370	3371	3372	3373	3374	3375	3376	3377	3378	3379	3380	3381	3382	3383	3384
3385	3386	3387	3388	3389	3390	3391	3392	3393	3394	3395	3396	3397	3398	3399	3400	3401	3402
3403	3404	3405	3406	3407	3408	3409	3410	3411	3412	3413	3414	3415	3416	3417	3418	3419	3420
3421	3422	3423	3424	3425	3426	3427	3428	3429	3430	3431	3432	3433	3434	3435	3436	3437	3438
3439	3440	3441	3442	3443	3444	3445	3446	3447	3448	3449	3450	3451	3452	3453	3454	3455	3456
3457	3458	3459	3460	3461	3462	3463	3464	3465	3466	3467	3468	3469	3470	3471	3472	3473	3474
3475	3476	3477	3478	3479	3480	3481	3482	3483	3484	3485	3486	3487	3488	3489	3490	3491	3492
3493	3494	3495	3496	3497	3498	3499	3500	3501	3502	3503	3504	3505	3506	3507	3508	3509	3510
3511	3512	3513	3514	3515	3516	3517	3518	3519	3520	3521	3522	3523	3524	3525	3526	3527	3528
3529	3530	3531	3532	3533	3534	3535	3536	3537	3538	3539	3540	3541	3542	3543	3544	3545	3546
3547	3548	3549	3550	3551	3552	3553	3554	3555	3556	3557	3558	3559	3560	3561	3562	3563	3564
3565	3566	3567	3568	3569	3570	3571	3572	3573	3574	3575	3576	3577	3578	3579	3580	3581	3582
3583	3584	3585	3586	3587	3588	3589	3590	3591	3592	3593	3594	3595	3596	3597	3598	3599	3600
3601	3602	3603	3604	3605	3606	3607	3608	3609	3610	3611	3612	3613	3614	3615	3616	3617	3618
3619	3620	3621	3622	3623	3624	3625	3626	3627	3628	3629	3630	3631	3632	3633	3634	3635	3636
3637	3638	3639	3640	3641	3642	3643	3644	3645	3646	3647	3648	3649	3650	3651	3652	3653	3654
3655	3656	3657	3658	3659	3660	3661	3662	3663	3664	3665	3666	3667	3668	3669	3670	3671	3672
3673	3674	3675	3676	3677	3678	3679	3680	3681	3682	3683	3684	3685	3686	3687	3688	3689	3690
3691	3692	3693	3694	3695	3696	3697	3698	3699	3700	3701	3702	3703	3704	3705	3706	3707	3708
3709	3710	3711	3712	3713	3714	3715	3716	3717	3718	3719	3720	3721	3722	3723	3724	3725	3726
3727	3728	3729	3730	3731	3732	3733	3734	3735	3736	3737	3738	3739	3740	3741	3742	3743	3744
3745	3746	3747	3748	3749	3750	3751	3752	3753	3754	3755	3756	3757	3758	3759	3760	3761	3762
3763	3764	3765	3766	3767	3768	3769	3770	3771	3772	3773	3774	3775	3776	3777	3778	3779	3780
3781	3782	3783	3784	3785	3786	3787	3788	3789	3790	3791	3792	3793	3794	3795	3796	3797	3798
3799	3800	3801	3802	3803	3804	3805	3806	3807	3808	3809	3810	3811	3812	3813	3814	3815	3816
3817	3818	3819	3820	3821	3822	3823	3824	3825	3826	3827	3828	3829	3830	3831	3832	3833	3834

Raste1	Raste2	Raste3	Raste4	Raste5	Raste6	Raste7	Raste8	Raste9	Raste10	Raste11	Raste12	Raste13	Raste14	Raste15	Raste16	Raste17	Raste18
3835	3836	3837	3838	3839	3840	3841	3842	3843	3844	3845	3846	3847	3848	3849	3850	3851	3852
3853	3854	3855	3856	3857	3858	3859	3860	3861	3862	3863	3864	3865	3866	3867	3868	3869	3870
3871	3872	3873	3874	3875	3876	3877	3878	3879	3880	3881	3882	3883	3884	3885	3886	3887	3888
3889	3890	3891	3892	3893	3894	3895	3896	3897	3898	3899	3900	3901	3902	3903	3904	3905	3906
3907	3908	3909	3910	3911	3912	3913	3914	3915	3916	3917	3918	3919	3920	3921	3922	3923	3924
3925	3926	3927	3928	3929	3930	3931	3932	3933	3934	3935	3936	3937	3938	3939	3940	3941	3942
3943	3944	3945	3946	3947	3948	3949	3950	3951	3952	3953	3954	3955	3956	3957	3958	3959	3960
3961	3962	3963	3964	3965	3966	3967	3968	3969	3970	3971	3972	3973	3974	3975	3976	3977	3978
3979	3980	3981	3982	3983	3984	3985	3986	3987	3988	3989	3990	3991	3992	3993	3994	3995	3996
3997	3998	3999	4000	4001	4002	4003	4004	4005	4006	4007	4008	4009	4010	4011	4012	4013	4014
4015	4016	4017	4018	4019	4020	4021	4022	4023	4024	4025	4026	4027	4028	4029	4030	4031	4032
4033	4034	4035	4036	4037	4038	4039	4040	4041	4042	4043	4044	4045	4046	4047	4048	4049	4050
4051	4052	4053	4054	4055	4056	4057	4058	4059	4060	4061	4062	4063	4064	4065	4066	4067	4068
4069	4070	4071	4072	4073	4074	4075	4076	4077	4078	4079	4080	4081	4082	4083	4084	4085	4086
4087	4088	4089	4090	4091	4092	4093	4094	4095	4096	4097	4098	4099	4100	4101	4102	4103	4104
4105	4106	4107	4108	4109	4110	4111	4112	4113	4114	4115	4116	4117	4118	4119	4120	4121	4122
4123	4124	4125	4126	4127	4128	4129	4130	4131	4132	4133	4134	4135	4136	4137	4138	4139	4140
4141	4142	4143	4144	4145	4146	4147	4148	4149	4150	4151	4152	4153	4154	4155	4156	4157	4158
4159	4160	4161	4162	4163	4164	4165	4166	4167	4168	4169	4170	4171	4172	4173	4174	4175	4176
4177	4178	4179	4180	4181	4182	4183	4184	4185	4186	4187	4188	4189	4190	4191	4192	4193	4194
4195	4196	4197	4198	4199	4200	4201	4202	4203	4204	4205	4206	4207	4208	4209	4210	4211	4212
4213	4214	4215	4216	4217	4218	4219	4220	4221	4222	4223	4224	4225	4226	4227	4228	4229	4230
4231	4232	4233	4234	4235	4236	4237	4238	4239	4240	4241	4242	4243	4244	4245	4246	4247	4248
4249	4250	4251	4252	4253	4254	4255	4256	4257	4258	4259	4260	4261	4262	4263	4264	4265	4266
4267	4268	4269	4270	4271	4272	4273	4274	4275	4276	4277	4278	4279	4280	4281	4282	4283	4284
4285	4286	4287	4288	4289	4290	4291	4292	4293	4294	4295	4296	4297	4298	4299	4300	4301	4302
4303	4304	4305	4306	4307	4308	4309	4310	4311	4312	4313	4314	4315	4316	4317	4318	4319	4320

چهارراه موجود ۲۲۶

Raste1	Raste2	Raste3	Raste4	Raste5	Raste6	Raste7	Raste8	Raste9	Raste10	Raste11	Raste12	Raste13	Raste14	Raste15	Raste16	Raste17	Raste18
4321	4322	4323	4324	4325	4326	4327	4328	4329	4330	4331	4332	4333	4334	4335	4336	4337	4338
4339	4340	4341	4342	4343	4344	4345	4346	4347	4348	4349	4350	4351	4352	4353	4354	4355	4356
4357	4358	4359	4360	4361	4362	4363	4364	4365	4366	4367	4368	4369	4370	4371	4372	4373	4374
4375	4376	4377	4378	4379	4380	4381	4382	4383	4384	4385	4386	4387	4388	4389	4390	4391	4392
4393	4394	4395	4396	4397	4398	4399	4400	4401	4402	4403	4404	4405	4406	4407	4408	4409	4410
4411	4412	4413	4414	4415	4416	4417	4418	4419	4420	4421	4422	4423	4424	4425	4426	4427	4428
4429	4430	4431	4432	4433	4434	4435	4436	4437	4438	4439	4440	4441	4442	4443	4444	4445	4446
4447	4448	4449	4450	4451	4452	4453	4454	4455	4456	4457	4458	4459	4460	4461	4462	4463	4464
4465	4466	4467	4468	4469	4470	4471	4472	4473	4474	4475	4476	4477	4478	4479	4480	4481	4482
4483	4484	4485	4486	4487	4488	4489	4490	4491	4492	4493	4494	4495	4496	4497	4498	4499	4500
4501	4502	4503	4504	4505	4506	4507	4508	4509	4510	4511	4512	4513	4514	4515	4516	4517	4518
4519	4520	4521	4522	4523	4524	4525	4526	4527	4528	4529	4530	4531	4532	4533	4534	4535	4536
4537	4538	4539	4540	4541	4542	4543	4544	4545	4546	4547	4548	4549	4550	4551	4552	4553	4554
4555	4556	4557	4558	4559	4560	4561	4562	4563	4564	4565	4566	4567	4568	4569	4570	4571	4572
4573	4574	4575	4576	4577	4578	4579	4580	4581	4582	4583	4584	4585	4586	4587	4588	4589	4590
4591	4592	4593	4594	4595	4596	4597	4598	4599	4600	4601	4602	4603	4604	4605	4606	4607	4608
4609	4610	4611	4612	4613	4614	4615	4616	4617	4618	4619	4620	4621	4622	4623	4624	4625	4626
4627	4628	4629	4630	4631	4632	4633	4634	4635	4636	4637	4638	4639	4640	4641	4642	4643	4644
4645	4646	4647	4648	4649	4650	4651	4652	4653	4654	4655	4656	4657	4658	4659	4660	4661	4662
4663	4664	4665	4666	4667	4668	4669	4670	4671	4672	4673	4674	4675	4676	4677	4678	4679	4680
4681	4682	4683	4684	4685	4686	4687	4688	4689	4690	4691	4692	4693	4694	4695	4696	4697	4698
4699	4700	4701	4702	4703	4704	4705	4706	4707	4708	4709	4710	4711	4712	4713	4714	4715	4716
4717	4718	4719	4720	4721	4722	4723	4724	4725	4726	4727	4728	4729	4730	4731	4732	4733	4734
4735	4736	4737	4738	4739	4740	4741	4742	4743	4744	4745	4746	4747	4748	4749	4750	4751	4752
4753	4754	4755	4756	4757	4758	4759	4760	4761	4762	4763	4764	4765	4766	4767	4768	4769	4770
4771	4772	4773	4774	4775	4776	4777	4778	4779	4780	4781	4782	4783	4784	4785	4786	4787	4788
4789	4790	4791	4792	4793	4794	4795	4796	4797	4798	4799	4800	4801	4802	4803	4804	4805	4806

۲۲۷

Raste1	Raste2	Raste3	Raste4	Raste5	Raste6	Raste7	Raste8	Raste9	Raste10	Raste11	Raste12	Raste13	Raste14	Raste15	Raste16	Raste17	Raste18
4807	4808	4809	4810	4811	4812	4813	4814	4815	4816	4817	4818	4819	4820	4821	4822	4823	4824
4825	4826	4827	4828	4829	4830	4831	4832	4833	4834	4835	4836	4837	4838	4839	4840	4841	4842
4843	4844	4845	4846	4847	4848	4849	4850	4851	4852	4853	4854	4855	4856	4857	4858	4859	4860
4861	4862	4863	4864	4865	4866	4867	4868	4869	4870	4871	4872	4873	4874	4875	4876	4877	4878
4879	4880	4881	4882	4883	4884	4885	4886	4887	4888	4889	4890	4891	4892	4893	4894	4895	4896
4897	4898	4899	4900	4901	4902	4903	4904	4905	4906	4907	4908	4909	4910	4911	4912	4913	4914
4915	4916	4917	4918	4919	4920	4921	4922	4923	4924	4925	4926	4927	4928	4929	4930	4931	4932
4933	4934	4935	4936	4937	4938	4939	4940	4941	4942	4943	4944	4945	4946	4947	4948	4949	4950
4951	4952	4953	4954	4955	4956	4957	4958	4959	4960	4961	4962	4963	4964	4965	4966	4967	4968
4969	4970	4971	4972	4973	4974	4975	4976	4977	4978	4979	4980	4981	4982	4983	4984	4985	4986
4987	4988	4989	4990	4991	4992	4993	4994	4995	4996	4997	4998	4999	5000	5001	5002	5003	5004
5005	5006	5007	5008	5009	5010	5011	5012	5013	5014	5015	5016	5017	5018	5019	5020	5021	5022
5023	5024	5025	5026	5027	5028	5029	5030	5031	5032	5033	5034	5035	5036	5037	5038	5039	5040
5041	5042	5043	5044	5045	5046	5047	5048	5049	5050	5051	5052	5053	5054	5055	5056	5057	5058
5059	5060	5061	5062	5063	5064	5065	5066	5067	5068	5069	5070	5071	5072	5073	5074	5075	5076
5077	5078	5079	5080	5081	5082	5083	5084	5085	5086	5087	5088	5089	5090	5091	5092	5093	5094
5095	5096	5097	5098	5099	5100	5101	5102	5103	5104	5105	5106	5107	5108	5109	5110	5111	5112
5113	5114	5115	5116	5117	5118	5119	5120	5121	5122	5123	5124	5125	5126	5127	5128	5129	5130
5131	5132	5133	5134	5135	5136	5137	5138	5139	5140	5141	5142	5143	5144	5145	5146	5147	5148
5149	5150	5151	5152	5153	5154	5155	5156	5157	5158	5159	5160	5161	5162	5163	5164	5165	5166
5167	5168	5169	5170	5171	5172	5173	5174	5175	5176	5177	5178	5179	5180	5181	5182	5183	5184
5185	5186	5187	5188	5189	5190	5191	5192	5193	5194	5195	5196	5197	5198	5199	5200	5201	5202
5203	5204	5205	5206	5207	5208	5209	5210	5211	5212	5213	5214	5215	5216	5217	5218	5219	5220
5221	5222	5223	5224	5225	5226	5227	5228	5229	5230	5231	5232	5233	5234	5235	5236	5237	5238
5239	5240	5241	5242	5243	5244	5245	5246	5247	5248	5249	5250	5251	5252	5253	5254	5255	5256
5257	5258	5259	5260	5261	5262	5263	5264	5265	5266	5267	5268	5269	5270	5271	5272	5273	5274
5275	5276	5277	5278	5279	5280	5281	5282	5283	5284	5285	5286	5287	5288	5289	5290	5291	5292

Raste1	Raste2	Raste3	Raste4	Raste5	Raste6	Raste7	Raste8	Raste9	Raste10	Raste11	Raste12	Raste13	Raste14	Raste15	Raste16	Raste17	Raste18
5293	5294	5295	5296	**5297**	5298	5299	5300	5301	5302	**5303**	5304	5305	5306	5307	5308	**5309**	5310
5311	5312	5313	5314	5315	5316	5317	5318	5319	5320	5321	5322	**5323**	5324	5325	5326	5327	5328
5329	5330	5331	5332	**5333**	5334	5335	5336	5337	5338	5339	5340	5341	5342	5343	5344	5345	5346
5347	5348	5349	5350	**5351**	5352	5353	5354	5355	5356	5357	5358	5359	5360	5361	5362	5363	5364
5365	5366	5367	5368	5369	5370	5371	5372	5373	5374	5375	5376	5377	5378	5379	5380	**5381**	5382
5383	5384	5385	5386	**5387**	5388	5389	5390	5391	5392	**5393**	5394	5395	5396	5397	5398	**5399**	5400
5401	5402	5403	5404	5405	5406	**5407**	5408	5409	5410	5411	5412	**5413**	5414	5415	5416	**5417**	5418
5419	5420	5421	5422	5423	5424	5425	5426	5427	5428	5429	5430	**5431**	5432	5433	5434	5435	5436
5437	5438	5439	5440	**5441**	5442	**5443**	5444	5445	5446	5447	5448	**5449**	5450	5451	5452	5453	5454
5455	5456	5457	5458	5459	5460	5461	5462	5463	5464	5465	5466	5467	5468	5469	5470	**5471**	5472
5473	5474	5475	5476	**5477**	5478	**5479**	5480	5481	5482	**5483**	5484	5485	5486	5487	5488	5489	5490
5491	5492	5493	5494	5495	5496	5497	5498	5499	5500	**5501**	5502	5503	5504	5505	5506	**5507**	5508
5509	5510	5511	5512	5513	5514	5515	5516	5517	5518	**5519**	5520	**5521**	5522	5523	5524	5525	5526
5527	5528	5529	5530	**5531**	5532	5533	5534	5535	5536	5537	5538	5539	5540	5541	5542	5543	5544
5545	5546	5547	5548	5549	5550	5551	5552	5553	5554	5555	5556	**5557**	5558	5559	5560	5561	5562
5563	5564	5565	5566	5567	5568	**5569**	5570	5571	5572	**5573**	5574	5575	5576	5577	5578	5579	5580
5581	5582	5583	5584	5585	5586	5587	5588	5589	5590	**5591**	5592	5593	5594	5595	5596	5597	5598
5599	5600	5601	5602	5603	5604	5605	5606	5607	5608	5609	5610	5611	5612	5613	5614	5615	5616
5617	5618	5619	5620	5621	5622	**5623**	5624	5625	5626	5627	5628	5629	5630	5631	5632	5633	5634
5635	5636	5637	5638	**5639**	5640	**5641**	5642	5643	5644	5645	5646	**5647**	5648	5649	5650	**5651**	5652
5653	5654	5655	5656	**5657**	5658	**5659**	5660	5661	5662	5663	5664	5665	5666	5667	5668	**5669**	5670
5671	5672	5673	5674	5675	5676	5677	5678	5679	5680	5681	5682	**5683**	5684	5685	5686	5687	5688
5689	5690	5691	5692	**5693**	5694	5695	5696	5697	5698	5699	5700	**5701**	5702	5703	5704	5705	5706
5707	5708	5709	5710	**5711**	5712	5713	5714	5715	5716	**5717**	5718	5719	5720	5721	5722	5723	5724
5725	5726	5727	5728	5729	5730	5731	5732	5733	5734	5735	5736	**5737**	5738	5739	5740	**5741**	5742
5743	5744	5745	5746	5747	5748	**5749**	5750	5751	5752	5753	5754	5755	5756	5757	5758	5759	5760
5761	5762	5763	5764	5765	5766	5767	5768	5769	5770	5771	5772	5773	5774	5775	5776	5777	5778

Raste1	Raste2	Raste3	Raste4	Raste5	Raste6	Raste7	Raste8	Raste9	Raste10	Raste11	Raste12	Raste13	Raste14	Raste15	Raste16	Raste17	Raste18
5779	5780	5781	5782	5783	5784	5785	5786	5787	5788	5789	5790	5791	5792	5793	5794	5795	5796
5797	5798	5799	5800	5801	5802	5803	5804	5805	5806	5807	5808	5809	5810	5811	5812	5813	5814
5815	5816	5817	5818	5819	5820	5821	5822	5823	5824	5825	5826	5827	5828	5829	5830	5831	5832
5833	5834	5835	5836	5837	5838	5839	5840	5841	5842	5843	5844	5845	5846	5847	5848	5849	5850
5851	5852	5853	5854	5855	5856	5857	5858	5859	5860	5861	5862	5863	5864	5865	5866	5867	5868
5869	5870	5871	5872	5873	5874	5875	5876	5877	5878	5879	5880	5881	5882	5883	5884	5885	5886
5887	5888	5889	5890	5891	5892	5893	5894	5895	5896	5897	5898	5899	5900	5901	5902	5903	5904
5905	5906	5907	5908	5909	5910	5911	5912	5913	5914	5915	5916	5917	5918	5919	5920	5921	5922
5923	5924	5925	5926	5927	5928	5929	5930	5931	5932	5933	5934	5935	5936	5937	5938	5939	5940
5941	5942	5943	5944	5945	5946	5947	5948	5949	5950	5951	5952	5953	5954	5955	5956	5957	5958
5959	5960	5961	5962	5963	5964	5965	5966	5967	5968	5969	5970	5971	5972	5973	5974	5975	5976
5977	5978	5979	5980	5981	5982	5983	5984	5985	5986	5987	5988	5989	5990	5991	5992	5993	5994
5995	5996	5997	5998	5999	6000	6001	6002	6003	6004	6005	6006	6007	6008	6009	6010	6011	6012
6013	6014	6015	6016	6017	6018	6019	6020	6021	6022	6023	6024	6025	6026	6027	6028	6029	6030
6031	6032	6033	6034	6035	6036	6037	6038	6039	6040	6041	6042	6043	6044	6045	6046	6047	6048
6049	6050	6051	6052	6053	6054	6055	6056	6057	6058	6059	6060	6061	6062	6063	6064	6065	6066
6067	6068	6069	6070	6071	6072	6073	6074	6075	6076	6077	6078	6079	6080	6081	6082	6083	6084
6085	6086	6087	6088	6089	6090	6091	6092	6093	6094	6095	6096	6097	6098	6099	6100	6101	6102
6103	6104	6105	6106	6107	6108	6109	6110	6111	6112	6113	6114	6115	6116	6117	6118	6119	6120
6121	6122	6123	6124	6125	6126	6127	6128	6129	6130	6131	6132	6133	6134	6135	6136	6137	6138
6139	6140	6141	6142	6143	6144	6145	6146	6147	6148	6149	6150	6151	6152	6153	6154	6155	6156
6157	6158	6159	6160	6161	6162	6163	6164	6165	6166	6167	6168	6169	6170	6171	6172	6173	6174
6175	6176	6177	6178	6179	6180	6181	6182	6183	6184	6185	6186	6187	6188	6189	6190	6191	6192
6193	6194	6195	6196	6197	6198	6199	6200	6201	6202	6203	6204	6205	6206	6207	6208	6209	6210
6211	6212	6213	6214	6215	6216	6217	6218	6219	6220	6221	6222	6223	6224	6225	6226	6227	6228
6229	6230	6231	6232	6233	6234	6235	6236	6237	6238	6239	6240	6241	6242	6243	6244	6245	6246
6247	6248	6249	6250	6251	6252	6253	6254	6255	6256	6257	6258	6259	6260	6261	6262	6263	6264

چهارگانه وجود   ۲۳۰

Raste1	Raste2	Raste3	Raste4	Raste5	Raste6	Raste7	Raste8	Raste9	Raste10	Raste11	Raste12	Raste13	Raste14	Raste15	Raste16	Raste17	Raste18
6265	6266	6267	6268	**6269**	6270	**6271**	6272	6273	6274	6275	6276	**6277**	6278	6279	6280	6281	6282
6283	6284	6285	6286	**6287**	6288	6289	6290	6291	6292	6293	6294	6295	6296	6297	6298	**6299**	6300
6301	6302	6303	6304	6305	6306	6307	6308	6309	6310	**6311**	6312	6313	6314	6315	6316	**6317**	6318
6319	6320	6321	6322	**6323**	6324	6325	6326	6327	6328	**6329**	6330	6331	6332	6333	6334	**6335**	6336
6337	6338	6339	6340	6341	6342	**6343**	6344	6345	6346	6347	6348	6349	6350	6351	6352	**6353**	6354
6355	6356	6357	6358	**6359**	6360	**6361**	6362	6363	6364	6365	6366	**6367**	6368	6369	6370	6371	6372
6373	6374	6375	6376	6377	6378	**6379**	6380	6381	6382	6383	6384	6385	6386	6387	6388	**6389**	6390
6391	6392	6393	6394	6395	6396	**6397**	6398	6399	6400	6401	6402	6403	6404	6405	6406	6407	6408
6409	6410	6411	6412	6413	6414	6415	6416	6417	6418	6419	6420	**6421**	6422	6423	6424	6425	6426
6427	6428	6429	6430	6431	6432	**6433**	6434	6435	6436	6437	6438	6439	6440	6441	6442	6443	6444
6445	6446	6447	6448	**6449**	6450	**6451**	6452	6453	6454	6455	6456	6457	6458	6459	6460	6461	6462
6463	6464	6465	6466	6467	6468	**6469**	6470	6471	6472	**6473**	6474	6475	6476	6477	6478	6479	6480
6481	6482	6483	6484	6485	6486	6487	6488	6489	6490	**6491**	6492	6493	6494	6495	6496	6497	6498
6499	6500	6501	6502	6503	6504	6505	6506	6507	6508	6509	6510	6511	6512	6513	6514	6515	6516
6517	6518	6519	6520	**6521**	6522	6523	6524	6525	6526	6527	6528	**6529**	6530	6531	6532	6533	6534
6535	6536	6537	6538	6539	6540	6541	6542	6543	6544	6545	6546	6547	6548	6549	6550	**6551**	6552
6553	6554	6555	6556	6557	6558	6559	6560	6561	6562	**6563**	6564	6565	6566	6567	6568	**6569**	6570
6571	6572	6573	6574	6575	6576	**6577**	6578	6579	6580	**6581**	6582	6583	6584	6585	6586	6587	6588
6589	6590	6591	6592	6593	6594	6595	6596	6597	6598	**6599**	6600	6601	6602	6603	6604	6605	6606
6607	6608	6609	6610	6611	6612	6613	6614	6615	6616	6617	6618	**6619**	6620	6621	6622	6623	6624
6625	6626	6627	6628	6629	6630	6631	6632	6633	6634	6635	6636	**6637**	6638	6639	6640	6641	6642
6643	6644	6645	6646	6647	6648	6649	6650	6651	6652	**6653**	6654	6655	6656	6657	6658	**6659**	6660
6661	6662	6663	6664	6665	6666	6667	6668	6669	6670	6671	6672	**6673**	6674	6675	6676	6677	6678
6679	6680	6681	6682	6683	6684	6685	6686	6687	6688	**6689**	6690	**6691**	6692	6693	6694	6695	6696
6697	6698	6699	6700	**6701**	6702	**6703**	6704	6705	6706	6707	6708	**6709**	6710	6711	6712	6713	6714
6715	6716	6717	6718	**6719**	6720	6721	6722	6723	6724	6725	6726	6727	6728	6729	6730	6731	6732
6733	6734	6735	6736	**6737**	6738	6739	6740	6741	6742	6743	6744	6745	6746	6747	6748	6749	6750

Raste1	Raste2	Raste3	Raste4	Raste5	Raste6	Raste7	Raste8	Raste9	Raste10	Raste11	Raste12	Raste13	Raste14	Raste15	Raste16	Raste17	Raste18
6751	6752	6753	6754	6755	6756	6757	6758	6759	6760	6761	6762	6763	6764	6765	6766	6767	6768
6769	6770	6771	6772	6773	6774	6775	6776	6777	6778	6779	6780	6781	6782	6783	6784	6785	6786
6787	6788	6789	6790	6791	6792	6793	6794	6795	6796	6797	6798	6799	6800	6801	6802	6803	6804
6805	6806	6807	6808	6809	6810	6811	6812	6813	6814	6815	6816	6817	6818	6819	6820	6821	6822
6823	6824	6825	6826	6827	6828	6829	6830	6831	6832	6833	6834	6835	6836	6837	6838	6839	6840
6841	6842	6843	6844	6845	6846	6847	6848	6849	6850	6851	6852	6853	6854	6855	6856	6857	6858
6859	6860	6861	6862	6863	6864	6865	6866	6867	6868	6869	6870	6871	6872	6873	6874	6875	6876
6877	6878	6879	6880	6881	6882	6883	6884	6885	6886	6887	6888	6889	6890	6891	6892	6893	6894
6895	6896	6897	6898	6899	6900	6901	6902	6903	6904	6905	6906	6907	6908	6909	6910	6911	6912
6913	6914	6915	6916	6917	6918	6919	6920	6921	6922	6923	6924	6925	6926	6927	6928	6929	6930
6931	6932	6933	6934	6935	6936	6937	6938	6939	6940	6941	6942	6943	6944	6945	6946	6947	6948
6949	6950	6951	6952	6953	6954	6955	6956	6957	6958	6959	6960	6961	6962	6963	6964	6965	6966
6967	6968	6969	6970	6971	6972	6973	6974	6975	6976	6977	6978	6979	6980	6981	6982	6983	6984
6985	6986	6987	6988	6989	6990	6991	6992	6993	6994	6995	6996	6997	6998	6999	7000	7001	7002
7003	7004	7005	7006	7007	7008	7009	7010	7011	7012	7013	7014	7015	7016	7017	7018	7019	7020
7021	7022	7023	7024	7025	7026	7027	7028	7029	7030	7031	7032	7033	7034	7035	7036	7037	7038
7039	7040	7041	7042	7043	7044	7045	7046	7047	7048	7049	7050	7051	7052	7053	7054	7055	7056
7057	7058	7059	7060	7061	7062	7063	7064	7065	7066	7067	7068	7069	7070	7071	7072	7073	7074
7075	7076	7077	7078	7079	7080	7081	7082	7083	7084	7085	7086	7087	7088	7089	7090	7091	7092
7093	7094	7095	7096	7097	7098	7099	7100	7101	7102	7103	7104	7105	7106	7107	7108	7109	7110
7111	7112	7113	7114	7115	7116	7117	7118	7119	7120	7121	7122	7123	7124	7125	7126	7127	7128
7129	7130	7131	7132	7133	7134	7135	7136	7137	7138	7139	7140	7141	7142	7143	7144	7145	7146
7147	7148	7149	7150	7151	7152	7153	7154	7155	7156	7157	7158	7159	7160	7161	7162	7163	7164
7165	7166	7167	7168	7169	7170	7171	7172	7173	7174	7175	7176	7177	7178	7179	7180	7181	7182
7183	7184	7185	7186	7187	7188	7189	7190	7191	7192	7193	7194	7195	7196	7197	7198	7199	7200
7201	7202	7203	7204	7205	7206	7207	7208	7209	7210	7211	7212	7213	7214	7215	7216	7217	7218
7219	7220	7221	7222	7223	7224	7225	7226	7227	7228	7229	7230	7231	7232	7233	7234	7235	7236

Raste1	Raste2	Raste3	Raste4	Raste5	Raste6	Raste7	Raste8	Raste9	Raste10	Raste11	Raste12	Raste13	Raste14	Raste15	Raste16	Raste17	Raste18
7237	7238	7239	7240	7241	7242	7243	7244	7245	7246	7247	7248	7249	7250	7251	7252	7253	7254
7255	7256	7257	7258	7259	7260	7261	7262	7263	7264	7265	7266	7267	7268	7269	7270	7271	7272
7273	7274	7275	7276	7277	7278	7279	7280	7281	7282	7283	7284	7285	7286	7287	7288	7289	7290
7291	7292	7293	7294	7295	7296	7297	7298	7299	7300	7301	7302	7303	7304	7305	7306	7307	7308
7309	7310	7311	7312	7313	7314	7315	7316	7317	7318	7319	7320	7321	7322	7323	7324	7325	7326
7327	7328	7329	7330	7331	7332	7333	7334	7335	7336	7337	7338	7339	7340	7341	7342	7343	7344
7345	7346	7347	7348	7349	7350	7351	7352	7353	7354	7355	7356	7357	7358	7359	7360	7361	7362
7363	7364	7365	7366	7367	7368	7369	7370	7371	7372	7373	7374	7375	7376	7377	7378	7379	7380
7381	7382	7383	7384	7385	7386	7387	7388	7389	7390	7391	7392	7393	7394	7395	7396	7397	7398
7399	7400	7401	7402	7403	7404	7405	7406	7407	7408	7409	7410	7411	7412	7413	7414	7415	7416
7417	7418	7419	7420	7421	7422	7423	7424	7425	7426	7427	7428	7429	7430	7431	7432	7433	7434
7435	7436	7437	7438	7439	7440	7441	7442	7443	7444	7445	7446	7447	7448	7449	7450	7451	7452
7453	7454	7455	7456	7457	7458	7459	7460	7461	7462	7463	7464	7465	7466	7467	7468	7469	7470
7471	7472	7473	7474	7475	7476	7477	7478	7479	7480	7481	7482	7483	7484	7485	7486	7487	7488
7489	7490	7491	7492	7493	7494	7495	7496	7497	7498	7499	7500	7501	7502	7503	7504	7505	7506
7507	7508	7509	7510	7511	7512	7513	7514	7515	7516	7517	7518	7519	7520	7521	7522	7523	7524
7525	7526	7527	7528	7529	7530	7531	7532	7533	7534	7535	7536	7537	7538	7539	7540	7541	7542
7543	7544	7545	7546	7547	7548	7549	7550	7551	7552	7553	7554	7555	7556	7557	7558	7559	7560
7561	7562	7563	7564	7565	7566	7567	7568	7569	7570	7571	7572	7573	7574	7575	7576	7577	7578
7579	7580	7581	7582	7583	7584	7585	7586	7587	7588	7589	7590	7591	7592	7593	7594	7595	7596
7597	7598	7599	7600	7601	7602	7603	7604	7605	7606	7607	7608	7609	7610	7611	7612	7613	7614
7615	7616	7617	7618	7619	7620	7621	7622	7623	7624	7625	7626	7627	7628	7629	7630	7631	7632
7633	7634	7635	7636	7637	7638	7639	7640	7641	7642	7643	7644	7645	7646	7647	7648	7649	7650
7651	7652	7653	7654	7655	7656	7657	7658	7659	7660	7661	7662	7663	7664	7665	7666	7667	7668
7669	7670	7671	7672	7673	7674	7675	7676	7677	7678	7679	7680	7681	7682	7683	7684	7685	7686
7687	7688	7689	7690	7691	7692	7693	7694	7695	7696	7697	7698	7699	7700	7701	7702	7703	7704
7705	7706	7707	7708	7709	7710	7711	7712	7713	7714	7715	7716	7717	7718	7719	7720	7721	7722

Raste1	Raste2	Raste3	Raste4	Raste5	Raste6	Raste7	Raste8	Raste9	Raste10	Raste11	Raste12	Raste13	Raste14	Raste15	Raste16	Raste17	Raste18
7723	7724	7725	7726	7727	7728	7729	7730	7731	7732	7733	7734	7735	7736	7737	7738	7739	7740
7741	7742	7743	7744	7745	7746	7747	7748	7749	7750	7751	7752	7753	7754	7755	7756	7757	7758
7759	7760	7761	7762	7763	7764	7765	7766	7767	7768	7769	7770	7771	7772	7773	7774	7775	7776
7777	7778	7779	7780	7781	7782	7783	7784	7785	7786	7787	7788	7789	7790	7791	7792	7793	7794
7795	7796	7797	7798	7799	7800	7801	7802	7803	7804	7805	7806	7807	7808	7809	7810	7811	7812
7813	7814	7815	7816	7817	7818	7819	7820	7821	7822	7823	7824	7825	7826	7827	7828	7829	7830
7831	7832	7833	7834	7835	7836	7837	7838	7839	7840	7841	7842	7843	7844	7845	7846	7847	7848
7849	7850	7851	7852	7853	7854	7855	7856	7857	7858	7859	7860	7861	7862	7863	7864	7865	7866
7867	7868	7869	7870	7871	7872	7873	7874	7875	7876	7877	7878	7879	7880	7881	7882	7883	7884
7885	7886	7887	7888	7889	7890	7891	7892	7893	7894	7895	7896	7897	7898	7899	7900	7901	7902
7903	7904	7905	7906	7907	7908	7909	7910	7911	7912	7913	7914	7915	7916	7917	7918	7919	7920
7921	7922	7923	7924	7925	7926	7927	7928	7929	7930	7931	7932	7933	7934	7935	7936	7937	7938
7939	7940	7941	7942	7943	7944	7945	7946	7947	7948	7949	7950	7951	7952	7953	7954	7955	7956
7957	7958	7959	7960	7961	7962	7963	7964	7965	7966	7967	7968	7969	7970	7971	7972	7973	7974
7975	7976	7977	7978	7979	7980	7981	7982	7983	7984	7985	7986	7987	7988	7989	7990	7991	7992
7993	7994	7995	7996	7997	7998	7999	8000	8001	8002	8003	8004	8005	8006	8007	8008	8009	8010
8011	8012	8013	8014	8015	8016	8017	8018	8019	8020	8021	8022	8023	8024	8025	8026	8027	8028
8029	8030	8031	8032	8033	8034	8035	8036	8037	8038	8039	8040	8041	8042	8043	8044	8045	8046
8047	8048	8049	8050	8051	8052	8053	8054	8055	8056	8057	8058	8059	8060	8061	8062	8063	8064
8065	8066	8067	8068	8069	8070	8071	8072	8073	8074	8075	8076	8077	8078	8079	8080	8081	8082
8083	8084	8085	8086	8087	8088	8089	8090	8091	8092	8093	8094	8095	8096	8097	8098	8099	8100
8101	8102	8103	8104	8105	8106	8107	8108	8109	8110	8111	8112	8113	8114	8115	8116	8117	8118
8119	8120	8121	8122	8123	8124	8125	8126	8127	8128	8129	8130	8131	8132	8133	8134	8135	8136
8137	8138	8139	8140	8141	8142	8143	8144	8145	8146	8147	8148	8149	8150	8151	8152	8153	8154
8155	8156	8157	8158	8159	8160	8161	8162	8163	8164	8165	8166	8167	8168	8169	8170	8171	8172
8173	8174	8175	8176	8177	8178	8179	8180	8181	8182	8183	8184	8185	8186	8187	8188	8189	8190
8191	8192	8193	8194	8195	8196	8197	8198	8199	8200	8201	8202	8203	8204	8205	8206	8207	8208

Raste1	Raste2	Raste3	Raste4	Raste5	Raste6	Raste7	Raste8	Raste9	Raste10	Raste11	Raste12	Raste13	Raste14	Raste15	Raste16	Raste17	Raste18
8209	8210	8211	8212	8213	8214	8215	8216	8217	8218	8219	8220	8221	8222	8223	8224	8225	8226
8227	8228	8229	8230	8231	8232	8233	8234	8235	8236	8237	8238	8239	8240	8241	8242	8243	8244
8245	8246	8247	8248	8249	8250	8251	8252	8253	8254	8255	8256	8257	8258	8259	8260	8261	8262
8263	8264	8265	8266	8267	8268	8269	8270	8271	8272	8273	8274	8275	8276	8277	8278	8279	8280
8281	8282	8283	8284	8285	8286	8287	8288	8289	8290	8291	8292	8293	8294	8295	8296	8297	8298
8299	8300	8301	8302	8303	8304	8305	8306	8307	8308	8309	8310	8311	8312	8313	8314	8315	8316
8317	8318	8319	8320	8321	8322	8323	8324	8325	8326	8327	8328	8329	8330	8331	8332	8333	8334
8335	8336	8337	8338	8339	8340	8341	8342	8343	8344	8345	8346	8347	8348	8349	8350	8351	8352
8353	8354	8355	8356	8357	8358	8359	8360	8361	8362	8363	8364	8365	8366	8367	8368	8369	8370
8371	8372	8373	8374	8375	8376	8377	8378	8379	8380	8381	8382	8383	8384	8385	8386	8387	8388
8389	8390	8391	8392	8393	8394	8395	8396	8397	8398	8399	8400	8401	8402	8403	8404	8405	8406
8407	8408	8409	8410	8411	8412	8413	8414	8415	8416	8417	8418	8419	8420	8421	8422	8423	8424
8425	8426	8427	8428	8429	8430	8431	8432	8433	8434	8435	8436	8437	8438	8439	8440	8441	8442
8443	8444	8445	8446	8447	8448	8449	8450	8451	8452	8453	8454	8455	8456	8457	8458	8459	8460
8461	8462	8463	8464	8465	8466	8467	8468	8469	8470	8471	8472	8473	8474	8475	8476	8477	8478
8479	8480	8481	8482	8483	8484	8485	8486	8487	8488	8489	8490	8491	8492	8493	8494	8495	8496
8497	8498	8499	8500	8501	8502	8503	8504	8505	8506	8507	8508	8509	8510	8511	8512	8513	8514
8515	8516	8517	8518	8519	8520	8521	8522	8523	8524	8525	8526	8527	8528	8529	8530	8531	8532
8533	8534	8535	8536	8537	8538	8539	8540	8541	8542	8543	8544	8545	8546	8547	8548	8549	8550
8551	8552	8553	8554	8555	8556	8557	8558	8559	8560	8561	8562	8563	8564	8565	8566	8567	8568
8569	8570	8571	8572	8573	8574	8575	8576	8577	8578	8579	8580	8581	8582	8583	8584	8585	8586
8587	8588	8589	8590	8591	8592	8593	8594	8595	8596	8597	8598	8599	8600	8601	8602	8603	8604
8605	8606	8607	8608	8609	8610	8611	8612	8613	8614	8615	8616	8617	8618	8619	8620	8621	8622
8623	8624	8625	8626	8627	8628	8629	8630	8631	8632	8633	8634	8635	8636	8637	8638	8639	8640
8641	8642	8643	8644	8645	8646	8647	8648	8649	8650	8651	8652	8653	8654	8655	8656	8657	8658
8659	8660	8661	8662	8663	8664	8665	8666	8667	8668	8669	8670	8671	8672	8673	8674	8675	8676
8677	8678	8679	8680	8681	8682	8683	8684	8685	8686	8687	8688	8689	8690	8691	8692	8693	8694

Raste1	Raste2	Raste3	Raste4	Raste5	Raste6	Raste7	Raste8	Raste9	Raste10	Raste11	Raste12	Raste13	Raste14	Raste15	Raste16	Raste17	Raste18
8695	8696	8697	8698	8699	8700	8701	8702	8703	8704	8705	8706	8707	8708	8709	8710	8711	8712
8713	8714	8715	8716	8717	8718	8719	8720	8721	8722	8723	8724	8725	8726	8727	8728	8729	8730
8731	8732	8733	8734	8735	8736	8737	8738	8739	8740	8741	8742	8743	8744	8745	8746	8747	8748
8749	8750	8751	8752	8753	8754	8755	8756	8757	8758	8759	8760	8761	8762	8763	8764	8765	8766
8767	8768	8769	8770	8771	8772	8773	8774	8775	8776	8777	8778	8779	8780	8781	8782	8783	8784
8785	8786	8787	8788	8789	8790	8791	8792	8793	8794	8795	8796	8797	8798	8799	8800	8801	8802
8803	8804	8805	8806	8807	8808	8809	8810	8811	8812	8813	8814	8815	8816	8817	8818	8819	8820
8821	8822	8823	8824	8825	8826	8827	8828	8829	8830	8831	8832	8833	8834	8835	8836	8837	8838
8839	8840	8841	8842	8843	8844	8845	8846	8847	8848	8849	8850	8851	8852	8853	8854	8855	8856
8857	8858	8859	8860	8861	8862	8863	8864	8865	8866	8867	8868	8869	8870	8871	8872	8873	8874
8875	8876	8877	8878	8879	8880	8881	8882	8883	8884	8885	8886	8887	8888	8889	8890	8891	8892
8893	8894	8895	8896	8897	8898	8899	8900	8901	8902	8903	8904	8905	8906	8907	8908	8909	8910
8911	8912	8913	8914	8915	8916	8917	8918	8919	8920	8921	8922	8923	8924	8925	8926	8927	8928
8929	8930	8931	8932	8933	8934	8935	8936	8937	8938	8939	8940	8941	8942	8943	8944	8945	8946
8947	8948	8949	8950	8951	8952	8953	8954	8955	8956	8957	8958	8959	8960	8961	8962	8963	8964
8965	8966	8967	8968	8969	8970	8971	8972	8973	8974	8975	8976	8977	8978	8979	8980	8981	8982
8983	8984	8985	8986	8987	8988	8989	8990	8991	8992	8993	8994	8995	8996	8997	8998	8999	9000
9001	9002	9003	9004	9005	9006	9007	9008	9009	9010	9011	9012	9013	9014	9015	9016	9017	9018
9019	9020	9021	9022	9023	9024	9025	9026	9027	9028	9029	9030	9031	9032	9033	9034	9035	9036
9037	9038	9039	9040	9041	9042	9043	9044	9045	9046	9047	9048	9049	9050	9051	9052	9053	9054
9055	9056	9057	9058	9059	9060	9061	9062	9063	9064	9065	9066	9067	9068	9069	9070	9071	9072
9073	9074	9075	9076	9077	9078	9079	9080	9081	9082	9083	9084	9085	9086	9087	9088	9089	9090
9091	9092	9093	9094	9095	9096	9097	9098	9099	9100	9101	9102	9103	9104	9105	9106	9107	9108
9109	9110	9111	9112	9113	9114	9115	9116	9117	9118	9119	9120	9121	9122	9123	9124	9125	9126
9127	9128	9129	9130	9131	9132	9133	9134	9135	9136	9137	9138	9139	9140	9141	9142	9143	9144
9145	9146	9147	9148	9149	9150	9151	9152	9153	9154	9155	9156	9157	9158	9159	9160	9161	9162
9163	9164	9165	9166	9167	9168	9169	9170	9171	9172	9173	9174	9175	9176	9177	9178	9179	9180

چهارتا و جهد

Raste1	Raste2	Raste3	Raste4	Raste5	Raste6	Raste7	Raste8	Raste9	Raste10	Raste11	Raste12	Raste13	Raste14	Raste15	Raste16	Raste17	Raste18
9181	9182	9183	9184	9185	9186	9187	9188	9189	9190	9191	9192	9193	9194	9195	9196	9197	9198
9199	9200	9201	9202	9203	9204	9205	9206	9207	9208	9209	9210	9211	9212	9213	9214	9215	9216
9217	9218	9219	9220	9221	9222	9223	9224	9225	9226	9227	9228	9229	9230	9231	9232	9233	9234
9235	9236	9237	9238	9239	9240	9241	9242	9243	9244	9245	9246	9247	9248	9249	9250	9251	9252
9253	9254	9255	9256	9257	9258	9259	9260	9261	9262	9263	9264	9265	9266	9267	9268	9269	9270
9271	9272	9273	9274	9275	9276	9277	9278	9279	9280	9281	9282	9283	9284	9285	9286	9287	9288
9289	9290	9291	9292	9293	9294	9295	9296	9297	9298	9299	9300	9301	9302	9303	9304	9305	9306
9307	9308	9309	9310	9311	9312	9313	9314	9315	9316	9317	9318	9319	9320	9321	9322	9323	9324
9325	9326	9327	9328	9329	9330	9331	9332	9333	9334	9335	9336	9337	9338	9339	9340	9341	9342
9343	9344	9345	9346	9347	9348	9349	9350	9351	9352	9353	9354	9355	9356	9357	9358	9359	9360
9361	9362	9363	9364	9365	9366	9367	9368	9369	9370	9371	9372	9373	9374	9375	9376	9377	9378
9379	9380	9381	9382	9383	9384	9385	9386	9387	9388	9389	9390	9391	9392	9393	9394	9395	9396
9397	9398	9399	9400	9401	9402	9403	9404	9405	9406	9407	9408	9409	9410	9411	9412	9413	9414
9415	9416	9417	9418	9419	9420	9421	9422	9423	9424	9425	9426	9427	9428	9429	9430	9431	9432
9433	9434	9435	9436	9437	9438	9439	9440	9441	9442	9443	9444	9445	9446	9447	9448	9449	9450
9451	9452	9453	9454	9455	9456	9457	9458	9459	9460	9461	9462	9463	9464	9465	9466	9467	9468
9469	9470	9471	9472	9473	9474	9475	9476	9477	9478	9479	9480	9481	9482	9483	9484	9485	9486
9487	9488	9489	9490	9491	9492	9493	9494	9495	9496	9497	9498	9499	9500	9501	9502	9503	9504
9505	9506	9507	9508	9509	9510	9511	9512	9513	9514	9515	9516	9517	9518	9519	9520	9521	9522
9523	9524	9525	9526	9527	9528	9529	9530	9531	9532	9533	9534	9535	9536	9537	9538	9539	9540
9541	9542	9543	9544	9545	9546	9547	9548	9549	9550	9551	9552	9553	9554	9555	9556	9557	9558
9559	9560	9561	9562	9563	9564	9565	9566	9567	9568	9569	9570	9571	9572	9573	9574	9575	9576
9577	9578	9579	9580	9581	9582	9583	9584	9585	9586	9587	9588	9589	9590	9591	9592	9593	9594
9595	9596	9597	9598	9599	9600	9601	9602	9603	9604	9605	9606	9607	9608	9609	9610	9611	9612
9613	9614	9615	9616	9617	9618	9619	9620	9621	9622	9623	9624	9625	9626	9627	9628	9629	9630
9631	9632	9633	9634	9635	9636	9637	9638	9639	9640	9641	9642	9643	9644	9645	9646	9647	9648
9649	9650	9651	9652	9653	9654	9655	9656	9657	9658	9659	9660	9661	9662	9663	9664	9665	9666

Raste1	Raste2	Raste3	Raste4	Raste5	Raste6	Raste7	Raste8	Raste9	Raste10	Raste11	Raste12	Raste13	Raste14	Raste15	Raste16	Raste17	Raste18
9667	9668	9669	9670	9671	9672	9673	9674	9675	9676	9677	9678	9679	9680	9681	9682	9683	9684
9685	9686	9687	9688	9689	9690	9691	9692	9693	9694	9695	9696	9697	9698	9699	9700	9701	9702
9703	9704	9705	9706	9707	9708	9709	9710	9711	9712	9713	9714	9715	9716	9717	9718	9719	9720
9721	9722	9723	9724	9725	9726	9727	9728	9729	9730	9731	9732	9733	9734	9735	9736	9737	9738
9739	9740	9741	9742	9743	9744	9745	9746	9747	9748	9749	9750	9751	9752	9753	9754	9755	9756
9757	9758	9759	9760	9761	9762	9763	9764	9765	9766	9767	9768	9769	9770	9771	9772	9773	9774
9775	9776	9777	9778	9779	9780	9781	9782	9783	9784	9785	9786	9787	9788	9789	9790	9791	9792
9793	9794	9795	9796	9797	9798	9799	9800	9801	9802	9803	9804	9805	9806	9807	9808	9809	9810
9811	9812	9813	9814	9815	9816	9817	9818	9819	9820	9821	9822	9823	9824	9825	9826	9827	9828
9829	9830	9831	9832	9833	9834	9835	9836	9837	9838	9839	9840	9841	9842	9843	9844	9845	9846
9847	9848	9849	9850	9851	9852	9853	9854	9855	9856	9857	9858	9859	9860	9861	9862	9863	9864
9865	9866	9867	9868	9869	9870	9871	9872	9873	9874	9875	9876	9877	9878	9879	9880	9881	9882
9883	9884	9885	9886	9887	9888	9889	9890	9891	9892	9893	9894	9895	9896	9897	9898	9899	9900
9901	9902	9903	9904	9905	9906	9907	9908	9909	9910	9911	9912	9913	9914	9915	9916	9917	9918
9919	9920	9921	9922	9923	9924	9925	9926	9927	9928	9929	9930	9931	9932	9933	9934	9935	9936
9937	9938	9939	9940	9941	9942	9943	9944	9945	9946	9947	9948	9949	9950	9951	9952	9953	9954
9955	9956	9957	9958	9959	9960	9961	9962	9963	9964	9965	9966	9967	9968	9969	9970	9971	9972
9973	9974	9975	9976	9977	9978	9979	9980	9981	9982	9983	9984	9985	9986	9987	9988	9989	9990
9991	9992	9993	9994	9995	9996	9997	9998	9999	10000								

☐ مآخذ

[A1] Alan Walker, New Light on Liszt and His Music: Essays in Honor of Alan Walker's 65th Birthday, Pendragon Press, 1997

[EL1] Evelyn Lamb, Peculiar pattern found in 'random' prime numbers, Nature, 2017 April

[GF1] گوتلوب فرگه، مبانی علم حساب، ترجمهٔ طالب جابری، انتشارات ققنوس

[J1] The collected works of C.C.Jung Volume 11, Psychology and Religion: West and East, Pantheon Books, Inc., New York, Page 476

[J2] کارل گوستاو یونگ، تحلیل رؤیا، ترجمهٔ آزاده شکوهی، نشر افکار

[J3] کارل گوستاو یونگ، انسان و سمبل هایش، ترجمهٔ دکتر محمود سلطانیه، تهران، جامی ۱۳۷۷

[J4] The Collected Works of C. G. Jung, Volume 9, Part II, Bollingen series xx, Princeton University Press

[J5] یونگ، تحلیل رؤیا، جلد اول، ترجمهٔ رضا رضایی، نشر افکار ۱۳۷۷

[J6] The Collected Works of C. G. Jung, Volume 9, Part I, Bollingen series xx, Princeton University Press

[J7] یونگ، پاسخ به ایوب، مترجم فؤاد روحانی، شرکت انتشار علمی فرهنگی، ۱۳۹۴

[J8] C. G. Jung, Memories, Dreams, Reflections, VINTAGE BOOKS

[JB1] Jahrbuch Musiktherapie. Band 11 /2015: Formen., Edition: zeitpunkt Musik. Forum zeitpunkt, Publisher: Dr. Ludwig Reichert Verlag Wiesbaden, Editors: Deutsche Musiktherapeutische

[MG1] Michael Gazzaniga, Human: The Science Behind What Makes Your Brain Unique, HarperCollins, 2009

[MK1] Mesamichi Kato, Electromagnetics in Biology, Springer 2006

[R1] Robert Kaplan, «The Nothing That is«, Oxford, 2000

[RB1] Robert O. Becker, The Body Electric, William Morrow; 1998

[S1] Sacks Oliver W., The man who mistook his wife for a hat and other clinical tales, Simon and Schuster, 1998
[SG] Sam Glucksberg, Understanding Figurative Language. Oxford Univ. Press, 2001, page 68
[T1] Leonard Talmy, Force Dynamics in Language and Cognition, Cognitive Science 12, 49-100 1988
[V1] Victoria Adamenko, Neo-mythologism in Music: From Scriabin and Schoenberg to Schnittke and Crumb, Pendragon Press, 2007